高等学校教材

招标投标模拟实训教程

主　编　李永清　尚　梅
副主编　史玉芳　李文琴

西北工业大学出版社

【内容简介】 本书遵循从实际出发、为实践服务的原则，运用理论研究和案例分析相结合的方式，介绍了我国招标投标管理和国内建筑产品交易过程的理论与实务。

本书可作为高等学校经济管理类专业的教科书，也可供工程建设管理人员参阅。

图书在版编目(CIP)数据

招标投标模拟实训教程/李永清，尚梅主编．—西安：西北工业大学出版社，2007.12
(2010.1 重印)
ISBN 978-7-5612-2321-5

Ⅰ．招… Ⅱ．①李… ②尚… Ⅲ．①招标—高等学校—教材 ②投标—高等学校—教材
Ⅳ．F713.1

中国版本图书馆 CIP 数据核字(2007)第 184156 号

出版发行：西北工业大学出版社
通信地址：西安市友谊西路 127 号 邮编：710072
电 话：(029)88493844 88491757
网 址：www.nwpup.com
印 刷 者：陕西兴平报社印刷厂
开 本：787 mm×1 092 mm 1/16
印 张：17.375 (插页 16)
字 数：423 千字
版 次：2007 年 12 月第 1 版 2010 年 1 月第 2 次印刷
定 价：28.00 元

前　言

招标投标是目前广泛采用的分派建设工程任务的交易方式。本书在编写过程中力求从实际出发，遵循为实践服务的原则，以我国现有《中华人民共和国建筑法》《中华人民共和国招标投标法》和《中华人民共和国合同法》为基础，融合了工程估价、合同管理、项目管理、建筑法规等学科的理论和方法，以现实建筑产品交易的整个生产周期为主线，始终结合国内招标投标管理的实际，以理论研究和案例分析相结合的方式，详细介绍了我国招标投标管理和国内建筑产品交易过程的理论与实务。

本书可作为高等院校经济管理类及与其相关专业的本科或大专学生的教材，还可供政府部门建设管理人员、大中型建筑企业管理人员使用，行业内其他读者亦可从中获得招标投标管理的有关知识和经验。

本书共分六章，由李永清、尚梅担任主编，史玉芳、李文琴担任副主编。第一、六章由李永清编写，第二、五章由尚梅、高选强编写，第三章由史玉芳、高选强编写，第四章由李文琴编写。全书由李永清总纂。

由于作者水平有限，书中难免有错误和疏漏之处，恳请读者批评指正。对本书所引用的有关资料的作者，在此衷心地表示感谢。

编　者

2007 年 10 月

目　录

第一章　工程量清单招标投标流程 …… 1

第一节　招标资格审查与备案 …… 1
第二节　确定招标方式 …… 3
第三节　发布招标公告或投标邀请书 …… 4
第四节　编制、发放资格预审文件和递交资格预审申请书 …… 5
第五节　资格预审，确定合格的投标申请人 …… 6
第六节　编制、发出招标文件 …… 7
第七节　踏勘现场、答疑 …… 8
第八节　编制、送达与签收投标文件 …… 9
第九节　开标、评标和定标，签订合同协议 …… 11

第二章　资格预审文件案例 …… 12

第一节　招标人发放的资格预审文件案例 …… 12
第二节　投标人递交的资格预审文件案例 …… 18

第三章　招标文件及案例 …… 56

第一节　招标文件的组成 …… 56
第二节　工程量清单的编制 …… 63
第三节　招标文件案例 …… 72

第四章　投标文件及案例 …… 123

第一节　投标文件的组成 …… 123
第二节　工程量清单投标报价文件的编制 …… 123
第三节　企业进行投标的注意事项及投标报价的策略 …… 131
第四节　工程量清单投标文件案例 …… 138

第五章　开标、评标、定标，签订合同协议 …… 190

第一节　开标、评标与定标 …… 190
第二节　施工合同的签订 …… 201
第三节　施工合同案例 …… 205

第六章　招标投标模拟课程设计……………………………………………………… 218

参考文献……………………………………………………………………………………… 271

第一章　工程量清单招标投标流程

工程量清单招标投标过程是采用工程量清单计价方式下的建设工程施工招标投标过程的简称。总体上讲，工程量清单招标投标过程与传统的施工招标投标过程基本一致，随着工程量清单计价方式的实施，对于招标投标过程的各个阶段的活动产生了不同的影响。本章从介绍施工招标投标的流程出发并结合工程量清单的知识，使读者能对工程量清单计价方式下的施工招标投标活动有一个全面的了解。

工程量清单招标投标程序的基本流程见图 1.1 所示。

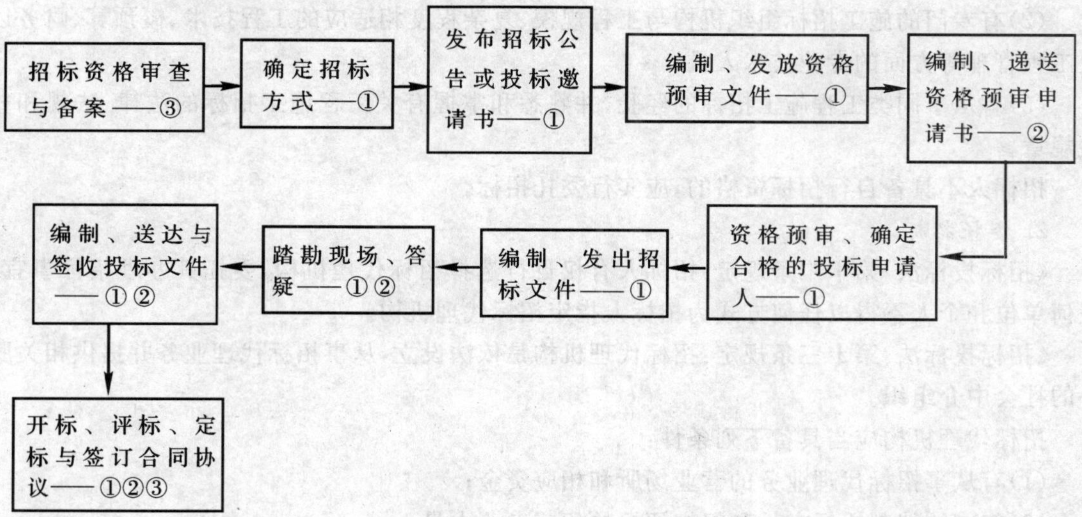

图 1.1　工程量清单招标投标流程图

①—招标人及其代理人；②—投标人；③—监督管理部门

图 1.1 列示了施工招标投标程序的基本流程——从招标资格审查与备案到签订合同协议——的一个全过程。在施工招标投标活动过程中涉及的主体有三方：招标人及其代理人、投标人、监督管理部门。

第一节　招标资格审查与备案

一、招标资格审查

招标人是依照《中华人民共和国招标投标法》(以下简称《招标投标法》)规定提出招标项目并进行招标的法人或者其他组织。

建设部发布的《房屋建筑和市政基础设施工程施工招标投标管理办法》(以下简称《施工招标投标管理办法》)第八条规定：工程施工招标应当具备下列条件：

(1)按照国家有关规定须履行项目审批手续的,应已经履行审批手续;

(2)工程资金或者资金来源已经落实;

(3)有满足施工招标需要的设计文件及其他技术资料;

(4)法律、法规、相关规章规定的其他条件。

招标人首先要确定招标项目和范围,按照国家有关规定须履行项目审批手续的,还应当先履行审批手续,取得批准。招标人应当有进行招标项目的工程资金或者资金来源已经落实,并应当在招标文件中如实载明,才能依照《招标投标法》和《施工招标投标管理办法》以及有关招标投标的法律、法规、部门规章,办理工程项目的施工招标。只有具备了上述条件的招标人才具有招标资格。实际操作中有自行组织招标和委托招标两种方式。

1. 自行组织招标

招标人自行办理招标的应具备下列条件:

(1)有编制招标文件和组织开标、评标、定标的能力;

(2)有专门的施工招标组织机构与工程规模、复杂程度相适应的工程技术、概预算、财务以及工程管理等方面的专业技术人员;

(3)有从事同类工程施工招标的经验,并熟悉和掌握有关工程施工招标的法律、法规和相关规章。

招标人不具备自行招标资格的,应实行委托招标。

2. 委托招标

《招标投标法》第十二条规定:招标人有权自行选择招标代理机构,委托其办理招标事宜。任何单位和个人不得以任何方式为招标人指定招标代理机构。

《招标投标法》第十三条规定:招标代理机构是依法设立,从事招标代理业务并提供相关服务的社会中介组织。

招标代理机构应当具备下列条件:

(1)有从事招标代理业务的营业场所和相应资金;

(2)有能够编制招标文件和组织评标的相应专业力量;

(3)有符合本法第三十七条第三款规定的条件,可以作为评标委员会成员人选的技术、经济等方面的专家库。

《招标投标法》第十四条规定:从事工程建设项目招标代理业务的招标代理机构,其资格由国务院或者省、自治区、直辖市人民政府的建设行政主管部门认定。具体办法由国务院建设行政主管部门会同国务院有关部门制定。从事其他招标代理业务的招标代理机构,其资格认定的主管部门由国务院规定。

根据上述规定,招标人委托工程招标代理机构招标的,招标人与工程招标代理机构须签订“工程招标代理委托合同”。招标代理机构应当在招标人委托的范围内办理招标事宜,并遵守《招标投标法》关于招标人的规定。

二、招标备案

招标人自行办理招标事宜的,按规定应向建设行政主管部门备案;委托代理招标事宜的,应签订委托代理合同,同时向建设行政主管部门备案。

招标投标过程中涉及的备案程序包括:

(1)自行办理招标事宜审查备案；

(2)招标文件审查备案；

(3)投标单位投标申请审查；

(4)评标办法审查；

(5)开标、评标、定标过程监督(在有形建筑市场进行)；

(6)招标备案报告书的备案；

(7)合同备案。

《招标投标法》第十二条第三款规定:依法必须进行招标的项目,招标人自行办理招标事宜的,应当向有关行政监督部门备案。

《施工招标投标管理办法》第十二条规定:招标人自行办理施工招标事宜的,应当在发布招标公告或者发出投标邀请书的5日内,向工程所在地县级以上地方人民政府建设行政主管部门备案,并报送下列材料:

(1)按照国家有关规定办理审批手续的各项批准文件；

(2)本办法第十一条所列条件的证明材料,包括专业技术人员的名单、职称证书或者执业资格证书及其工作经历的证明材料；

(3)法律、法规、相关规章规定的其他材料。

招标人不具备自行招标资格的,应实行委托招标。招标人不具备自行办理施工招标事宜条件的,建设行政主管部门应当自收到备案材料之日起5日内责令招标人停止自行办理施工招标事宜。

如某省建设行政主管部门规定,在招标备案时应报送下列资料:

(1)建设工程项目的年度投资计划和工程项目报建备案登记表；

(2)建设工程施工招标备案登记表；

(3)项目法人单位的法人资格证书和授权委托书；

(4)招标公告或招标邀请书；

(5)招标单位有关工程技术、概预算、财务以及工程管理等方面专业技术人员名单、职称证书或执业资格证书及主要工作经历证明材料；

(6)委托工程招标代理机构招标,委托方和代理方签订的“工程代理委托合同”。

第二节　确定招标方式

为了规范招标投标活动,保护国家利益和社会公共利益以及招标投标活动当事人的合法权益,《招标投标法》规定招标方式分为公开招标和邀请招标两大类。

一、公开招标

招标人通过新闻媒体发布招标公告,凡具备相应资质、符合招标条件的法人或组织不受地域和行业限制均可申请投标。公开招标的优点是招标人可以在较广的范围内选择中标人,投标竞争激烈,有利于将工程项目的建设交予可靠的中标人实施并取得有竞争性的报价。公开招标的缺点是由于申请投标人较多,一般要设置资格预审程序,而且评标的工作量也较大,所需招标时间长、费用高。

《施工招标投标管理办法》第十一条规定:国务院发展计划部门确定的国家重点建设项目和各省、自治区、直辖市人民政府确定的地方重点建设项目,以及全部使用国有资金投资或者国有资金投资占控股或者主导地位的工程建设项目,应当公开招标。

二、邀请招标

招标人向预先选择的若干家具备相应资质、符合招标条件的法人或组织发出邀请函,将招标工程的概况、工作范围和实施条件等作出简要说明,请他们参加投标竞争。邀请对象的数目以5~7家为宜,但不应少于3家。被邀请人同意参加投标后,从招标人处获取招标文件,按规定要求进行投标报价。邀请招标的优点是不需要发布招标公告和设置资格预审程序,节约招标费用和节省时间;由于对投标人以往的业绩和履约能力比较了解,减小了合同履行过程中承包方违约的风险。为了体现公平竞争和便于招标人选择综合能力最强的投标人中标,仍要求在投标书内报送表明投标人资质能力的有关证明材料,作为评标时的评审内容之一。邀请招标的缺点是由于邀请范围较小、选择面窄,可能排斥了某些在技术或报价上有竞争实力的潜在投标人,因此投标竞争的激烈程度相对较差。

《施工招标投标管理办法》第十一条规定:国务院发展计划部门确定的国家重点建设项目和各省、自治区、直辖市人民政府确定的地方重点建设项目,以及全部使用国有资金投资或者国有资金投资占控股或者主导地位的工程建设项目,应当公开招标。有下列情形之一的,经批准可以进行邀请招标:

(1)项目技术复杂或有特殊要求,只有少量几家潜在投标人可供选择的;

(2)受自然地域环境限制的;

(3)涉及国家安全、国家秘密或者抢险救灾,适宜招标但不宜公开招标的;

(4)拟公开招标的费用与项目的价值相比,不值得的;

(5)法律、法规规定不宜公开招标的。

国家重点建设项目的邀请招标,应当经国务院发展计划部门批准;地方重点建设项目的邀请招标,应当经各省、自治区、直辖市人民政府批准。

第三节 发布招标公告或投标邀请书

一、发布招标公告

招标人在完成招标备案后,需根据已确定的招标方式,发布招标公告。

《招标投标法》第十六条规定:招标人采用公开招标方式的,应当发布招标公告。必须依法进行招标项目的招标公告,应当通过国家指定的报刊、信息网络或者其他媒体发布。

招标公告应当载明招标人的名称和地址、招标项目的性质、数量、实施地点和时间以及获取招标文件的办法等事项。

二、投标邀请书

《招标投标法》第十七条规定:招标人采用邀请招标方式的,应当向三个以上具备承担所招标项目的能力、资信良好的特定的法人或者其他组织发出投标邀请书。

投标邀请书应当载明招标人的名称和地址、招标项目的性质、数量、实施地点和时间以及获取招标文件的办法等事项。

第四节　编制、发放资格预审文件和递交资格预审申请书

在施工招标文件范本中编制了“投标申请人资格预审文件”，其中包括“投标申请人资格预审须知”“投标申请人资格预审申请书”以及“投标申请人资格预审合格通知书”。

“投标申请人资格预审须知”是由招标人制定的、向申请参加资格预审的潜在投标人发出的文件。包括：

(1)总则；

(2)资格预审申请；

(3)资格预审评审标准；

(4)联合体；

(5)利益冲突；

(6)申请书的提交；

(7)资格预审申请书材料的更新；

(8)通知和确认；

(9)附件(包括“资格预审必要合格条件标准”“资格预审附加合格条件标准”、“招标工程项目概况”)。

“投标申请人资格预审申请书”是投标申请人申请参加拟招标工程项目资格预审意愿表示的文件。由资格预审申请书和13个附表组成：

(1)投标申请人一般情况；

(2)近三年工程营业额数据表；

(3)近三年已完成及目前在建工程一览表；

(4)财务状况表；

(5)联合体情况；

(6)类似工程经验；

(7)公司人员及拟派往本招标工程项目的人员情况；

(8)拟派往本招标工程项目负责人与主要技术人员情况；

(9)拟派往本招标工程项目负责人与项目技术负责人简历；

(10)拟用于本招标工程项目的主要施工设备情况；

(11)现场组织机构情况；

(12)拟分包企业情况；

(13)其他资料。

投标人获取资格预审文件后，按要求填写投标申请人资格预审申请书(如果是联合体投标应分别填报每个成员的情况)，并将填写好的投标申请人资格预审申请书递交给招标人。

第五节 资格预审，确定合格的投标申请人

一、资格预审评审

资格预审的评审分初步评审、详细评审以及最终评审三个步骤。

1. 资格预审的初步评审

(1)检查投标申请人是否符合资格预审的必要合格条件，如资质情况、市场准入、企业法人地位等。必要合格条件由招标人确定，随投标申请人资格预审须知同时发布，以便每个投标申请人都能了解资格预审的必要合格条件。

(2)检查投标申请人是否符合资格预审的附加合格条件，如对拟招标工程项目所需的特别措施或工艺的专长、专业工程施工资质、环境保护要求等。附加合格条件同样是由招标人确定，随投标申请人预审须知同时发布，以便每个投标申请人都能了解资格预审的附加合格条件。

(3)通过检查投标申请人是否符合资格预审的必要合格条件和附加合格条件，筛选出符合条件的投标申请人，淘汰不符合条件的投标申请人。只有通过资格预审初步评审的投标申请人才有可能进入到详细评审阶段。

2. 资格预审的详细评审

根据招标人或委托招标代理人制定的资格预审评审条件，对通过初步评审的投标申请人进行逐一详细评审，筛选出符合标准的投标申请人，淘汰不符合条件的投标申请人。只有通过资格预审详细评审的投标申请人才有可能进入到最终评审阶段。

3. 资格预审的最终评审

根据资格预审的目的和要求，在控制有效竞争性的基础上，由招标人或委托招标代理人邀请有关专家，组成资格预审评审委员会，确定通过最终评审的合格的投标申请人的名单，并向资格预审合格的投标申请人发出资格预审合格通知书。只有资格预审合格的投标申请人才能参加拟招标工程项目的投标。

完成资格预审评审工作后，应撰写资格评审报告，主要内容有：

(1)工程项目概要；

(2)投标申请人资格预审简介；

(3)投标申请人资格预审评审标准；

(4)投标申请人资格预审评审程序；

(5)投标申请人资格预审评审结果；

(6)投标申请人资格预审评审委员会名单及附件；

(7)投标申请人资格预审评分汇总表；

(8)投标申请人资格预审分项评分表；

(9)投标申请人资格预审详细评审标准。

二、确定合格投标人

经过资格预审，最终确定符合资格预审条件要求的合格的投标人，向合格投标人发放资格

预审合格通知书。

第六节　编制、发出招标文件

招标人负责编制招标文件，将招标文件发售给合格的投标申请人（含被邀请的投标申请人），同时向建设行政主管部门备案。

投标人获取招标文件，开始准备投标文件，搜集有关资料和相关信息。

建设行政主管部门接受招标文件的备案。

一、招标文件的编制与备案

1．招标文件的编制

《招标投标法》第十九条规定：招标人应当根据招标项目的特点和需要编制招标文件。招标文件应当包括招标项目的技术要求、对投标人资格审查的标准、投标报价要求和评标标准等所有实质性要求和条件以及拟签订合同的主要条款。

国家对招标项目的技术、标准有规定的，招标人应当按照其规定在招标文件中提出相应要求。

招标项目需要划分标段、确定工期的，招标人应当合理划分标段、确定工期，并在招标文件中载明。

《招标投标法》第二十条规定：招标文件不得要求或者标明特定的生产供应者以及含有倾向或者排斥潜在投标人的其他内容。

招标文件编制一般包括以下几部分内容：

(1)投标须知前附表；

(2)投标须知：①总则，②招标文件，③投标文件的编制，④投标文件的递交，⑤开标，⑥评标，⑦合同的授予；

(3)合同条款：①通用条款，②专用条款；

(4)合同文件格式：①合同协议书，②房屋建筑工程质量保修书，③承包人银行履约保函，④承包人履约担保书，⑤承包人预付款银行保函，⑥发包人工程款支付担保书；

(5)合同专用条件；

(6)合同通用条件；

(7)工程规范和技术说明；

(8)图纸；

(9)工程量清单；

(10)附件。

2．招标文件的备案

《施工招标投标管理办法》第十九条规定：依法必须进行施工招标的工程，招标人应当在招标文件发出的同时，将招标文件报工程所在地的县级以上地方人民政府建设行政主管部门备案。建设行政主管部门发现招标文件有违反法律、法规内容的，应当责令招标人改正。

二、发售招标文件

1. 发售招标文件

《施工招标投标管理办法》第二十二条规定：招标人对于发出的招标文件可以酌收工本费。其中的设计文件，招标人可以酌收押金。对于开标后将设计文件退还的，招标人应当退还押金。

根据上述规定，招标人应向合格的投标申请人发出招标文件。发出招标文件时，可适当收取工本费和设计文件押金。投标申请人收到招标文件、图纸等有关资料后，应认真核对无误后，以书面形式予以确认。

2. 招标文件的澄清或修改

《招标投标法》第二十三条规定：招标人对已发出的招标文件进行必要的澄清或者修改的，应当在招标文件要求提交投标文件截止时间至少十五日内，以书面形式通知所有招标文件收受人。该澄清或者修改的内容为招标文件的组成部分。

《施工招标投标管理办法》第二十四条规定：投标人对招标文件有疑问需要澄清的，应当以书面形式向招标人提出。

第七节 踏勘现场、答疑

招标人组织投标人踏勘现场，并负责接受问题，准备解答，以书面形式向所有投标人发放答疑纪要，并同时向建设行政主管部门备案。如有必要时可召开答疑会解答问题，会后将答疑会议纪要发放给投标人，并同时向建设行政主管部门备案。

投标人进行现场踏勘，获取问题解答及答疑纪要，提交回执。

针对招标文件和踏勘现场中的问题，可在答疑会前规定的时间内以书面形式提交。

建设主管部门接受答疑纪要备案。

一、踏勘现场

1. 踏勘现场的有关规定

《招标投标法》第二十一条规定：招标人根据招标项目的具体情况，可以组织潜在投标人踏勘项目现场。

踏勘现场是指招标人组织投标人对工程现场场地和周围环境等客观条件进行的现场勘察，目的是为投标人编制施工组织设计或施工方案，以及计算各种措施费用获取必要的信息。投标人到现场调查，可进一步了解招标人的意图和现场周围的环境情况，以获取有用的信息并据此作出投标或投标策略以及投标报价。招标人应主动向投标申请人介绍所有施工现场的有关情况。

2. 踏勘现场的内容

投标人对影响工程施工的现场条件进行全面考察，包括经济、地理、地质、气候、法律环境等情况。对工程项目踏勘现场一般至少了解下列内容：

(1)施工现场是否达到招标文件规定的条件；

(2)施工的地理位置和地形、地貌及管线设置情况；

(3)施工现场的地质、土质、地下水位、水文等情况；

(4)施工现场的气候条件，如气温、湿度、风力等；

(5)现场的环境，如交通、供水供电、污水排放等；

(6)临时用地、临时设施搭建等，即工程施工过程中临时使用的工棚、堆放材料的库房以及这些设施所占的地方等。

投标人在踏勘现场中如有疑问，应当在招标人答疑前以书面形式向招标人提出，以便于得到招标人的解答。投标人踏勘现场发现的问题，招标人可以以书面形式答复，也可以在投标预备会上解答，并以书面形式确认。

二、答疑

《施工招标投标管理办法》第二十二条规定：招标人不得向他人透露已获取招标文件的潜在投标人的名称、数量以及可能影响公平竞争的有关招标投标的其他情况。

根据这一规定，招标人一般不应组织答疑会。但是按照国际惯例，招标人可以根据招标工程的具体情况，在必要时召开招标文件答疑会。投标人对招标文件的疑问，勘察现场的疑问等，都可以在答疑会上得到澄清。

答疑会由招标人组织主持召开，目的在于招标人解答投标人对招标文件和在踏勘现场中提出的问题，包括书面提出的和在答疑会上口头提出的问题。

答疑会结束后，由招标人整理会议记录和解答内容(包括答疑会上口头提出的询问和解答)，并以书面形式将所有问题和解答内容向所有获得招标文件的投标人发放。问题及解答纪要须同时向建设行政主管部门备案。为便于投标人在编制投标文件时将招标人对问题的解答内容和招标文件的澄清或修改的内容编写进去，招标人可根据情况酌情延长投标截止时间。

答疑也可以采取书面形式进行。

第八节 编制、送达与签收投标文件

在此环节，投标人编制投标文件、办理投标担保，并按时送达投标文件和投标担保，取得回执。招标人接受投标文件、记录接收日期和时间、退回逾期送达的投标文件，并在开标前妥善保存投标文件。

一、编制投标文件

1. 投标文件编制的有关规定

《招标投标法》第二十七条规定：投标人应当按照招标文件的要求编制投标文件，对招标文件提出的实质性要求和条件作出响应。

招标项目属于建设施工的，投标文件的内容应当包括拟派出的项目负责人与主要技术人员的简历、业绩和拟用于完成招标项目的机械设备等。

《招标投标法》第三十条规定：投标人根据招标文件载明的项目实际情况，拟在中标后将中标项目的部分非主体、非关键性工作进行分包的，应当在投标文件中载明。

《施工招标投标管理办法》第二十五条规定：投标人应当按照招标文件的要求编制投标文件，对招标文件提出的实质性要求和条件作出响应。

招标文件允许投标人提供备选标的，投标人可以按照招标文件的要求提交替代方案，并作出相应报价作备选标。

《施工招标投标管理办法》第二十七条规定：招标人可以在招标文件中要求投标人提交投标担保。投标担保可以采用投标保函或者投标保证金的方式。投标保证金可以使用支票、银行汇票等，一般不得超过投标总价的2%，最高不得超过50万元。

投标人应当按照招标文件要求的方式和金额，将投标保函或者投标保证金随投标文件提交招标人。

2. 投标文件编制应遵循的原则

(1)投标人应按招标文件的规定和要求编制投标文件；

(2)投标文件应对招标文件提出的实质性要求和条件作出响应；

(3)投标人不得用低于成本的报价竞标，也不得以他人名义投标或者以其他方式弄虚作假，骗取中标；

(4)投标报价应依据招标文件中商务条款的规定：国家公布的统一工程项目划分、统一计量单位、统一计算规则及设计图纸、技术要求和技术规范编制；

(5)根据招标文件中要求的计价方法，并结合施工方案或施工组织设计，投标申请人自身的经营状况、技术水平和计价依据，以及招标时的建筑要素市场状况，确定企业利润、风险金、措施费等，作出报价；

(6)投标报价应由工程成本、利润、税金，保险费、措施费以及采用固定价格的风险金等构成。

3. 投标文件内容及编制

《施工招标投标管理办法》第二十六条规定：投标文件应当包括下列内容：

(1)投标函；

(2)施工组织设计或者施工方案；

(3)投标报价；

(4)招标文件要求提供的其他材料。

二、递交投标文件

1.《招标投标法》的有关规定

第二十八条规定：投标人应当在招标文件要求提交投标文件的截止时间前，将投标文件送达投标地点。招标人收到投标文件后，应当签收保存，不得开启。投标人少于3个的，招标人应当依法重新招标。

在招标文件要求提交投标文件的截止时间后送达的投标文件，招标人应当拒收。

2.《施工招标投标管理办法》的有关规定

第二十八条规定：投标人应当在招标文件要求提交投标文件的截止时间前，将投标文件密封送达投标地点。招标人收到投标文件后，应当向投标人出具标明签收人和签收时间的凭证，并妥善保存投标文件。在开标前，任何单位和个人均不得开启投标文件。在招标文件要求提交投标文件的截止时间后送达的投标文件，为无效的投标文件，招标人应当拒收。

提交投标文件的投标人少于3个的，招标人应当依法重新招标。

三、招标人接收投标文件

招标人收到投标书以后应当签收，不得开启。为保护投标人的合法权益，招标人必须履行完备的签收、登记手续。签收人要记录投标文件递交的日期、地点以及密封状况，签收人签名后应将所有递交的投标文件放置在保密安全的地方，任何人不得开启投标文件。在规定的投标截止时间以后递交的投标文件，招标人应当拒收。

为了保证充分竞争，对于投标人少于3个的，应当重新招标。这种情况在国外称之为“流标”。按照国际惯例，至少有3家投标者才能带来有效竞争，若只有两家参加投标，则缺乏竞争，投标申请人如果抬高报价，会损害招标人利益。

第九节　开标、评标和定标，签订合同协议

在建设项目招标投标中，开标、评标和定标是招标投标中极为重要的环节。只有做出客观、公正的评标、定标，才能最终选择最合适的承包商，从而顺利进入到建设项目的实施阶段。《招标投标法》以及建设部第89号令《房屋建筑和市政基础设施工程施工招标投标管理办法》中，对于开标的时间和地点、出席开标会议的一系列规定、开标的顺序、无效标的确认、评标原则和评标委员会的组建及评标程序和方法、定标的条件与做法等，均做出了明确而清晰的规定。

第二章 资格预审文件案例

本章以实际已运行的某工程建筑招标投标为例介绍其流程中的投标申请人资格预审文件。

西安市××山庄别墅工程项目，已具备施工招标条件，招标人编制了投标申请人资格预审文件，并发放给各潜在投标人，潜在投标人在规定的时间递交了填好的资格预审文件。

第一节 招标人发放的资格预审文件案例

以下所示为某招标人发放的投标申请人的资格预审文件的具体形式及全部内容。

一、工程项目概况

序号	类 别	说 明
1	项目名称	西安市××山庄别墅
2	业主/招标人	陕西××房地产开发公司
3	项目设计单位	××市建筑规划设计院
4	项目性质	基本建设
5	资金来源	自筹，已落实
6	工程地址	西安市××路中段
7	建设规模	建筑面积 637 m^2
8	标段	1 个标段
9	招标发包范围	施工图纸及工程量清单包括的所有内容
10	合同计价方式	固定综合单价
11	合同承包方式	包工、包料
12	工期	180 天
13	质量标准	合格
14	质量管理目标	“长安杯”
15	其他	

二、投标申请人须知前附表

序号	类别	说明
1	项目名称	西安市××山庄别墅
2	项目编号	0617-06010266
3	业主/招标人	陕西××房地产开发公司
4	招标机构	西北××招标代理公司
5	招标方式	国内公开
6	资格审查方式	资格预审
7	筛选单位数量	9家
8	资格预审报名文件份数	正本1份，副本2份
9	资格预审文件售价	800元/套
10	获取资格预审文件的时间	2006年10月8日—2006年10月10日，9:00—17:00时（节假日休息）
11	资格预审报名文件提交截止时间至	2006年10月18日10时00分
12	证明资料（原件）	以下资料须提供原件并另袋密封： 1. 企业法人营业执照（副本）； 2. 资质等级证书（副本）； 3. 项目经理资质证书； 4. 项目经理职称证书； 5. 申请人近3年类似工程业绩（不少于3项。附：能够反映类似工程业绩的下述证明材料中的一项或多项：中标通知书、合同、工程竣工验收证书等）； 6. 项目经理近3年类似工程业绩（至少担当过一个类似工程项目经理。附：能够反映类似工程业绩的下述证明材料中的一项或多项：中标通知书、合同、工程竣工验收证书等）； 7. 技术负责人近3年类似工程业绩（至少担当过一个类似工程项目技术负责人。附：能够反映类似工程业绩的下述证明材料中的一项或多项：中标通知书、合同、工程竣工验收证书等）
13	证明资料提交时间	至2006年10月18日10时00分
14	资格预审报名文件提交地点	西北××招标代理公司招标一部 联系人：王××　　赵×× 联系电话：029-××××××××
15	联合体投标	不接受

续表

序号	类别	说明
16	定义	1. 近三年：2004年以后； 2. 类似工程业绩：单位工程建筑面积30 000 m^2 以上
17	补充要求	“资审申请书”允许分册装订
18	联系方式	招标机构：西北××招标代理公司 地　　址：西安市××路18号 邮　　编：710054 联 系 人：王××　赵×× 联系部门：招标一部 电　　话：029－×××××××× 电子信箱： 网　　址： 开户银行：中国光大银行西安分行营业部 账　　号：×××××××××

三、投标申请人须知

1. 总　则

1-1　招标条件

鉴于招标申请人须知前附表(以下简称前附表)所述项目的招标人，已按照有关法律、法规、规章等规定完成了下述工作，项目已具备招标条件，现委托前附表所述的招标机构组织国内公开招标。

1-1-1　项目批准、核准、备案等手续；

1-1-2　项目资金已经落实。

1-2　资格预审

招标机构将组织对本项目投标申请人进行资格预审。投标申请人可对本次招标的工程项目提出资格预审申请。

1-3　投标申请人资格预审文件

1-3-1　招标机构编制的投标申请人资格预审文件(以下简称资审文件)售后不退。

1-3-2　资审文件盖有招标机构的公章。

1-3-3　发售资审文件过程中，若出现2家或多于2家单位购买或拟购买资审文件，则招标机构有权要求上述投标申请人提供法人代表授权书，以确定最终的合格购买人。

1-3-4　招标机构发出的补充通知将作为资审文件的必要组成部分。

1-3-5　资审文件的解释权归招标机构。

2. 资格预审申请及资格预审申请书

2-1　申请人范围

资格预审将面向全国,邀请符合资审文件规定条件的单位报名。

2-2 真实性

投标申请人资格预审申请书(以下简称资审申请书)及所有证明材料、提交的澄清或补充材料均需真实、有效。否则,投标申请人将承担全部法律责任。

2-3 格式

投标申请人应按资审文件要求的格式编制资审申请书。任何缺项将可能导致其申请被拒绝。

2-4 编制

2-4-1 资审申请书应使用不褪色的黑色墨水书写或打印,字迹、图迹不允许有涂改,若确实需要更改,须在涂改处加盖申请人公章。

2-4-2 由于资审申请书及证明材料字迹、印章不清,导致评审人员无法评审,所引起的不利后果由申请人自负。

2-4-3 资审申请书应由投标申请人的法定代表人或其委托代理人签字或盖章。

2-5 正、副本份数

资审申请书必须按前附表规定的正、副本份数提交;正、副本内容不一致时,以正本为准。副本可为正本的复印件。

2-6 密封

2-6-1 投标申请人的资审申请书及有关资料必须密封提交。招标机构不接受未经密封的资审申请书。

2-6-2 密封袋的封面上应加盖投标申请人公章,并由投标申请人的法定代表人(或委托代理人)签字或盖章。

2-6-3 建议密封信袋封皮上注明下述标志:

“(招标编号)资审申请书,评审前不得启封”,“(投标申请单位名称)”。

2-6-4 如没有按上述要求签字、盖章或注明标志,招标机构将不承担资审申请书保存错误或提前被启封的责任,由此造成提前被启封的资审申请书将被拒绝。

2-7 提交

2-7-1 资审申请书。申请人必须按前附表规定的时间送达资审申请书,迟到的资审申请书将被拒绝。

2-7-2 每家单位只允许提交1套资审申请书。否则,招标人有权取消其投标资格。

2-7-3 证明资料。证明资料是指所提供的资审申请书中有关证件、资料等复印件的原件。申请人必须按前附表规定的内容提供证明资料。

2-7-4 证明资料的密封。证明资料须单独密封提交。密封袋的封面标注要求同资审申请书,且须另外注明:“证明资料原件,验后退还”。

2-7-5 证明资料提交截止时间。申请人应按前附表规定的时间送达证明资料。迟到的证明资料导致资格预审被拒绝,招标机构将不负责任。

2-8 补充或修改

申请材料递交后,允许申请人对申请材料进行补充或修改,但必须在规定的递交截止时间前送达。

2-9 其他

2-9-1 招标人和招标机构不承担核查申请资料真实性的义务。由于申请人提供虚假的材料,导致招标项目无法顺利进行或者失败,由此造成的后果及经济损失,由申请人承担全部法律责任。

2-9-2 除证明资料外,无论投标申请人是否通过资格预审,其资审申请书及提交的资料不予退还。但招标人及招标机构对投标申请人所提交的上述资料给予保密。

2-9-3 除非招标文件另有规定或招标人允许其改进,申请人资审申请书应与正式投标时的招标文件有关内容相一致,否则,即使招标文件没有规定,其正式投标也将有可能废标。

2-9-4 资审申请书与证明资料中的相关内容必须保持一致。否则,由此引起对投标申请人的不利后果由投标申请人自负。

2-9-5 资审申请书使用语言:汉语语言文字。

3. 评审

3-1 评审委员会组成

由招标人、招标机构(或其委托的专家)共同组成评审委员会,负责对各投标申请人进行资格评审。

3-2 评审依据

3-2-1 招标机构发售的资审文件;

3-2-2 投标申请人提交的资审申请书;

3-2-3 证明资料;

3-2-4 有关法律、法规、规章的规定;

3-2-5 其他:考察情况(如果招标人安排的情况下);能够反映投标申请人能力的其他材料(如果招标人另外要求的情况下)。

3-3 合格条件

3-3-1 全部满足资格预审必要条件。

3-3-2 未曾与本项目的招标机构有任何隶属关系或者其他利害关系。

3-3-3 未曾参与过本项目的技术规范、资格预审或招标文件的编制工作。

3-3-4 其他:考察情况(如果招标人安排的情况下);能够反映投标申请人能力的其他材料(如果招标人另外要求的情况下)。

3-4 数量限制

3-4-1 如果合格单位数量太多,招标人有权进一步筛选不少于前附表规定的单位数量入围。

3-4-2 如果合格单位数量太少,为确保投标竞争的充分性,招标人可以降低资格条件;如果合格单位数量小于或等于3家时,招标人必须降低资格条件,以确保投标时不少于3家单位投标。

3-5 资格预审评审报告的编制

评审结束后,由评审委员会编制资格预审评审报告,报业主审核。

3-6 意外情况

经评审,如果合格单位的数量和质量无法令招标人满意,招标人有权采取以下任一措施：

3-6-1　保证招标项目按期顺利进行的可行方法；

3-6-2　重新组织报名。

4. 通知与确认

4-1　合格投标人的确认

只有经招标人确认的合格投标申请人才能参加本招标工程项目的投标。

4-2　修改权利

招标人有权保留修改招标工程项目的规模及总投资权利，且上述情况发生时，投标申请人只有达到修改后的资格预审条件要求且资格预审合格，才能参与该工程的投标。

4-3　结果通知

资格预审工作结束后，招标机构向合格的投标申请人发送资格预审合格通知书；向不合格的投标申请人传真资格预审结果通知书，告知资格预审结果。

5. 补充要求

详见前附表中的补充要求。

四、预审必要条件

序号	类别	说明	备注
1	企业法人营业执照(副本)	招标人的任何不具独立法人资格的附属机构(单位)，或者为招标项目的前期准备或者监理工作提供设计、咨询服务的任何法人及其任何附属机构(单位)，都无资格参加该招标项目的投标；年审合格	加盖单位公章的复印件
2	资质等级证书(副本)	房屋建筑工程施工总承包二级及以上；年审合格	
3	项目经理资质	具有房屋建筑工程或相关专业二级项目经理或建造师资质	
4	施工企业工程规费计取标准	符合规定标准	
5	法人代表授权书	符合给定格式	原件

五、法人代表授权书格式

致：西北××招标代理公司：

(投标申请人名称)按中华人民共和国相关法律于(　　年　　月　　日)成立。

(法人代表姓名) 特授权________(被授权人姓名)代表我公司全权办理针对本次招标(项目名称，编号)项目的投标申请等具体工作，并按规定签署全部有关的文件、材料。

我公司对被授权人的签名负全部责任。

本授权书于____年__月__日签字生效。

被授权人签名：　　　　　　法人代表签名或盖章：

职务：　　　　　　　　　　职务：

身份证编号：　　　　　　　身份证编号：

所在部门：

附：法人代表身份证复印件、被授权人身份证复印件

投标申请人：

(公章)

日　　期：

六、投标申请人资格预审申请书格式

投标申请人资格预审申请书格式参见第二章第二节。

第二节　投标人递交的资格预审文件案例

以下为投标申请人资格预审申请书具体实例——某投标人递交的资格预审文件的全部内容。

资格预审申请书

项目名称：西安市××山庄别墅

招标编号：0617－06010266

投标申请人：（盖章）

法定代表人或其委托代理人：（签字或盖章）

日期：2006 年 10 月 16 日

目　录

一、申请函
二、法人代表授权书
三、投标申请人一般情况
四、拟用于本招标工程项目的主要施工设备情况
五、类似工程业绩
六、拟派往本招标工程项目负责人
七、拟派往本招标工程项目主要技术人员
八、财务状况表
九、近三年已完工程及目前在建工程一览表
十、近二年工程营业数据表
十一、其他资料
十二、公司人员及拟派往本招标工程项目的人员情况
十三、现场组织机构情况
十四、机械设备的配置及状况
十五、资格预审必要条件响应表

一、申请函

致：西北××招标代理公司

1. 我方充分阅读并完全理解了投标申请人资格预审文件的各项内容，本申请函签字人在此以西安市××山庄别墅施工总承包投标申请人的身份，向你方提出资格预审申请。申请投标的标段如下：

标段名称：西安市××山庄别墅

标段编号：0617－06010266

2. 你方代表可调查、审核或质询我方提交的与本申请书相关的文件、声明和其他资料。

3. 我们在此承诺：一旦中标，本申请书所申报人员一定按时进入施工现场。

4. 我们在此声明：对提交给贵方的所有申请资料负责，保证所有资料的真实性。如出现不真实的情况，我们愿按资格预审须知的有关规定，在本工程招标或合同达成后的任何时候，接受招标人(业主)终止投标资格、终止合同的处理。我们理解，这属我们违约，我们承担全部法律责任。

5. 如果资格预审合格，我方将积极参加本工程投标，并承担投标文件承诺的全部责任和义务。

6. 如未获得投标资格，我方不要求招标人和招标机构做出任何解释。如有异议，我方保证在收到资格预审结果通知书传真后三日内向招标机构书面反映并提供相关证据，以避免延误招标项目的工期。否则，我方的投诉、质疑无效。

7. 对于贵公司要求进一步提供的其他资料，我方愿意尽快提供或答复。你方授权代表可通过下列人员得到进一步的资料：

一般质询和管理方面的质询	
联系人1：姜四	电话：×××××××××
联系人2：	电话：

有关人员方面的质询	
联系人1：高山	电话：×××××××××
联系人2：	电话：

有关技术方面的质询	
联系人1：张三	电话：×××××××××
联系人2：	电话：

有关财务方面的质询	
联系人1:流水	电话:×××××××××
联系人2:	电话:

投标申请人:
(盖章)
法定代表人或其委托代理人:
(签字或盖章)

年 月 日

二、法人代表授权书

致：西北××招标代理公司：

北京××建筑工程公司 按中华人民共和国相关法律于（ 1991 年 10 月 11 日）成立。公司法人 马辉 特授权 姜四 （被授权人姓名）代表我公司全权办理针对本次招标西安市××山庄别墅，编号：0617－06010266 项目的投标申请等具体工作，并按规定签署全部有关的文件、材料。

我公司对被授权人的签名负全部责任。

本授权书于 2006 年 10 月 18 日签字生效。

被授权人签名：姜四
职务：项目经理
身份证编号：×××
所在部门：西安分公司

法人代表签名或盖章：马辉
职务：总经理
身份证编号：×××

附：法人代表身份证复印件、被授权人身份证复印件。

投标申请人：
（公章）
日　期：2006 年 10 月 18 日

三、投标申请人一般情况

1	企业名称:北京××建筑工程公司	
2	总部地址:北京市××路西段7号××新都大厦	
3	当地代表处地址:西安市××路××号	
4	电　话:010-86280109	联系人:朱三
5	传　真:010-86279466	电子邮箱:sxhj@sx-hj.com
6	注册地:北京市工商行政管理局	注册年份:1991年 (营业执照复印件附后)
7	公司资质等级证书号:A1011061010201—6/5	
8	主营范围: 1. 房屋建筑、工业厂房建筑、民用住宅建筑、房屋装修、房屋维修 2. 运输、土方处理 3. 设备安装工程施工二级 4. 建筑幕墙工程施工二级	
9	作为总承包人经历年数	15年
10	作为分包商经历年数	无
11	其他要求说明的情况　　无	

四、拟用于本招标工程项目的主要施工设备情况

投标申请人名称：北京××建筑工程公司

设备名称： 砼输送泵1个		
设备资料	1. 制造商名称：长沙中联	2. 型号及额定功率：HBT5013POS110KW
	3. 生产能力：	4. 制造年代：2002年10月
目前状况	5. 目前位置：公司机具租赁站	
	6. 目前及未来工程拟参与情况详述：现已调至良好的运行状态，待新工程起用	
来源	7. 注明设备来源(打√) √□自有　□购买　□租赁　□专门生产	
所有者	8. 所有者名称：公司自有	
	9. 所有者地址：北京市××路西段七号	
	电话：010－86407644	联系人及职务：田涛
	传真：010－86407644	电传
协议	特为本项目所签的购买/租赁/制造协议简述 (附购货发票复印件)	

注：1. 投标申请人应就其提供的每一项主要设备分别单独具表。

2. 若设备为投标申请人自有，则无须填写所有者、协议两栏。

拟用于本招标工程项目的主要施工设备情况

投标申请人名称：北京××建筑工程公司

<table>
<tr><td colspan="3">设备名称：　钢筋调直机 1 个</td></tr>
<tr><td rowspan="2">设备资料</td><td>1. 制造商名称：杭州顺飞</td><td>2. 型号及额定功率：
Φ4－145.5 KW</td></tr>
<tr><td>3. 生产能力：</td><td>4. 制造年代：2003 年</td></tr>
<tr><td rowspan="2">目前状况</td><td colspan="2">5. 目前位置：公司一部基地</td></tr>
<tr><td colspan="2">6. 目前及未来工程拟参与情况详述：
现已调至良好的运行状态，待新工程起用</td></tr>
<tr><td>来源</td><td colspan="2">7. 注明设备来源(打√)
√□自有　□购买　□租赁　□专门生产</td></tr>
<tr><td rowspan="4">所有者</td><td colspan="2">8. 所有者名称：公司自有</td></tr>
<tr><td colspan="2">9. 所有者地址：北京市××路西段七号</td></tr>
<tr><td>电话：010－86283765</td><td>联系人及职务：曾清平</td></tr>
<tr><td>传真：010－86283765</td><td>电传</td></tr>
<tr><td>协议</td><td colspan="2">特为本项目所签的购买/租赁/制造协议简述
(附购货发票复印件)</td></tr>
</table>

注：1. 投标申请人应就其提供的每一项主要设备分别单独具表。

2. 若设备为投标申请人自有，则无须填写所有者、协议两栏。

拟用于本招标工程项目的主要施工设备情况

投标申请人名称：北京××建筑工程公司

设备名称：　钢筋弯曲机1个		
设备资料	1. 制造商名称：合服合力	2. 型号及额定功率：40 WJ3KW
	3. 生产能力：	4. 制造年代：2004年
目前状况	5. 目前位置：公司一部基地	
	6. 目前及未来工程拟参与情况详述：现已调至良好的运行状态，待新工程起用	
来源	7. 注明设备来源(打√) √□自有　□购买　□租赁　□专门生产	
所有者	8. 所有者名称：公司自有	
	9. 所有者地址：北京市××路西段七号	
	电话：010－86283765	联系人及职务：曾清平
	传真：010－86283765	电传
协议	特为本项目所签的购买/租赁/制造协议简述 (附购货发票复印件)	

注：1. 投标申请人应就其提供的每一项主要设备分别单独具表。

2. 若设备为投标申请人自有，则无须填写所有者、协议两栏。

拟用于本招标工程项目的主要施工设备情况

投标申请人名称：北京××建筑工程公司

<table>
<tr><td colspan="3">设备名称：　圆锯机 1</td></tr>
<tr><td rowspan="2">设备资料</td><td>1. 制造商名称：杭州顺飞</td><td>2. 型号及额定功率：SJ4KW</td></tr>
<tr><td>3. 生产能力：</td><td>4. 制造年代：2002 年</td></tr>
<tr><td rowspan="2">目前状况</td><td colspan="2">5. 目前位置：公司一部基地</td></tr>
<tr><td colspan="2">6. 目前及未来工程拟参与情况详述：
现已调至良好的运行状态，待新工程起用</td></tr>
<tr><td>来源</td><td colspan="2">7. 注明设备来源（打√）
√□自有　□购买　□租赁　□专门生产</td></tr>
<tr><td rowspan="4">所有者</td><td colspan="2">8. 所有者名称：公司自有</td></tr>
<tr><td colspan="2">9. 所有者地址：北京市××路西段七号</td></tr>
<tr><td>电话：010－86283765</td><td>联系人及职务：曾清平</td></tr>
<tr><td>传真：010－86283765</td><td>电传</td></tr>
<tr><td>协议</td><td colspan="2">特为本项目所签的购买/租赁/制造协议简述
（附购货发票复印件）</td></tr>
</table>

注：1. 投标申请人应就其提供的每一项主要设备分别单独具表。

2. 若设备为投标申请人自有，则无须填写所有者、协议两栏。

拟用于本招标工程项目的主要施工设备情况

投标申请人名称：北京××建筑工程公司

<table>
<tr><td colspan="3">设备名称：　压刨机 1</td></tr>
<tr><td rowspan="2">设备资料</td><td>1. 制造商名称:合肥合力</td><td>2. 型号及额定功率:40YJ4KW</td></tr>
<tr><td>3. 生产能力:</td><td>4. 制造年代:2002 年</td></tr>
<tr><td rowspan="2">目前状况</td><td colspan="2">5. 目前位置:公司一部基地</td></tr>
<tr><td colspan="2">6. 目前及未来工程拟参与情况详述:
现已调至良好的运行状态,待新工程起用</td></tr>
<tr><td>来源</td><td colspan="2">7. 注明设备来源(打√)
√☐自有　☐购买　☐租赁　☐专门生产</td></tr>
<tr><td rowspan="4">所有者</td><td colspan="2">8. 所有者名称:公司自有</td></tr>
<tr><td colspan="2">9. 所有者地址:北京市××路西段七号</td></tr>
<tr><td>电话:010－86283765</td><td>联系人及职务:曾清平</td></tr>
<tr><td>传真:010－86283765</td><td>电传</td></tr>
<tr><td>协议</td><td colspan="2">特为本项目所签的购买/租赁/制造协议简述
(附购货发票复印件)</td></tr>
</table>

注:1. 投标申请人应就其提供的每一项主要设备分别单独具表。

2. 若设备为投标申请人自有,则无须填写所有者、协议两栏。

拟用于本招标工程项目的主要施工设备情况

投标申请人名称：北京××建筑工程公司

设备名称：　装载机		
设备资料	1. 制造商名称：柳州	2. 型号及额定功率：ZL40B
	3. 生产能力：	4. 制造年代：2000 年
目前状况	5. 目前位置：公司机具租赁站	
	6. 目前及未来工程拟参与情况详述： 现已调至良好的运行状态，待新工程起用	
来源	7. 注明设备来源（打√） √☐自有　☐购买　☐租赁　☐专门生产	
所有者	8. 所有者名称：公司自有	
	9. 所有者地址：石化大道	
	电话：010－86283765	联系人及职务：曾清平
	传真：010－86283765	电传
协议	特为本项目所签的购买/租赁/制造协议简述 （附购货发票复印件）	

注：1. 投标申请人应就其提供的每一项主要设备分别单独具表。

2. 若设备为投标申请人自有，则无须填写所有者、协议两栏。

拟用于本招标工程项目的主要施工设备情况

投标申请人名称：北京××建筑工程公司

设备名称：　挖掘机		
设备资料	1. 制造商名称：西安锐诚	2. 型号及额定功率：ZX200
	3. 生产能力：铲斗容量 0.35 m^3	4. 制造年代：2003 年
目前状况	5. 目前位置：公司机具租赁站	
	6. 目前及未来工程拟参与情况详述： 现已调至良好的运行状态，待新工程起用	
来源	7. 注明设备来源（打√） √□自有　□购买　□租赁　□专门生产	
所有者	8. 所有者名称：北京××建筑工程公司施工机具租赁站	
	9. 所有者地址：石化大道	
	电话：010－86407644	联系人及职务：田涛
	传真：010－86407644	电传
协议	特为本项目所签的购买/租赁/制造协议简述 （附购货发票复印件）	

注：1. 投标申请人应就其提供的每一项主要设备分别单独具表。
2. 若设备为投标申请人自有，则无须填写所有者、协议两栏。

拟用于本招标工程项目的主要施工设备情况

投标申请人名称：<u>北京××建筑工程公司</u>

<table>
<tr><td colspan="3">设备名称：　自卸汽车</td></tr>
<tr><td rowspan="2">设备资料</td><td>1. 制造商名称：凯达</td><td>2. 型号及额定功率：
SX3322BM2943</td></tr>
<tr><td>3. 生产能力：额定载重量 1 980 kg</td><td>4. 制造年代：2004 年</td></tr>
<tr><td rowspan="2">目前状况</td><td colspan="2">5. 目前位置：公司机具租赁站</td></tr>
<tr><td colspan="2">6. 目前及未来工程拟参与情况详述：
现已调至良好的运行状态，待新工程起用</td></tr>
<tr><td>来源</td><td colspan="2">7. 注明设备来源（打√）
√☐自有　☐购买　☐租赁　☐专门生产</td></tr>
<tr><td rowspan="4">所有者</td><td colspan="2">8. 所有者名称：北京××建筑工程公司施工机具租赁站</td></tr>
<tr><td colspan="2">9. 所有者地址：石化大道</td></tr>
<tr><td>电话：010－86407644</td><td>联系人及职务：田涛</td></tr>
<tr><td>传真：010－86407644</td><td>电传</td></tr>
<tr><td>协议</td><td colspan="2">特为本项目所签的购买/租赁/制造协议简述
（附购货发票复印件）</td></tr>
</table>

注：1. 投标申请人应就其提供的每一项主要设备分别单独具表。

2. 若设备为投标申请人自有，则无须填写所有者、协议两栏。

拟用于本招标工程项目的主要施工设备情况

投标申请人名称：北京××建筑工程公司

<table>
<tr><td colspan="3">设备名称：　压路机</td></tr>
<tr><td rowspan="2">设备资料</td><td>1. 制造商名称：洛阳一拖</td><td>2. 型号及额定功率：XS190</td></tr>
<tr><td>3. 生产能力：额定载质量 1 980 kg</td><td>4. 制造年代：2003 年</td></tr>
<tr><td rowspan="2">目前状况</td><td colspan="2">5. 目前位置：公司机具租赁站</td></tr>
<tr><td colspan="2">6. 目前及未来工程拟参与情况详述：
现已调至良好的运行状态，待新工程起用</td></tr>
<tr><td>来源</td><td colspan="2">7. 注明设备来源(打√)
√□自有　□购买　□租赁　□专门生产</td></tr>
<tr><td rowspan="4">所有者</td><td colspan="2">8. 所有者名称：北京××建筑工程公司施工机具租赁站</td></tr>
<tr><td colspan="2">9. 所有者地址：石化大道</td></tr>
<tr><td>电话：010－86407644</td><td>联系人及职务：田涛</td></tr>
<tr><td>传真：010－86407644</td><td>电传</td></tr>
<tr><td>协议</td><td colspan="2">特为本项目所签的购买/租赁/制造协议简述
(附购货发票复印件)</td></tr>
</table>

注：1. 投标申请人应就其提供的每一项主要设备分别单独具表。

2. 若设备为投标申请人自有，则无须填写所有者、协议两栏。

五、类似工程业绩

投标申请人名称:北京××建筑工程公司

1	合同号:(05)61
	合同名称:大家润山庄二期
	工程地址:西安市××路355号
2	发包人名称:西安××实业集团有限责任公司
3	发包人地址:西安市××路373号
4	与投标申请人所申请的合同相类似的工程性质和特点:框架结构、别墅
5	合同身份(注明其中之一): 总承包
6	合同总价:3 600万元
7	合同授予时间:2005年9月1日
8	完工时间:2006年5月1日
9	合同工期:240天 实际工期:240天
10	其他要求: 详见附件1-1

注:1. 类似现场条件下的施工经验要求申请人填写已完或在建类似工程施工经验。

2. 每个类似工程合同须单独具表,并附中标通知书或合同协议或工程竣工验收证明,无相关证明的工程在评审时将不予确认。

附件 1-1

一、施工经验

1. 建立以项目经理为核心的集体承包机制，明确各岗位职工的责、权、利。

2. 做好技术、生产、材料等多方面的各项计划，施工中严格控制计划施工，保证工程进度。

3. 抓过程控制，保证各中间产品的质量。

二、技术措施

1. 建立质量管理体系及其他各项技术管理制度。

2. 设立专职质量检查员 1 名，负责日常工作质量的监督管理。

3. 设立各专项技术、质量方案审核、审批制度。

4. 建立质量跟踪、反馈机制，不断改进。

三、安全措施

1. 建立职业健康安全管理体系和环境管理体系，完善安全生产责任制。

2. 设立专职安全员 1 名，负责日常安全监督。

3. 设立各专项安全方案审核、审批制度。

类似工程业绩

投标申请人名称：北京××建筑工程公司

1	合同号：(05)第81号
	合同名称：西安××广场花园
	工程地址：西安市××街××路十字西北角
2	发包人名称：西安××广场有限公司
3	发包人地址：××时代广场A座七层
4	与投标申请人所申请的合同相类似的工程性质和特点： 园林绿化、100 000 m^2
5	合同身份(注明其中之一)： 总承包
6	合同总价：约18 000万元
7	合同授予时间：2005年11月18日
8	完工时间：2008年3月18日
9	合同工期：880天 实际工期：
10	其他要求：(如施工经验、技术措施、安全措施等) 详见附件2－1

注：1. 类似现场条件下的施工经验要求申请人填写已完或在建类似工程施工经验。

2. 每个类似工程合同须单独具表，并附中标通知书或合同协议或工程竣工验收证明，无相关证明的工程在评审时将不予确认。

附件 2-1

一、施工经验

1. 建立以项目经理为核心的集体承包机制，明确各岗位职工的责、权、利。

2. 根据工程特征，主体结构分别采用钢大模板方案、外爬架方案、商品砼施工方案等，以保证工程质量。

3. 做好技术、生产、材料等多方面的各项计划，施工中严格控制计划施工，保证工程进度。

4、抓过程控制，保证各中间产品的质量。

二、技术措施

1. 建立质量管理体系及其他各项技术管理制度。
2. 设立专职质量检查组，负责日常工作的质量监督。
3. 设立各专项技术、质量方案审核、审批制度。
4. 建立质量跟踪、反馈机制，不断改进。
5. 设立放线测量组，由专业工程师负责。

三、安全措施

1. 建立安全生产管理体系及安全生产责任制。
2. 设立专职安全员 1 名，负责日常安全监督。
3. 设立各专项安全方案审核、审批制度。
4. 加强基坑支护工作，加强“三宝”和“四口”的检查，保证施工安全。

类似工程业绩

投标申请人名称:北京××建筑工程公司

1	合同号:(05)第63号
	合同名称:西安××新区度假山庄
	工程地址:西安××新区内
2	发包人名称:西安××新区管委会
3	发包人地址:西安××新区
4	与投标申请人所申请的合同相类似的工程性质和特点: 框架结构、三层、21 683 m^2
5	合同身份(注明其中之一):总承包
6	合同总价:2 786.494 5万元
7	合同授予时间:2005年7月10日
8	完工时间:2006年10月5日
9	合同工期:450天　　实际工期:435天
10	其他要求:(如施工经验、技术措施、安全措施等) 详见附件3-1

注:1. 类似现场条件下的施工经验要求申请人填写已完或在建类似工程施工经验。

2. 每个类似工程合同须单独具表,并附中标通知书或合同协议或工程竣工验收证明,无相关证明的工程在评审时将不予确认。

附件 3－1

一、施工经验

1. 建立以项目经理为核心的集体承包机制，明确各岗位职工的责、权、利。

2. 根据工程特征，主体结构分别采用钢大模板方案、外爬架方案、商品砼施工方案等，以保证工程质量。

3. 做好技术、生产、材料等多方面的各项计划，施工中严格控制计划施工，保证工程进度。

4. 抓过程控制，保证各中间产品的质量。

二、技术措施

1. 建立质量管理体系及其他各项技术管理制度。
2. 设立专职质量检查组，负责日常工作的质量监督。
3. 设立各专项技术、质量方案审核、审批制度。
4. 建立质量跟踪、反馈机制，不断改进。
5. 设立放线测量组，由专业工程师负责。

三、安全措施

1. 建立安全生产管理体系及安全生产责任制。
2. 设立专职安全员 1 名，负责日常安全监督。
3. 设立各专项安全方案审核、审批制度。
4. 加强基坑支护工作，加强“三宝”和“四口”的检查，保证施工安全。

六、拟派往本招标工程项目负责人

投标申请人名称：北京××建筑工程公司

职位：项目经理	候选人 □ √主要　　□ 替补	
候选人资料	候选人姓名：姜四	出生年月：1961 年 11 月
	执业或职业资格：二级建造师	
	学力：大专	职称：工程师
	职务：项目经理	工作年限：23 年
自	至	公司/项目/职务/有关技术及管理经验
2001 年	2003 年	在××小区 3 号楼工程任项目经理，获省、市级文明工地
2002 年	2002 年	在××高校办公楼工程任项目经理，获省级文明工地、长安杯、雁塔杯
2003 年	2004 年	在××新都 A 座工程任项目经理，获省级文明工地
2004 年	2005 年	在北京市××管理局综合楼工程任项目经理，获省级文明工地
2005 年	2006 年	在商洛市××综合楼工程任项目经理，获省级文明工地

拟派往本招标工程项目负责人

投标申请人名称：北京××建筑工程公司

职位：项目经理	候选人 □　√主要　　□　替补	
候选人资料	候选人姓名：杨二	出生年月：1966 年 2 月
	执业或职业资格：一级建造师	
	学力：大专	职称：工程师
	职务：项目经理	工作年限：22 年
自	至	公司/项目/职务/有关技术及管理经验
2001 年	2003 年	在铜川市××办公楼工程任项目经理，获省级文明工地
2002 年	2004 年	在西安市××指挥中心工程任项目经理，获雁塔杯与长安杯
2003 年	2004 年	在铜川市××住宅楼工程任项目经理，获市级文明工地
2005 年	今	在××部队 18,20 号高层住宅楼工程任项目经理

七、拟派往本招标工程项目主要技术人员

投标申请人名称:北京××建筑工程公司

1	职位名称:项目经理
	主要候选人姓名:姜四
	替补候选人姓名:杨二
2	职位名称:项目技术负责人
	主要候选人姓名:张三
	替补候选人姓名:魏五
3	职位名称:质量员
	主要候选人姓名:刘六
	替补候选人姓名:牛二
4	职位名称:安全员
	主要候选人姓名:卢平
	替补候选人姓名:刘平

注:拟派往本招标工程的主要技术人员应包括项目技术负责人,相关专业工程师,预算、合同管理人员、计划统计人员等。

拟派往本招标工程项目主要技术人员

投标申请人名称:北京××建筑工程公司

1	职位名称:土建技术员
	主要候选人姓名:胡三
	替补候选人姓名:杨阳
2	职位名称:暖通技术员
	主要候选人姓名:郝晓
	替补候选人姓名:王五
3	职位名称:电气技术员
	主要候选人姓名:张库
	替补候选人姓名: 王六
4	职位名称:给排水技术员
	主要候选人姓名:白慧
	替补候选人姓名:王七

注:拟派往本招标工程的主要技术人员应包括项目技术负责人,相关专业工程师,预算、合同管理人员、计划统计人员等。

拟派往本招标工程项目主要技术人员

投标申请人名称：北京××建筑工程公司

1	职位名称：材料员
	主要候选人姓名：丁一
	替补候选人姓名：程斌
2	职位名称：施工员
	主要候选人姓名：周小
	替补候选人姓名：彭光
3	职位名称：合同管理员
	主要候选人姓名：许雅
	替补候选人姓名：王朝
4	职位名称：计划统计员
	主要候选人姓名：索萍
	替补候选人姓名：杨荣

注：拟派往本招标工程的主要技术人员应包括项目技术负责人，相关专业工程师，预算、合同管理人员、计划统计人员等。

拟派往本招标工程项目主要技术人员

投标申请人名称:北京××建筑工程公司

1	职位名称:造价员
	主要候选人姓名:瑶舟
	替补候选人姓名:武天
2	职位名称:资料员
	主要候选人姓名:安强
	替补候选人姓名:卢晓
3	职位名称:试验员
	主要候选人姓名:吴丽
	替补候选人姓名:安金
4	职位名称:
	主要候选人姓名:
	替补候选人姓名:

注:拟派往本招标工程的主要技术人员应包括项目技术负责人,相关专业工程师,预算、合同管理人员、计划统计人员等。

八、财务状况表

1. 开户银行情况

开户银行	名称:中国建设银行北京市××路支行	
	地址:北京市××区××街335号	
	电话:010-80000220	联系人及职务:白凯(业务经理)
	传真:010-83311749	电传:

2. 近二年每年资产负债情况　　单位：元

财务状况	近二年(应分别明确公元纪年)		
	2006年	2005年	备　注
1. 总资产	968 508 525.31	773 619 406.42	
2. 流动资产	887 574 438.56	743 542 052.40	
3. 总负债	968 508 525.31	712 248 498.19	
4. 流动负债	889 329 938.17	712 041 482.22	
5. 税前利润	6 152 114.70	5 196 743.63	
6. 税后利润	4 121 916.84	3 481 818.23	

3. 上两年度经审计的财务报表[附:上两年度经审计的财务报表复印件(包括损益表、资产负债表)]

4. 为达到本项目现金流量需要提出的信贷计划(投标申请人在其他合同上投入的资金不在此范围内)

信贷来源	信贷金额(单位)
无	无

注:投标申请人应提供财务资料,以证明其已达到资格预审的要求。每个标段申请人都要填此表。

九、近三年已完工程及目前在建工程一览表

投标申请人名称：北京××建筑工程公司

序号	工程名称	合同身份	监理（咨询）单位	合同金额万元	结算金额万元	竣工质量标准
1	××高校新校区主教学楼	总承包	陕西普迈监理公司	11 026.59	14 345.8	长安杯
2	××高校新校区图书馆	总承包	陕西华茂监理公司	2 686.494 5		
3	西安××广场综合楼	总承包	陕西普迈监理公司	约 18 000		
4	大家润别墅	总承包	陕西普迈监理公司	3 600		
5	××大学 53＃，54＃住宅楼	总承包	陕西航天监理公司	2 680.76	2 759.5	合格
6	西安市××物资总公司职工住宅楼	总承包	陕西华银监理公司	2 809.64	2 995.45	省级文明工地
7	中国人民解放军××部队经济适用住房工程	总承包	陕西建科监理公司	2 297.41	1 465.55	合格
8	××新区 1＃，2＃住宅楼	总承包	陕西华茂监理公司	5 600	5 821.78	合格
9	西安古迹岭小区 32＃，34＃安置楼	总承包	陕西秦军国防工业监理公司	4 783.22		
10	宝鸡市××医院住院楼	总承包	陕西华茂监理公司	5 202.389		
11	西安××有限责任公司 305＃住宅楼	总承包	陕西普迈监理公司	3 372.79		

注：1. 对已完工程，投标申请人应提供收到的中标通知书或双方签订的承包合同或已签发的最终竣工证书。

2. 申请人应列出近三年所有已完工程情况（包括总包工程和分包工程），如有隐瞒，一经查实将导致其投标申请被拒绝。

3. 在建工程投标申请人必须附上工程的合同协议书复印件，不填“竣工质量标准”和“竣工日期”两栏。

十、近二年工程营业数据表

投标申请人名称:北京××建筑工程公司

近二年工程营业额		
财务年度	营业额 万元	备　注
2006 年	1 011 855 370	
2005 年	906 551 628	

注:1. 所填的年营业额为投标申请人每年从各招标人那里得到的已完工程施工的收入总额。

2. 所有独立投标申请人均须填写此表。

十一、其他资料

1. 近三年的已完和目前在建工程合同履行过程中，投标申请人所介入的诉讼或仲裁情况。请分别说明事件年限、发包人名称、诉讼原因、纠纷事件、纠纷所涉及金额，以及最终裁判是否有利于投标申请人。

我公司近三年内无因违约或不恰当履约引起的合同中止、纠纷、争议、仲裁和诉讼记录。

我公司近三年施工中未发生过重大安全事故。

北京××建筑工程公司

2006 年 10 月 16 日

2. 近三年中发包人对投标申请人所施工的类似工程的评价意见。

质量优良。并多次获“用户满意单位”奖。其他见后附资料①。

3. 与资格预审申请书有关的其他资料①。

详见附件证书①。

① 本案例仅列出与招标、投标内容相关的资料，其他后附资料从略。

十二、公司人员及拟派往本招标工程项目的人员情况

投标申请人名称：北京××建筑工程公司

1. 公司人员				
人员类别 / 数量	管理人员	工人		其他
		总数	其中技术工人	
总数	920 人	2 836 人	513 人	
拟为本工程提供的人员总数	24 人	190 人	30 人	4 人

2. 拟派往本招标工程项目的管理人员和技术人员			
经历 / 数量/人 / 人员类别	从事本专业工作时间		
	10 年以上	5 年至 10 年	5 年以下
管理人员中（如下所列）	14	7	3
项目经理	2		
总工程师	2		
技术负责	4	1	
施工员	2		
质检人员	2		
安全人员	2		
材料人员		2	
机械管理人员		2	
资料员			2
试验员			1
预算员		2	

十三、现场组织机构情况

1. 现场组织机构图

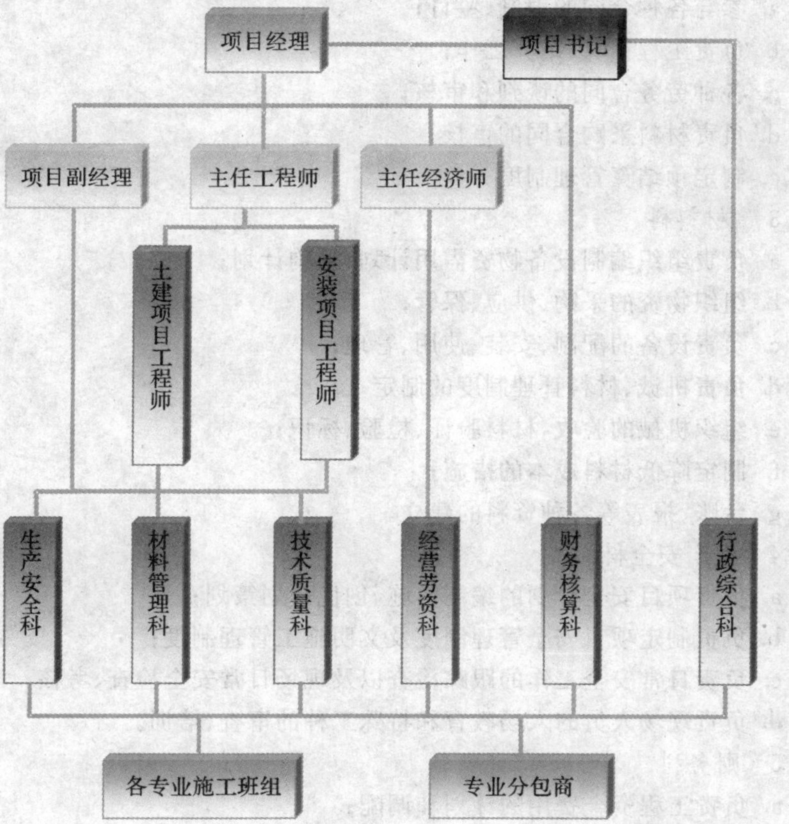

2. 现场组织机构框图文字详述

此现场组织机构管理图是我公司金字塔式管理模式的现场体现，项目经理与项目书记是现场的最高领导层，下设项目副经理、主任工程师、主任经济师，是现场的主要领导层，他们直接领导现场的各部门。现场将明确地把各部门的职责与各管理人员的岗位职责挂于各部门的办公室，使每一位管理人员都明确自己的职责与权限。

2.1　项目部主要部门的职责

2.1.1　技术质量科

a. 负责施工图预审、会审；

b. 组织编制各分部分项工程施工方案，审核分包工程方案；

c. 负责工程质量、进度计划的编制；

d. 负责各项技术交底、技术核定、技术复核、隐蔽验收等技术管理工作；

e. 组织 QC 小组活动，开展全面质量管理工作；

f. 组织分部分项工程验收；

g. 制定技术、计划管理制度；

h. 负责施工现场平面管理及各专业分包的协调管理；

i. 负责与监理、质检站、设计院等相关单位的联系协调；

j. 负责交、竣工资料的收集、整编、归档。

2.1.2　经营劳资科

a. 参与各种合同的编制、签订；

b. 负责工程预算、结算工作；

c. 各种劳务合同的谈判和审核；

d. 负责材料采购合同的审核；

e. 制定预结算管理制度。

2.1.3　材料科

a. 负责组织编制设备物资需用计划、采购计划；

b. 组织物资的采购、供应、保管；

c. 负责设备的配制、安装、使用、管理；

d. 负责机械、材料管理制度的制定；

e. 组织机械的验收、材料验证、检验、标识；

f. 制定降低材料成本的措施；

g. 台账、报表等各种资料的建立。

2.1.4　生产安全科

a. 负责项目安全计划的编制实施、创优计划策划；

b. 负责制定项目安全管理制度及文明施工管理制度；

c. 负责日常安全工作的跟踪检查以及现场日常安全检查、考核；

d. 负责现场人员的入场教育和特殊工种的审查、培训。

2.1.5　财务科

a. 负责工程资金费用的计划和调配；

b. 进行成本控制与核算，并负责税收、结算，回收工程款等工作；

c. 负责项目费用管理、工资发放。

2.1.6　行政保卫科

a. 负责工地行政管理；

b. 负责现场职工的后勤保障；

c. 负责现场的治安消防等工作；

d. 负责工地企业形象、文明施工的维护。

2.2　主要管理工作运作程序

我单位将按照多年来积累的成功的项目管理经验来运行和管理项目，形成以项目经理负责制为核心，以项目合同管理和成本控制为主要内容，以科学系统管理和先进技术为手段的项目管理机制。严格按照 GB/T19001－2000 标准建立的质量保证体系来运作，形成以全面质量管理为中心环节，以专业管理和计算机辅助管理相结合的科学化管理体制，以此兑现我公司的质量方针和本工程质量目标。

3. 总部与现场管理部门之间的关系详述

（注：明确赋予现场管理部门以何种权限与职责）

现场管理部门是应总部要求，按总部的组织机构设立的与之相关的现场执行机构，是总部组织机构的现场体现，总部的相关部门亦是现场管理部门的上级部门，监督、指导现场管理的相关部门，每月定期或不定期进行施工现场检查并指导工作。现场各管理部门每月定期向公司相关部门报送当月形象进度与下月生产计划。现场管理各部门必须按总部的制度自行组织施工生产，总部只负责监管。

十四、机械设备的配置及状况

机械或设备名称	型号规格	数量	国别产地	制造年份 年	额定功率 kW	生产能力	设备状况	备注
塔式起重机	F0－23B60.5KW	1	四川	2002	60.5	10 t	良好	
塔式起重机	C501540KW	1	四川	2002	40	8 t	良好	
塔式起重机	TC5013	1	长沙	2002	30.5	6 t	良好	
施工电梯	SC100/100	1	四川	1996	52	2 t	良好	
施工电梯	SC100/100	1	湖南	1998	52	2 t	良好	
砼输送泵	HBT5013POS	1	长沙	2002	110		良好	
钢筋调直机		1	杭州	2003	5.5		良好	
钢筋弯曲机	40WJ3KW	1	合肥	2004	3		良好	
圆锯机	SJ4KW	1	杭州	2002	4		良好	
压刨机	40YJ4KW	1	合肥	2002	4		良好	
装载机	ZL40B	1	柳州	2000			良好	
挖掘机	ZX200	1	西安	2003		0.35 m^3	良好	
自卸汽车	SX3322BM2943	1	西安	2004		1 980 kg	良好	
压路机	XS190	1	洛阳	2003			很好	

十五、资格预审必要条件响应表

序号	项目内容	合格条件	投标申请人具备的条件或说明
1	企业法人营业执照		合法、有效
2	资质等级证书		总承包贰级
3	项目经理资质		贰级项目经理
4	施工企业工程规费计取标准		符合规定标准
5	法人代表授权书		符合给定格式

第三章　招标文件及案例

第一节　招标文件的组成

一、投标须知前附表

投标须知前附表见表3.1。

表3.1　投标须知前附表

工程名称			
工程说明			
建设地点			
联系人		联系电话	
		手机	
资金来源			
招标方式			
招标范围			
标段划分			
建筑面积	m^2	结构类型及层数	
承包方式		工程类别	
定额工期	______天	工期要求	______天
工期提前率	______%	投标保证金	______元人民币
现场踏勘			
投标有效期	投标截止日后________日内有效		
投标文件份数	一套正本________套副本		
投标文件递交	递交至:×××× 地址:×××× 接收人:________________(招标人名称) 投标截至时间:____年____月____日____时		
开标	时间:____年____月____日____时 地点:××××		
评标办法			

二、投标须知

（一）总则

1. 工程说明

(1)工程说明见本章第一节投标须知前附表(以下简称前附表)“工程说明”所述。

(2)此工程按照《工程建设施工招标管理办法》,已办理招标申请,并得到招标管理机构批准,现通过招标来择优选定施工单位。

2. 资金来源

建设单位的资金通过前附表“资金来源”所述的方式获得,并将部分资金用于本工程合同项下的合格支付。

3. 资质与合格条件的要求

(1)为履行本施工合同的目的,参加投标的施工企业(以下简称投标单位)至少满足招标单位所要求的资质等级。

(2)参加投标的施工单位必须具有独立法人资格和相应的施工资质,非本国注册的施工企业应按建设行政主管部门有关管理规定取得施工资质。

(3)为具有被授予合同的资格,投标单位应提供令招标单位满意的资格文件,以证明其符合投标合格条件和具有履行合同的能力。为此,所提交的投标文件中应包括下列资料:

1) 有关确立投标单位法律地位的原始文件的副本(包括营业执照、资质等级证书及非中国注册的施工企业经建设行政主管部门核准的资质证件)。

2) 投标单位在过去 3 年完成的工程的情况和现在正在履行的合同情况。

3) 按规定的格式提供项目经理简历,及拟在施工现场或不在施工现场的管理和主要施工人员情况。

4) 按规定格式提供完成本合同拟采用的主要施工机械设备情况。

5) 按规定格式提供拟分包的工程项目及拟承担分包工程项目施工单位情况。

6) 投标单位提供财务状况情况,包括最近 2 年经过审计的财务报表,下一年度财务预测报告和投标单位向开户银行开具的由该银行提供财务情况证明的授权书。

7) 有关投标单位目前和过去 2 年参与或涉及诉讼案的资料。

(4)两个或两个以上施工单位组成的联营体投标时,除提供组成联营体每一成员的资料外,还应符合以下规定要求:

1) 投标单位的投标文件及中标后签署的合同协议书,对联营体每一成员均受法律约束。

2) 应指定一家联营体成员作为主办人,由联营体各成员法定代表人签署提交一份授权书,证明其主办人资格。

3) 联营体主办人应被授权代表所有联营体成员承担责任和接受指令,并且由联营体主办人负责整个合同的全面实施,包括只有主办人可以支付费用等。

4) 所有联营体成员应按合同条件的规定,为实施合同共同和分别承担责任。在联营体授权书中,以及在投标文件和中标后签署的合同协议书中应对此作相应的声明。

5) 联营体各成员之间签订的联营体协议书副本应随投标文件一起递交。

(5)参加联营体的各成员不得再以自己名义单独投标,也不得同时参加两个或两个以上的联营体投标。如有违反上述规定,将取消该联营体及联营体各成员的投标资格。

4. 投标费用

投标单位应承担其编制投标文件与递交投标文件所涉及的一切费用。不管投标结果如何,招标管理单位对上述费用不负任何责任。

(二)招标文件

1. 招标文件的组成

(1)本合同的招标文件包括下列文件及所有补充资料和投标预备会记录:

第一章 投标须知、投标须知前附表

第二章 合同文件格式及合同条款

第三章 工程建设标准及技术规范

第四章 工程量清单

第五章 图纸

第六章 投标文件格式

(2)投标单位应认真审阅招标文件中所有的投标须知、合同条件、规定格式、技术规范、工程量清单和图纸。如果投标单位的投标文件不能符合招标文件的要求,责任由投标单位自负。实质上不响应招标文件要求的投标文件将被拒绝。

2. 招标文件的解释

投标单位在收到招标文件后,若有问题需要澄清,应于收到招标文件后以书面形式(包括书面文字、电传、传真、电报等,下同)向招标单位提出,招标单位将以书面形式或投标预备会的方式予以解答(包括对询问的解释,但不说明询问的来源),答复将送给所有获得招标文件的投标单位。

3. 招标文件的修改

(1)在投标截止日期前,招标单位都可能会以补充通知的方式修改招标文件。

(2)补充通知将以书面方式发给所有获得招标文件的投标单位,补充通知作为招标文件的组成部分,对投标单位起约束作用。

(3)为使投标单位在编制投标文件时把补充通知内容考虑进去,招标单位可以酌情延长递交投标文件的截止日期。

(4)补充通知须报招标管理机构核准。

(三)投标报价说明

1. 投标价格

(1)除非合同中另有规定,具有标价的工程量清单中所报的单价和合价,以及报价汇总表中的价格应包括施工设备、劳务、管理、材料、安装、维护、保险、利润、税金、政策性文件规定及合同包含的所有风险、责任等各项应有费用。

(2)投标单位应按招标单位提供的工程量计算工程项目的单价和合价。工程量清单中的每一单项均须计算填写单价和合价,投标单位没有填写单价和合价的项目将不予支付,均认为此项费用已包括在工程量清单的其他单价和合价中。

2. 投标价格采用方式

(1)价格固定(备选条款 A):投标单位所填写的单价和合价在合同实施期间不因市场变化因素而变动,投标单位在计算报价时可考虑一定的风险系数。

(2)价格调整(备选条款 B):投标单位所填写的单价和合价在合同实施期间可因市场变化

因素而变动。

如果采用(1)价格固定，则删除(2)价格调整；反之，采用(2)价格调整，则删除(1)价格固定。

3. 投标货币

按规定采用的币种进行工程投标报价。

(四)投标文件的编制

1. 投标文件的语言

投标文件及投标单位与招标单位之间与投标有关的来往通知、函件和文件均应使用中文。

2. 投标文件的组成

投标单位的投标文件应包括下列内容：

(1)投标书(函)；

(2)投标书附录；

(3)投标保证金或银行保函；

(4)法定代表人资格证明书；

(5)授权委托书；

(6)具有标价的工程量清单与报价表；

(7)辅助资料表；

(8)资格审查表(资格预审的不采用)；

(9)按本须知规定提交的其他资料。

3. 投标有效期

(1)投标文件在投标截止日期之后的90日历日内有效。

(2)在原定投标有效期满之前，如果出现特殊情况，经招标管理机构核准，招标单位可以书面形式向投标单位提出延长投标有效期的要求。投标单位须以书面形式予以答复，投标单位可以拒绝这种要求而不被没收投标保证金。同意延长投标有效期的投标单位不允许修改其他的投标文件，但需要相应地延长投标保证金的有效期，在延长期内关于投标保证金的退还与没收的规定仍然适用。

4. 投标保证金

(1)投标单位应提供不少于规定数额的投标保证金，此投标保证金是投标文件的一个组成部分。

(2)根据投标单位的选择，投标保证金可以是现金、支票、银行汇票，也可以是在中国注册的银行出具的银行保函。银行保函的格式，应符合招标文件的格式，银行保函的有效期应超出投标有效期28天。

(3)对于未能按要求提交投标保证金的投标，招标单位将视为不响应投标而予以拒绝。

(4)未中标的投标单位的投标保证金将尽快退还(无息)，最迟不超过规定的投标有效期期满后的14天。

(5)中标单位的投标保证金，按要求提交履约保证金并签署合同协议后，予以退还(无息)。

(6)如投标单位有下列情况，将被没收投标保证金：

1) 投标单位在投标有效期内撤回其投标文件；

2) 中标单位未能在规定期限内提交履约保证金或签署合同协议。

5. 投标预备会

(1)投标单位派代表应在规定的时间和地点出席投标预备会。

(2)投标预备会的目的是澄清、解答投标单位提出的问题和组织投标单位考察现场,了解情况。

(3)勘察现场。

1) 投标单位可能被邀请对工程施工现场和周围环境进行勘察,以获取需投标单位自己负责的有关编制投标文件和签署合同所需的所有资料。勘察现场所发生的费用由投标单位自己承担。

2) 招标单位向投标单位提供的有关施工现场的资料和数据,是招标单位现有的能使投标单位利用的资料。招标单位对投标单位由此而作出的推论、理解和结论概不负责。

(4)投标单位提出的与投标有关的任何问题须在投标预备会召开 7 天前,以书面形式送达招标单位。

(5)会议记录包括所有问题和答复的副本,将迅速提供给所有获得招标文件的投标单位。由于投标预备会而产生的对本须知(二)第(3)款中所列的招标文件内容的修改,由招标单位按照规定,以补充通知的方式发出。

6. 投标文件的份数和签署

(1)按投标单位规定,编制一份投标文件"正本"和前附表第 8 项所述份数的"副本",并明确标明"投标文件正本"和"投标文件副本"。投标文件正本和副本如有不一致之处,以正本为准。

(2)投标文件正本与副本均应使用不能擦去的墨水打印或书写,由投标单位法定代表人亲自签署并加盖法人单位公章和法定代表人印鉴。

(3)全套投标文件应无涂改和行间插字,除非这些删改是根据招标单位的指示进行的,或者是投标单位造成的必须修改的错误。修改处应由投标文件签字人签字证明并加盖印鉴。

(五)投标文件的递交

1. 投标文件的密封与标志

(1)投标单位应将投标文件的正本和每份副本分别密封在内层包封,再密封在一个外层包封中,并在内包封上正确标明"投标文件正本"或"投标文件副本"。

(2)内层和外层包封都应写明招标单位名称和地址、合同名称、工程名称、招标编号、并注明开标时间以前不得开封。在内层包封上还应写明投标单位的名称与地址、邮政编码,以便投标出现逾期送达时能原封退回。

(3)如果内外层包封没有按上述规定密封并加写标志,招标单位将不承担投标文件错放或提前开封的责任,由此造成的提前开封的投标文件将予以拒绝,并退还给投标单位。

(4)投标文件递交至规定的单位和地址。

2. 投标截至期

(1)投标单位应按规定的日期和时间之前将投标文件递交给招标单位。

(2)招标单位可以按规定以补充通知的方式,酌情延长递交投标文件的截至日期。在上述情况下,招标单位与投标单位以前在投标截至期方面的全部权力、责任和义务,将适用于延长后新的投标截至期。

(3)投标单位在投标截至期以后收到的投标文件,将原封退给投标单位.

3. 投标文件的修改与撤回

(1)投标单位可以在递交投标文件以后,在规定的投标截至期之前,可以以书面形式向招标单位递交修改或撤回其投标文件的通知。在投标截至期以后,不能更改投标文件。

(2)投标单位的修改或撤回通知,应按规定编制、密封、标志和递交(在内层包封标明"修改"或"撤回"字样)。

(3)根据规定,在投标截止时间与招标文件中规定的投标有效期终止日之间的这段时间内,投标单位不能撤回投标文件,否则其投标保证金将被没收。

(六)开标

(1)在所有投标单位法定代表人或授权代表人在场的情况下,招标单位将于规定的时间和地点举行开标会议,参加开标的投标单位代表应签名报到,以证明其出席开标会议。

(2)开标会议在招标管理机构监督下,由招标单位组织并主持。对投标文件进行检查,确定它们是否完整,是否按要求提供了投标保证金,文件签署是否正确,以及是否按顺序编制。未按规定提交合格的投标文件不予开封。

(3)投标单位法定代表人或授权代表人未参加开标会议的视为自动弃权。投标文件有下列情况之一者将视为无效:

1) 投标文件未按规定标志、密封;

2) 未经法定代表人签署或未加盖投标单位公章或未加盖法定代表人印鉴;

3) 未按规定的格式填写,内容不全或字迹模糊辨认不清;

4) 投标截止时间以后送达的投标文件。

(4)投标单位当众宣布核查结果,并宣读有效投标的单位名称、投标报价、修改内容、工期、质量、主要材料用量、投标保证金以及招标单位认为适当的其他内容。

(七)评标

1. 评标内容的保密

(1)公开开标后,直到宣布授予中标单位合同为止,凡属于审查、澄清、评价和比较投标的有关资料,有关授予合同的信息,工程标底情况都不应向投标单位或与该过程无关的其他人泄露。

(2)在投标文件的审查、澄清、评价和比较以及授予合同的过程中,投标单位对招标单位和评标机构其他成员施加影响的任何行为,都将导致取消投标资格。

2. 资格审查

未经资格预审的工程项目,在评标前须进行资格审查,只有资格审查合格的投标单位,其投标文件才能进行评价与比较。

3. 投标文件的澄清

为了有助于投标文件的审查、评价和比较,评标机构可以个别要求投标单位澄清其投标文件。有关澄清的要求与答复,应以书面形式进行,但不允许更改投标报价或投标的实质性内容。但是发现的算术错误不在此列。

4. 投标文件符合性鉴定

(1)在详细评标之前,评标机构将首先审定每份投标文件是否在实质上响应了招标文件的要求。

(2)就本条款而言,实质上响应要求的投标文件,应该与招标文件的所有规定要求、条件、条款和规范相符，无显著差异或保留。显著差异或保留是指对工程的发包范围、质量标准及运用产生实质性影响，或者对合同中规定的招标单位的权力及招标单位的责任造成实质性限制，而且纠正这种差异或保留，将会对其他实质上响应要求的投标单位的竞争地位产生不公正的影响。

(3)如果投标文件实质上不响应招标文件要求，招标单位将予以拒绝，并且不允许通过修正或撤销其不符合要求的差异或保留，使之成为具有响应性的投标。

5. 错误的修正

(1)评标机构将对确定为实质上响应招标文件要求的投标文件进行校核，看其是否有计算上或累计上的算术错误，修正错误的原则如下：

1) 如果用数字表示的数额与用文字表示的数额不一致时，以文字数额为准。

2) 当单价与工程量的乘积与合价之间不一致时，通常以标出的单价为准。除非评标机构认为有明显的小数点错位，此时应以标出的合价为准，并修改单价。

(2)按上述修改错误的方法，调整投标书中的投标报价，经投标单位确认同意后，调整后的报价对投标单位起约束作用。如果投标单位不接受修正后的投标报价则其投标将被拒绝，其投标保证金将被没收。

6. 投标文件的评价与比较

(1)评标机构将仅对实质上响应招标文件要求的投标文件进行评价与比较。

(2)在评价与比较时应通过对投标单位的投标报价、工期、质量标准、主要材料质量、施工方案或施工组织设计、优惠条件、社会信誉及以往业绩等进行综合评价。

(3)投标价格采用价格调整的，在评标时不应考虑执行合同期间价格变化和允许调整的规定。

(八)授予合同

1. 合同授予标准

招标单位将把合同授予其投标文件在实质上响应招标文件要求的和按评标办法评选出的投标单位，确定为中标的投标单位必须具有实施本合同的能力和资源。

2. 中标通知书

(1)确定出中标单位后在投标有效期截止前，招标单位将以书面形式通知中标的投标单位其投标被接受。在该通知书(以下合同条件中称“中标通知书”)中给出招标单位对中标单位按本合同实施、完成和维护工程的中标标价(合同条件中称为“合同价格”)，以及工期、质量和有关合同签订的日期、地点。

(2)中标通知书将成为合同的组成部分。

(3)在中标单位按规定提供了履约担保后，招标单位应及时将未中标的结果通知其他投标单位。

3. 合同协议书的签署

中标单位按中标通知书中规定的日期、时间和地点，由法定代表人或授权代表人前往与建设单位代表进行签订合同。

4. 履约担保

(1)中标的投标单位应按规定向建设单位提交履约担保。履约担保可由在中国注册的银行出具银行保函，银行保函为合同价格的5%；也可由具有独立法人资格的经济实体企业出具履约担保书，履约担保书为合同价格的10%（投标单位可任选一种）。投标单位应使用招标文件中提供的履约担保格式。

(2)如果中标单位不按规定的时间签订合同，招标单位将有充分的理由废除授标，并没收其投标保证金。

三、合同条件及合同文件格式

1. 合同条件

第一部分　通用条件

第二部分　专用条件

附件1　分包合同通用条件

附件2　分包合同专用条件

附件3　合同双方职责分工表

2. 合同格式

(1)协议书；

(2)履约保函；

(3)预付款保函。

四、技术规范

1. 现场自然条件

现场自然条件包括现场环境、地形、地貌、地质，水文、地震烈度及气温、雨雪量、风向、风力等。

2. 现场施工条件

现场施工条件包括建设用地面积、建筑物占地面积、场地拆迁及平整情况、施工用水、电及有关勘探资料等。

3. 本工程采用的技术规范

五、工程量清单

六、图纸

七、投标文件格式

第二节　工程量清单的编制

工程量清单是表现拟建工程的分部分项工程项目、措施项目、其他项目名称和相应数量的明细清单。工程量清单按照招标要求和施工设计图纸要求，规定了拟建招标工程的全部项目和内容，依据统一的工程量计算规则、统一的工程量清单项目编制规则要求，计算拟建招标工程的分部分项工程数量。工程量清单是招标文件的组成部分，是由招标人发出的，标明拟建项目各实物工程名称、性质、特征、单位、数量及开办项目、税费等相关内容以表格表示的文件。

根据计价规范的规定，工程量清单由分部分项工程量清单、措施项目清单、其他项目清单组成。

分部分项工程量清单为不可调整的闭口清单，投标人对招标文件提供的分部分项工程量清单必须逐一计价，对清单所列内容不允许作任何更改变动。投标人如果认为清单内容有不妥或遗漏，只能通过质疑的方式由清单编制人作统一的修改更正，并将修正后的工程量清单发往所有投标人。

措施项目清单为可调整的清单，投标人对招标文件中所列项目，可根据企业自身特点作适当的变更增减。投标人要对拟建工程可能发生的措施项目和措施费用作通盘考虑，清单计价一经报出，即被认为是包括了所有应该发生的措施项目的全部费用。如果报出的清单中没有列项，且施工中又必须发生的项目，业主有权认为，其报价已经综合在分部分项工程量清单的综合单价中，将来措施项目发生时投标人不得以任何借口提出索赔与调整。

其他项目清单由招标人部分及投标人部分组成。招标人填写的内容随招标文件发至投标人或标底编制人，其项目、数量、金额等投标人或标底编制人不得随意改动。由投标人填写部分的零星工作项目表中，招标人填写的项目与数量，投标人不得随意更改，且必须进行报价。如果不报价，招标人有权认为投标人就未报价内容要无偿为自己服务。当投标人认为招标人列项不全时，投标人可自行增加列项并确定本项目的工程数量及计价。

一、分部分项工程量清单的编制

《建设工程工程量清单计价规范》对分部分项工程量清单的编制有以下强制性规定：

3.2.2 条规定："分部分项工程量清单应根据附录 A、附录 B、附录 C、附录 D、附录 E 规定的统一项目编码、项目名称、计量单位和工程量计算规则进行编制。"

3.2.3 条规定："分部分项工程量清单的项目编码，一至九位应按附录 A、附录 B、附录 C、附录 D、附录 E 的规定设置；十至十二位应根据拟建工程的工程量清单项目名称由其编制人设置，并应自 001 起顺序编制。"

3.2.4 条规定："项目名称应按附录 A、附录 B、附录 C、附录 D、附录 E 的项目名称与项目特征并结合拟建工程的实际确定。"

3.2.5 条规定："分部分项工程量清单的计量单位应按附录 A、附录 B、附录 C、附录 D、附录 E 中规定的计量单位确定。"

3.2.6 条规定："工程数量应按附录 A、附录 B、附录 C、附录 D、附录 E 中规定的工程量计算规则计算。"

1. 分部分项工程量清单编制依据

(1)GB50500－2003《建设工程工程量清单计价规范》；

(2)招标文件；

(3)设计文件；

(4)有关的工程施工规范与工程验收规范；

(5)拟采用的施工组织设计和施工技术方案。

2. 分部分项工程量清单编制程序

分部分项工程量清单编制程序如图 3.1 所示。

(1)做好编制清单的准备工作。首先要认真学习计价规范及其相应的工程量计算规则；应十分熟悉地质、水文及其勘察资料、设计图纸及其相关设计与施工规范、标准以及操作规程；充分了解施工现场情况，包括对地下障碍物的了解，详尽地分析现场施工条件；调查施工行业和可能响应本项目的承包商的水平和状况以及协作施工的条件等。

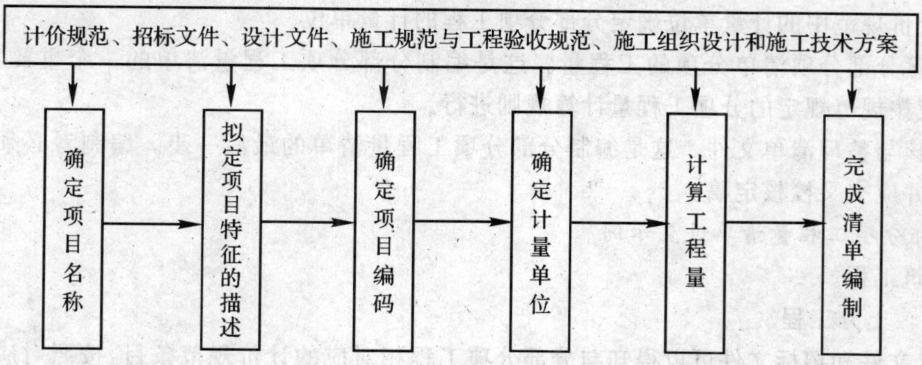

图 3.1　分部分项工程量清单编制程序

(2)划分和确定分部分项工程的分项及名称。所确定的分部分项工程量清单的每个分项与名称，应符合计价规范附录中的项目名称并取得一致。项目划分和列项时应注意按照“工程实体”原则所消耗的劳动和资源直接凝结于建筑工程产品的部分。例如混凝土带形基础施工分项，其作业内容仅包括混凝土垫层和基础两项实体工程的混凝土作业内容。事实上一个基础浇筑成型，必须借助于支撑和模板的辅助，如果基坑地下水位较高还需要排水或降水措施辅佐，才能完成此项基础施工，形成基础工程实体。按照计价规范规定后两项作为辅助施工措施，因此应将其列入措施项目清单分项，而不列到分部分项清单之中。再例如，对钢筋混凝土基础，其钢筋部分属钢筋混凝土基础构成实体部分，但计价规范在 A.4 混凝土及钢筋混凝土专业工程中包括了 A.4.16 钢筋工程的独立分项，因此对钢筋工程施工部分则需单独立项。因此，进行分部分项工程量清单分项时，应注重工程实体原则，并注意区分分部分项工程量清单分项与措施项目工程量清单分项。

由于工程建设的复杂性，技术发展日新月异，新材料、新技术、新设备、新工艺不断涌现，工程分项可能超出规范规定范围。根据规范 3.2.4 条规定凡“附录 A、附录 B、附录 C、附录 D、附录 E 中未包括的项目，编制人可作相应补充，并应报省、自治区、直辖市工程造价管理机构备案”。因此，凡附录中的缺项，编制人可作补充。补充项目应填写在工程量清单相应分部工程项目之后，并在“项目编码”栏中以“补”字显示，加以区别。

(3)拟定项目特征的描述。分部分项工程量清单表中没有项目特征和工作内容专栏，这不能说明它们不重要。一个同名称项目，由于材料品种、型号、规格、材质、材性要求不同，反映在综合单价上的差别甚大。对项目特征的描述是编制分部分项工程量清单十分重要的步骤和内容，它是对承包商确定综合单价、采用施工材料和施工方法及其相应施工辅助措施工作的指引，并与施工质量、消耗、效率等均有着密切关系。因而，编者应在项目名称栏中作简要、明确的描述。描述中可以根据工程设计要求和工程实际情况，并参照规范附录中项目特征和工作内容栏目，进行必须的描述。要特别注重对工程实际与存在的特殊要求的准确描述，对一些有特殊要求的施工工艺、材料、设备等也应在规范规定的工程量清单“总说明”“主要材料价格表”中作必要的说明。对于不能简单描述的特殊要求，必要时应编制工程量清单补充说明，作为工程量清单附件。

(4)确定清单分项编码和计量单位。项目编码前九位取自于计价规范附录中项目名称所对应的编码，后三位按计价规范统一规范项目名称下不同的分部分项工程，自 001 起顺序设置。再按计价规范中的计量单位确定分部分项工程的计量单位。

(5)计算分部分项清单分项的工程量。这是编制分部分项工程量清单的一个重要步骤。具体计算应按规范规定的分项工程量计算规则进行。

(6)复核与整理清单文件。这是编制分部分项工程量清单的最后一步。编制者必须反复审核校对，并应交叉校核定稿。

3. 分部分项工程量清单设置示例

(1)建筑工程。

A.1.1 土方工程

从设计文件和招标文件可以得知与分部分项工程相对应的计价规范条目，按照对应条目中开列的项目特征，查阅地质资料、招标文件、设计文件，可对项目名称进行详细的描述，如土壤类别、运土距离、开挖深度等。如图 3.2 所示，其所须描述的项目如下：

阅图：本土方工程为挖基础土方

垫层宽度：(300＋80＋120)×2＝1 000 mm

挖土深度：500＋100＋600＋200＋400＝1 800 mm

基础梁总长度：51×2＋39×2＝180 m

查阅施工组织设计：弃土距离为 4km

查阅地质资料：土壤类别为三类土

分部分项工程量清单设置如下：

项目名称：挖基础土方

项目编码：010101003001

项目特征描述：三类土、带形基础、垫层宽度 1m、挖土深度 1.8m、弃土距离 4km

计量单位：m^3

工程数量：$1\times1.8\times180=324\ m^3$

填制表格：见表 3.2

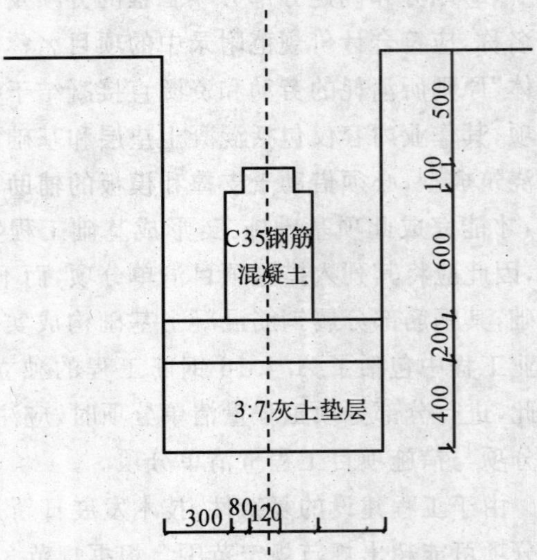

图 3.2 基础剖面图

表 3.2 分部分项工程量清单

工程名称：

序号	项目编码	项目名称	计量单位	工程数量
1	010101003001	挖基础土方 三类土 带形基础 垫层宽度 1 m 挖土深度 1.8 m 弃土距离 4 km	m^3	324

A.4.1　现浇混凝土基础

阅图:本钢筋混凝土工程为C35现浇钢筋混凝土带形基础

垫层:3∶7灰土厚400mm

垫层:C15素混凝土厚200mm

分部分项工程量清单设置如下:

项目名称:C35带形基础

项目编码:010401001001

计量单位:m^3

工程数量:$(0.4\times0.6+0.24\times0.1)\times180=47.52\ m^3$

综合工程内容:

3∶7灰土垫层:$1\times0.4\times180=72\ m^3$

C15素混凝土垫层:$1\times0.2\times180=36\ m^3$

填制表格:见表3.3

表3.3　分部分项工程量清单

工程名称:

序号	项目编码	项目名称	计量单位	工程数量
1	010401001001	带形基础 混凝土强度C35 3∶7灰土垫层72 m^3 C15素混凝土垫层36 m^3	m^3	47.52

(2)装饰装修工程。

B.1.8　台阶装饰

台阶水平投影面积(不包括最后一步踏步300mm)为29.34 m^2,台阶长度为32.6 m、宽度为300 mm、高度为150 mm,80 mm厚混凝土C10基层、体积为6.06 m^3,100 mm厚3∶7灰土垫层、体积为3.59 m^3,面层为芝麻白花岗岩,厚25 mm,黏结层为1∶3水泥砂浆。

分部分项工程量清单设置如下:

项目名称:石材台阶面

项目编码:020108001001

计量单位:m^2

工程数量:29.34

综合工程内容:

基层80mm厚混凝土C10

垫层100mm厚灰土3∶7

填制表格:见表3.4

表 3.4 分部分项工程量清单

工程名称：

序号	项目编码	项目名称	计量单位	工程数量
1	020108001001	石材台阶面 芝麻白花岗岩，厚 25 mm 黏结层水泥砂浆 1∶3 基层 80 mm 厚混凝土 C10 垫层 100 mm 厚灰土 3∶7	m^2	29.34

二、措施项目清单的编制

《建设工程工程量清单计价规范》对措施项目清单的编制有以下规定：

3.3.1 条规定：措施项目清单应根据拟建工程的具体情况确定，参照表 3－3.1 列项。

3.3.2 条规定：编制措施项目清单，出现表 3－3.1 未列项目，编制人可作补充。

表 3－3.1 措施项目一览表如表 3.5 所示。

表 3.5 措施项目一览表

序号	项目名称
	1 通 用 项 目
1.1	环境保护
1.2	文明施工
1.3	安全施工
1.4	临时设施
1.5	夜间施工
1.6	二次搬运
1.7	大型机械设备进出场及安拆
1.8	混凝土、钢筋混凝土模板及支架
1.9	脚手架
1.10	已完工程及设备保护
1.11	施工排水、降水
	2 建 筑 工 程
2.1	垂直运输机械
	3 装 饰 装 修 工 程
3.1	垂直运输机械
3.2	室内空气污染测试
	4 安 装 工 程

续表

序号	项目名称
4.1	组装平台
4.2	设备、管道施工的安全、防冻和焊接保护措施
4.3	压力容器和高压管道的检验
4.4	焦炉施工大棚
4.5	焦炉烘炉、热态工程
4.6	管道安装后的充气保护措施
4.7	隧道内施工的通风、供水、供气、供电、照明及通信设施
4.8	现场施工围栏
4.9	长输管道临时水工保护措施
4.10	长输管道施工便道
4.11	长输管道跨越或穿越施工措施
4.12	长输管道地下穿越地上建筑物的保护措施
4.13	长输管道工程施工队伍调遣
4.14	格架式抱杆
5 市政工程	
5.1	围堰
5.2	筑岛
5.3	现场施工围栏
5.4	便道
5.5	便桥
5.6	洞内施工的通风、供水、供气、供电、照明及通信设施
5.7	驳岸块石清理

从表3.5中可以看到，措施项目虽然不是直接凝固到产品上的直接资源消耗项目，但都是为了完成分部分项工程而必须发生的生产活动和资源耗用的保障项目，因此，称其为非工程实体项目也有一定道理。措施项目的内涵十分广泛，从施工技术措施、设备设置、施工必需的各种保障措施，到包括环保、安全和文明施工等项目的设置。因此，清单编制人必须弄清和懂得表3.5中各分项的含义，同时必须认真思考和分析分部分项工程量清单中，每个分项需要设置哪些措施项目，以保证各分部分项工程能顺利完成。因此，分部分项工程量清单编制与措施项目工程量清单项目编制必须综合思考，两者之间有着紧密联系。每个具体的分部分项工程项目与对应的措施项目是一个不可分割的系统问题，它与工程项目内容及采用什么样的施工技术与方案极为相关。

例如，一个大跨度的（$L>30$ m 以上）钢筋混凝土预应力屋架吊装项目，规范规定有表 A.4.11预制混凝土屋架制作项目和表 A.4.16 钢筋工程中的后张法预应力钢筋项目两个分部分项工程项目，而大型屋架运输、拼装和数十吨重的屋架吊装，在附录 C 中却找不到相应的大型屋架吊装项目。显然，这些均应列入措施项目之中的施工过程与措施，就必须编制详尽的大型屋架浇筑、运输、拼装、预应力施工和大型屋架吊装的施工方案，而不能只作一般性分析和划分。措施项目的确定不仅影响措施项目的划分与描述，而且会对承包方报价产生较大的影响。就其大跨度钢筋混凝土预应力屋架运输、吊装设备问题就必须慎重从事。所以说分部分项清单编制与措施项目清单编制是一个系统问题，编制中必须综合思考。

要编好措施项目工程量清单，编者必须具有相关的施工管理、施工技术、施工工艺和施工方法等方面的知识及实践经验，掌握有关政策、法规和相关规章制度。例如对环境保护、文明施工、安全施工等方面的规定和要求，为了改善和美化施工环境，组织文明施工就会发生措施项目及其费用开支，否则就会发生漏项少费的问题。

综上所述，编制措施项目工程量清单项目应注意以下问题：

(1)要求编者对规范有深刻的理解，有比较丰富的知识和经验，要真正弄懂工程量清单计价方法的内涵，熟悉和掌握规范对措施项目的划分规定和要求，掌握其本质和规律，注重系统思维。

(2)编制措施项目工程量清单项目应与编制分部分项工程量清单综合考虑，与分部分项工程紧密相关的措施项目的编制同步进行。

(3)编制措施项目应与拟定或编制重点难点分部分项施工方案结合，以保证所拟措施项目划分和描述的可行性。

(4)计价规范规定，对表 3.5 中未能包含的措施项目，还应给予补充，对补充项目更要注意描述清楚、准确。

措施项目的列项格式，如表 3.6 所示。

表 3.6　措施项目清单

工程名称：　　　　　　　　　　　　　　　　　　　　第　页　共　页

序号	项目名称
1 2 ⋮ n	

三、其他项目清单的编制

《建设工程工程量清单计价规范》对其他项目清单的编制有以下规定：

3.4.1 条规定：其他项目清单应根据拟建工程的具体情况，参照预留金、材料购置费、总承包服务费、零星工作项目费等列项。

3.4.2 条规定：零星工作项目表应根据拟建工程的具体情况，详细列出人工、材料、机械的名称、计量单位和相应数量，并随工程量清单发至投标人。

3.4.3 条规定：编制其他项目清单，出现 3.4.1 条未列的项目，编制人可作补充。

其他项目清单的格式如表 3.7 所示。

表 3.7　其他项目清单

工程名称：　　　　**第　页　共　页**

序号	项目名称	金额/元
1	招标人部分	
1.1	预留金	
1.2	材料购置费	
1.3	其他	
2	投标人部分	
2.1	总承包服务费	
2.2	零星工作项目费	
2.3	其他	

1. 招标人部分

预留金，是招标人为可能发生的工程量变更而预留的金额。此处提出的工程量变更主要是指工程量清单漏项或有误引起的工程量的增加，以及施工中的设计变更引起的标准提高或工程量的增加等。

材料购置费，是指在招标文件中规定的，由招标人采购的拟建工程材料费。

这两项费用均应由清单编制人根据业主意图和拟建工程实况计算出金额填制表格。预留金的计算，应根据设计文件的深度、设计质量的高低、拟建工程的成熟程度来确定其额度。设计深度深，设计质量高，已经成熟的工程设计，一般预留工程总造价的 3%～5%即可。在初步设计阶段，工程设计不成熟的，最少要预留工程总造价的 10%～15%。

材料购置费计算：材料购置费＝（业主供应的材料量×到场价）＋采购保管费

招标人部分可增加新的列项。例如，指定分包工程费，由于某分项工程或单位工程专业性较强，必须由专业队伍施工，而且专业分包商是由业主直接确定，即可增加这项费用，费用金额应通过向专业队伍询价（或招标）取得。

2. 投标人部分

总承包服务费，是投标人为配合协调招标人进行的工程分包和材料采购所需的费用。其金额与工程的承发包方式和工程分发包次数以及材料采购的方式等因素直接相关。

零星工作项目费，是指承包人为完成招标人提出的工程量暂估的零星工作所需的费用。零星工作项目中的工、料、机计量，要根据工程的复杂程度、工程设计质量的优劣，以及工程项目设计的成熟程度等因素来确定其数量。一般工程以人工计量为基础，按人工消耗总量的 1%取值即可。材料消耗主要是辅助材料消耗，按不同专业人工消耗材料类别列项，按人工工日消耗量计入。机械列项和计量，除了考虑人工因素外，还要参考各单位工程机械消耗的种类，可按机械消耗总量的 1%取值。

四、工程量清单格式

《建设工程工程量清单计价规范》对工程量清单格式有以下规定：

5.1.1 条规定：工程量清单应采用统一格式。

5.1.2 条规定：工程量清单格式应由下列内容组成：

(1)封面；

(2)填表须知；

(3)总说明；

(4)分部分项工程量清单；

(5)措施项目清单；

(6)其他项目清单；

(7)零星工作项目表。

5.1.3 条规定：工程量清单格式的填写应符合下列规定：

(1)工程量清单应由招标人填写。

(2)填表须知除本规范内容外，招标人可根据具体情况进行补充。

(3)总说明应按下列内容填写：

1) 工程概况：建设规模、工程特征、计划工期、施工现场实际情况、交通运输情况、自然地理条件、环境保护要求等。

2) 工程招标和分包范围。

3) 工程量清单编制依据。

4) 工程质量、材料、施工等的特殊要求。

5) 招标人自行采购材料的名称、规格型号、数量等。

6) 预留金、自行采购材料的金额数量。

7) 其他需要说明的问题。

另外，随工程量清单发至投标人的还应包括主要材料价格表，主要供评标用；招标人提供的主要材料价格表应包括详细的材料编码、材料名称、规格型号和计量单位。

第三节 招标文件案例

以下介绍一招标文件的具体实例，某招标代理公司发放的招标文件全部内容。

西安市××山庄别墅工程　项目施工

招　标　文　件

建 设 单 位：陕西省××房地产开发公司

招标代理单位：西北××招标代理公司

招 标 编 号：××－××

招 标 时 间：2006 年　11　月　27 日

目　录

第一章　投标须知、投标须知前附表
第二章　合同文件格式及合同条款
第三章　工程建设标准及技术规范
第四章　工程量清单
第五章　图纸
第六章　投标文件技术部分格式
第七章　投标文件商务部分格式

第一章　投标须知、投标须知前附表

一、投标须知前附表

项号	内　容	说明与要求
1	工程名称	西安市××山庄别墅
2	招标人	陕西××房地产开发公司
3	设计单位	××市建筑规划设计院
4	招标代理机构	西北××招标代理公司
5	建设地点	西安市××路中段
6	建设规模	建筑面积 637 m^2
7	承包方式	包工包料
8	质量标准	达到国家现行验收规范“合格”标准
9	招标范围	施工图纸及工程量清单包括的所有内容
10	工期要求	开工之日起 180 天
11	资金来源	自筹
12	投标人资质等级要求	建筑工程二级及以上施工企业，项目经理资质等级二级及以上
13	资格审查方式	实行资格预审（已审）
14	发标及踏勘现场	时间：2006 年 11 月 3 日下午 15 时 00 分 集合地点：西安市建设工程招标投标交易中心
15	答　疑	时间：2006 年 11 月 7 日上午 10 时 00 分 地点：陕西××房地产开发公司预算部办公室
16	工程计价方式	工程量清单，综合单价法。按（2004 年）《陕西省建筑工程工程量清单计价规则》计价
17	投标有效期	60 日历天（从投标截止之日算起）
18	投标保证金金额	20 万元人民币
19	投标人的替代方案	本工程不允许提交替代方案
20	投标文件份数	技术标一份正本，一份副本 商务标一份正本，二份副本 电子版（U 盘一个）
21	投标文件提交地点及截止时间	地点：西安市建设工程招标投标交易中心 时间：2006 年 11 月 27 日上午 9 时 30 分前

续表

项号	内　容	说明与要求
22	开　标	开标时间:2006 年 11 月 27 日上午 10 时整 地点:西安市建设工程招标投标交易中心
23	评标方法	详见评标办法
24	履约保证金	40 万元人民币
25	支付保证金	30 万元人民币
26	建设工程交易服务费收费	501～1 000(万元)为 13 000.00 元。此项费用的 50%应计入招标价和投标报价中,为不可竞争费用

二、投标须知

(一)总则

1. 工程说明

1.1　本招标工程说明详见本须知前附表。

1.2　本工程业主为陕西××房地产开发公司,通过招标方式选定承包人。

2. 招标范围

2.1 本工程招标范围详见本须知前附表第 9 项。

2.2　本工程质量要求详见本须知前附表第 8 项。

2.3　本工程工期要求详见本须知前附表第 10 项。

3. 资金来源

3.1　资金来源详见本须知前附表第 11 项。

4. 合格的投标人

4.1　投标人资质等级要求详见本须知前附表第 12 项。

4.2　投标申请人只有获得投标申请人资格预审合格通知书后,才能参加本招标工程的投标。请投标人携带投标人资格预审合格通知书参加发标会并购买招标文件。

4.3　本工程不接受联合体投标。

5. 踏勘现场

5.1　招标人于 2006 年 11 月 3 日发标完后,组织投标人对工程现场及周围环境进行踏勘,以便投标人获取有关编制投标文件和签署合同所涉及现场的资料。

5.2　招标人向投标人提供的有关现场的数据和资料,是招标人现有的能被投标人利用的资料,招标人对投标人做出的任何推论、理解和结论均不负责任。

5.3　经招标人允许,投标人以踏勘目的进入招标人的项目现场,但投标人不得因此使招标人承担有关的责任和蒙受损失,投标人应承担踏勘现场的责任和风险。

6. 投标费用

6.1　投标人应承担其参加本招标活动自身所发生的一切费用。

(二)招标文件

7. 招标文件的组成

7.1　招标文件包括下列内容：

第一章　招标须知、投标须知前附表

第二章　合同文件格式及合同条款

第三章　工程建设标准及技术规范

第四章　工程量清单

第五章　图纸

第六章　投标文件技术部分格式

第七章　投标文件商务部分格式

7.2　招标人以书面形式发出的对招标文件的澄清、修改及补充内容，也是招标文件的组成部分，对投标人起约束作用。

7.3 投标人获取招标文件后，应仔细检查招标文件的所有内容，如有残缺等问题应在获得招标文件 2 日内向招标人提出，否则，由此引起的损失由投标人自己承担。投标人同时应认真审阅招标文件中所有事项、格式、条款和规范要求等，若投标人的投标文件没有按招标文件要求提交全部资料，或投标文件没有对招标文件做出实质性响应，其风险由投标人自行承担，并根据有关条款规定，该投标有可能被拒绝或被判定为无效标书。

7.4　投标人领取图纸时，应向招标人交存 3 000 元图纸押金，当投标人退回图纸时，图纸押金将同时退还给投标人(无息)，若图纸出现修改、缺损、丢失等情况时，投标人应予等价赔偿。

7.5　发标时，随招标文件一并发给各投标人“招标文件电子版(光盘)”一套。投标人领取招标文件时，应向招标代理人交纳 1 000 元购买招标文件费用，各投标人应无条件地使用招标文件电子版中工程量清单的全部内容，包括招标人提供的清单数量及表格，否则，该投标将被拒绝。

8. 招标文件的澄清

8.1　兹定于 2006 年 11 月 7 日上午 10 时在陕西××房地产开发公司预算部办公室澄清。

8.2　投标人若对招标文件及图纸(包括清单及工程量)有疑问，请于 2006 年 11 月 6 日下午 15 时 30 分前以书面的形式向招标代理单位提出澄清要求。

8.3　招标人将于投标截止时间 3 日前以书面形式予以澄清，同时将书面澄清文件向所有投标人发送。投标人在收到该澄清文件后应于当日内，以书面形式给予确认，该澄清文件作为招标文件的组成部分，具有约束作用。

注：(1)若采取由投标人来领取澄清文件时，应由授权代理人签收以示确认。

(2)若采取传真将澄清文件发给各投标人时，传真文件附有回执，投标人在回执上加盖公章后传真给招标单位以示确认。

9. 招标文件的修改

9.1 招标文件发出后，在提交投标文件截止时间 3 日前，招标人可对招标文件进行必要的澄清或修改。

9.2　招标文件的澄清或修改将以书面形式发送给所有投标人，投标人应于收到该修改文件后当日内以书面形式给予确认。

9.3　招标文件的澄清、修改、补充等内容均以书面明确的内容形式为准。当招标文件与招标文件的澄清、修改、补充等在同一内容的表述上不一致时，以最后发出的文件或电子版为准。

（三）投标文件的编制

10. 投标文件的语言及度量衡单位

10.1　投标文件和与投标有关的所有文件均应符合《中华人民共和国国家通用语言文字法》。

10.2　除工程规范另有规定外，投标文件使用的度量衡单位，均采用中华人民共和国法定计量单位。

11. 投标文件的组成

11.1　投标文件由商务标和技术标组成。

11.2　商务部分主要包括下列内容：

(1)法定代表人身份证明书；

(2)投标文件签署授权委托书；

(3)投标书(函)；

(4)投标保证金交存凭证复印件(由建设单位出具)；

(5)工程量清单封面及投标报价说明；

(6)投标总价表；

(7)工程造价汇总表；

(8)单位工程造价汇总表；

(9)分部分项工程清单计价表；

(10)措施项目清单计价表；

(11)其他项目清单计价表；

(12)主要材料价格表；

(13)对招标文件及合同条款的承诺及补充意见；

(14)投标文件电子版(U 盘)。

11.3　技术部分主要包括下列内容：

(1)项目经理部组成；

(2)施工部署及总平面布置；

(3)施工进度计划及措施；

(4)施工方案；

(5)质量、安全保证措施；

(6)使用新工艺、新技术的可行性；

(7)主要材料、构配件计划；

(8)主要机械设备供应计划；

(9)劳动力安排；

(10)文明施工措施。

11.4 本工程不允许提交替代方案。

12. 投标文件格式

12.1 投标文件包括本须知第11条中规定的内容,投标人提交的投标文件应当使用招标文件所提供的投标文件全部格式(表格可以按同样格式扩展)。

12.2 投标文件电子版是投标文件的重要组成部分。投标人在提交投标文件时,应同时提供其投标文件电子版(U盘)两套。投标文件电子版应装入密封的商务标袋内。

12.3 本投标文件必须使用广联达GBQ V3.0版组价软件编制。

13. 投标报价

13.1 本工程的投标价采用综合单价法,按《陕西省建筑工程工程量清单计价规则》(2004)计价。

13.2 投标报价为投标人充分考虑招标文件的各项条款和所掌握的市场情况及本工程的实际,根据自身情况的自主报价。

13.3 投标人的投标报价,应是完成本招标文件有关条款所列招标工程范围全部工程的总造价。

13.4 投标人投标报价汇总表中的价格均包括完成该工程项目的成本、利润、税金、技术措施费、风险费、保险费等政策性文件规定费用和投标单位必须的其他费用以及合同明示或暗示的所有风险、责任和义务等全部费用。

13.5 凡因投标人对招标文件阅读疏忽或误解,或因对施工现场、施工环境、市场行情等了解不清而造成的后果和风险,由投标人负责。

13.6 凡本招标文件要求及投标人认为需要进行报价的各项费用项目,若投标时未报或未在投标书中予以说明,招标人将按这些费用投标人已取,并已包含在投标报价中对待。

13.7 施工现场水电费计取。水表、电表由承包人负责安装,投标人按照西安市现行的水电费价格自主报价,施工过程中调价风险由承包人承担。

13.8 在投标文件中,投标人要完全响应招标文件的各项要求,对投机报价的企业,自行承担相应后果。

14. 投标货币

14.1 本工程投标报价采用的币种为人民币。

15. 投标担保

15.1 投标人应在领取施工图纸前,向招标人交存投标保证金20万元,交存凭证复印件作为其投标文件的一部分。

15.2 对于未能按要求提交投标保证金的投标,招标代理单位将视为不响应招标文件而予以拒绝。

15.3 未中标的投标人的投标保证金将在中标人与业主签定合同后5个工作日内无息退回。

15.4 如投标人发生下列情况之一时,投标保证金将被没收:

15.4.1 中标通知发出后中标人放弃中标的。

15.4.2 无正当理由不与招标人签订合同的。

15.4.3 签订合同时向招标人提出附加条件或者更改合同实质性内容的。

16. 投标文件的份数和签署

16.1 投标文件商务标正本一份,副本二份;技术标正本一份,副本一份。

16.2 投标文件的正本和副本均需用 A4 纸打印,并应在投标文件封面的右上角清楚地注明"正本"或"副本"。正本和副本如有不一致之处,以正本为准。副本可以是复印件,但印章应是原色章。

16.3 投标文件封面、投标函均应加盖投标人印章及法定代表人或其委托代理人印章。

16.4 除投标人对错误处须修改外,全套投标文件应无涂改或行间插字和增删。如有修改,修改处应加盖投标人的法定代表人或委托代理人的印章。

(四)投标文件的提交

17. 投标文件的装订、密封和标记

17.1 投标文件应按商务标和技术标的正本、副本分别装订。

17.2 投标文件的包装,采用招标单位所发西安市建设工程招标投标文件专用袋。商务标投标文件袋内装本招标文件第 11.2 条规定的商务标投标文件(一个正本、二个副本)和投标文件电子版(U 盘 2 个);技术标投标文件袋内装本招标文件第 11.3 条规定的技术标投标文件(一个正本、一个副本)。包装袋用专用封条密封,加盖骑缝章(单位公章和法人代表章或授权代理人印鉴),密封必须完整,未密封的投标文件将不予接收。

17.3 标袋正面上应写明投标人的全称,并加盖单位公章和法人代表章或授权代理人印章。

17.4 开标注意事项。各投标单位参加开标会时,应携带下列证件原件:

17.4.1 项目经理资质等级证书;

17.4.2 法人授权委托书和被委托人的身份证原件。

18. 投标文件的提交地点

18.1 投标文件提交地点详见本须知前附表第 21 项。

19. 投标文件的截止时间

19.1 投标文件提交的截止时间 2006 年 11 月 27 日 9 时 30 分前。

19.2 到投标截止时间为止,招标人收到的投标文件少于 3 个的,招标人将依法重新组织招标。

20. 迟交的投标文件

20.1 投标单位在本须知第 21 条规定的投标截止时间以后递交的投标文件,将被拒收。

(五)开标

21. 开标

21.1 开标地点:西安市建设工程招标投标交易中心。

21.2 开标时间:2006 年 11 月 27 日 10 时整。

21.3 开标程序

21.3.1 开标由招标代理单位主持。

21.3.2 开标时由评标委员会共同审验投标人法人代表或法人代表委托代理人的委托证明书及身份证原件、拟建工程项目经理证书原件。

21.3.3 由评标委员会指定的监标人检查投标文件的密封情况。

21.3.4 由开标有关工作人员当众拆封，宣读投标人名称、投标价格和投标文件的其他主要内容，投标人应对唱标结果予以确认。

21.4 招标单位在招标文件要求提交投标文件的截止时间前收到的投标文件，开标时都应当众予以拆封、宣读。

22. 投标文件的有效性

开标时，投标文件出现下列情形之一的，应当视为无效投标文件，不得进入评标。

22.1 投标文件未按照本须知第 17 条的要求装订、密封和标记的；

22.2 投标文件的关键内容字迹模糊、无法辨认的；

22.3 投标人未按照招标文件的要求提供投标保证金的；

22.4 投标人提交的电子版，因投标人原因造成无法阅读的；

22.5 投标人对工程量清单中的各项内容擅自修改的；

22.6 投标文件中单价合计与合价不符，合价合计与总价不符的；

22.7 投标书提供的书面工程量清单计价表和工程量清单计价表电子版不符的；

22.8 未按投标须知要求提交有效证件的；

22.9 不符合招标文件要求格式的；

22.10 投标人对招标人所给指定价进行擅自修改的；

22.11 投标人名称或组织机构与资格预审时不一致的；

22.12 在措施项目清单中的“安全文明施工”一项费用必须单独列出，作为不可竞争费用，否则视为废标。

(六)评标

23. 评标委员会与评标

23.1 评标委员会由招标人依法组建，负责评标活动。

23.2 评标采用保密方式进行。

24. 评标过程的保密

24.1 开标后，直至授予中标人合同为止，凡属于对投标文件的审查、澄清、评价和比较的有关资料以及中标候选人的推荐情况及与评标有关的其他任何情况均严格保密。

24.2 在投标文件的评审和比较、中标候选人推荐以及授予合同的过程中，投标人向招标人和评标委员会施加影响的任何行为，都将会导致其投标被拒绝及取消中标资格。

24.3 中标人确定后，招标人不对未中标人就评标过程以及未能中标原因作出任何解释，亦不退回投标文件。未中标人不得向评标委员会组成人员和招标单位或其他有关人员索问评标过程的情况和材料。

25. 投标文件的澄清

25.1 为有助于投标文件的审查、评价和比较，评标委员会可以以书面形式要求投标人对投标文件含义不明确的内容作必要的澄清或说明，投标人应采用书面形式进行澄清或说明，但不得超出投标文件的范围或更改投标文件的实质性内容。

26. 投标文件的评审

26.1 评标委员会仅对实质上响应招标文件要求的投标文件进行评估和比较。

26.2 在评标过程中，评标委员会可以以书面形式要求投标人就投标文件中含义不明确的内容进行书面说明并提供相关材料。

26.3 评标委员会依据本须知前附表第23项规定的评标标准和方法，对投标文件进行评审和比较，向招标人提出书面评标报告，并推荐合格的中标候选人。招标人根据评标委员会提出的书面评标报告和推荐的中标候选人确定中标人，也可以授权评标委员会直接确定中标人。中标候选人确定后招标人应将其公示10天，若没有异议则确定中标人。

26.4 评标方法和标准

26.4.1 技术标评审（每项得2.1～3.5分）

(1)技术标评审（施工组织设计）主要包括下列内容：

①项目经理部组成；

②施工部署及总平面布置；

③施工进度计划及措施；

④施工方案；

⑤质量、安全保证措施；

⑥使用新工艺、新技术的可行性；

⑦主要材料、构配件计划；

⑧主要机械设备供应计划；

⑨劳动力安排；

⑩文明施工措施。

(2)技术标评审方法

①对技术标（施工组织设计）进行合格性评审，凡技术标总分小于21分或缺项时，视为不合格（若评委单项打分低于2.1分，则由该评委对该项提出打分理由，并经半数以上评委通过）。评审分为合格与不合格两个档次。凡技术标评审不合格的单位，不再进行商务标评审，并不得成为中标候选人。

②当质量、工期、安全任何一项不符合招标文件要求时，则视为该技术标不合格。

③对招标文件不完全承诺时，该单位不能作为中标候选人。

④当技术标被评为不合格时，必须有2/3以上评委通过。

26.4.2 商务标评审

(1)投标总价75分

①投标总价上限为招标人标底A（标底在开标前3日公布），下限为低于A所有投标人投标报价算术平均值的0.90倍，在限值以内的投标报价为有效报价。

②将投标人有效报价去掉一个最高价和一个最低价后的平均值作为基准价C。

有效投标报价等于0.95C得75分。与此相比，每多1%扣3分，每低1%扣1分，扣完为止。

(2)措施项目费5分

按合计值计算，将报价有效的投标人措施项目费的算术平均值作为基准价D，有效投标人的措施项目费在基准价[0.95～1.00]D之内计5分，超出1.00D，每增加1%扣0.02分，低于0.95D，每减1%扣0.01分，扣完为止。若投标人措施项目费高于标底措施项目费1.05(含1.05)的，该投标人此项得0分。

(3)主要分部分项工程清单项目综合单价20分

按评标委员会随机确定的评审项目进行评审，一般抽取20项，将报价有效的各投标人所对应的20个分部分项单价分别进行累加，对各投标人的单价集合进行综合评审，评审办法同总价评审办法。

26.4.3 确定中标人

将投标人以上四项得分进行合计，按照总分由高到低排序，则第1～3名为中标候选人，评标委员会应按照排序确定中标人。

若出现得分相等时，由招标人投票确定投标人排名。

26.4.4 其他事项

(1)投标人私自改动业主提供的清单量视为废标；单价与合价、合价与汇总价及总报价某项不符时，该标书视为废标。

(2)各项得分计算采用插入法，结果均保留小数点后两位。

(3)因废标导致有效投标人不足3家时，招标人应重新组织招标。

(4)评标过程中，若出现本办法规定以外的特殊情况，将暂停评标，有关情况及处理意见经评标委员会研究后，再行评定。

(5)未尽事宜按有关规定执行。

(6)本办法招标人拥有解释权。

26.5 经评标委员会评审，合格投标单位少于3个的，招标人应当依法重新招标。

27. 确定中标候选人

27.1 评标委员汇总人评单位商务标得分，并按由高到低的顺序排出名次向招标人推荐或确定1～3名为中标候选人。

27.2 当商务标得分出现并列第一、二、三名时，比较投标总价，投标总价低者排名在前；若总价一致，由招标人投票确定排名。

27.3 招标人在评标委员会推荐的有排序的1～3名中标候选人中确定中标人。

(七)合同的授予

28. 合同的授予标准

28.1 本招标工程的施工合同将授予本须知第26,27款所确定的中标人。

29. 中标通知书

29.1 中标人确定后，招标人将向西安市招标投标管理办公室提交招标情况的书面报告，招标人将评定结果公示10天并无异议后，招标人将向中标人发出中标通知书。

29.2 招标人在发出中标通知书的同时，将中标结果通知未中标的投标人。

29.3 若某一中标人放弃中标时，则第二名中标候选人为中标人(依次增补)。如果中标人全部放弃中标时，重新招标。放弃中标者将失去其招标保证金。

30. 合同协议书的签定

30.1 招标人与中标人将于中标通知书发出之日起30日内，按照招标文件和中标人的投标文件订立书面工程施工合同。

30.2 中标人如不按本投标须知第31.1款的规定与招标人订立合同,则招标人可取消其中标资格,投标保证金不予退还,给招标人造成的损失超过投标保证金数额的,还应当对超过部分予以赔偿,同时依法承担相应法律责任。

30.3 中标人应当按照合同约定履行义务,完成中标项目施工,不得将中标项目施工转让(转包)给他人。

31. 履约保证金

31.1 合同协议书签署后,中标人缴纳40万元作为本工程履约保证金,待工程竣工验收合格后十日内,如数退还履约保证金(无息)。

31.2 招标人应在办理施工许可证之前,办理等额的支付担保。

(八)承包方式、结算方法及付款办法

32. 承包方式

32.1 本工程承包方式为:包工包料(甲方特别约定材料除外)。

33. 结算办法

33.1 以施工合同中有关工程结算条款为依据支付工程进度款。

33.2 工程竣工验收后,进行结算。结算以施工合同中有关工程结算条款为依据进行,结算后除预留结算审定总价的3%作为工程质量保证金外,其余款项一次结清。

33.3 工程量清单中的设计变更及各类签证的结算处理:套用中标单位相同或相近子目综合单价;无法套用相应子目综合单价的,依据施工图、设计变更、《陕西省建设工程工程量清单计价规则》、《陕西省建筑装饰工程消耗量定额》、《陕西省建筑装饰工程价目表》及经建设单位认可的材料价格,编制综合单价提交建设单位认可。

33.4 工程量清单中的分部分项工程,是按照《陕西省建设工程工程量清单计价规则》编制的。各投标人在确定综合单价时,必须按照设计图纸和施工验收规范的要求进行测算。在施工过程中不能以工程量清单中对工程项目特征描述简单等任何理由增加施工签证。

33.5 工程量清单中的漏项、错项及工程量误差结算处理:对于工程量清单中的漏项、错项及工程量误差超出±3%的项目,中标人依据招标文件、投标用施工图、《陕西省建设工程工程量清单计价规则》编制工程量清单,在评标结束10天后,提交招标代理机构审核认可,作为结算依据。除此之外,中标价一次性包死,除变更签证外不予调整。

34. 付款方式

34.1 本工程施工过程中按季度验工计价,每季度末按照验工计价的80%拨付工程款,待竣工结算资料齐备后扣3%工程质量保证金,工程竣工后12个月不计息返还工程质量保证金。

34.2 按时发放民工工资,建设单位有权监督施工单位按月足额发放农民工工资,如有拖欠行为发生时,建设单位有权从工程款中扣除代发,并按违约行为处理。

(九)材料、构件、设备供应

35. 材料、构件、设备采供范围及要求

35.1 本工程发包范围内的主要材料(除特别约定外)全部由中标人采购,但须经招标人确认质量。

35.2 中标单位所购材料必须符合设计要求和国家有关标准规范，并具有出厂合格证和技术资料，经监理工程师审查认可后方可使用。

(十)罚则

36. 工期

36.1　按照中标工期及合同有关条款，工期每提前或推后 1 天按中标价的万分之一对等奖罚。

37. 工程质量

37.1　工程质量未达到中标质量等级，承包人除按合同价 2% 承担违约金外，另按国务院 2000 年第 279 号令《建设工程质量管理条例》有关规定处理，且返工必须达到符合标准为止。

(十一) 合同主要条款

38. 本工程使用合同文本，补充重申如下

38.1　本工程使用国家建设部和国家工商局联合监制的《建设工程施工合同》示范文本。

38.2　中标单位未经招标单位同意，不得擅自更换招标人在招标时认定的本工程施工负责人(项目经理)和技术负责人。

38.3　中标单位必须自行施工，不得转包，确需分包时，需征得建设单位同意。

38.4　在施工执行过程中，若工程质量和管理方面达不到招标文件的要求及投标承诺，或对上述 38.2,38.3 有违反，招标人有权中止合同，由此造成的经济损失由承建方承担。

38.5　中标人负责现场内及所有工人的管理及安全，工人如有规外行动(如治安及安全事故)概由中标人负全责。

38.6　由于招标人原因连续停水停电 3 天以上(不含 3 天)，可经监理工程师和招标人代表认可顺延工期，但不计窝工费。

38.7　对于招标人单独发包项目的工程，中标人应予全力协调配合，合理预估该项目施工所需工作时间，并依工程进度需要，提早三天通知该项目承包商，以确保其进场施工，否则，因此延误所造成损失由中标人自行负责。

(十二)附　则

39. 本招标文件解释权

39.1　本招标文件由招标人负责解释。

39.2　未尽事宜按有关规定执行。

第二章　合同文件格式及合同条款(略)

第三章　工程建设标准及技术规范(略)

第四章 工程量清单

一、工程量清单说明

1. 本工程量清单系按分部分项工程提供的。

2. 本工程量清单是依据建设部2003年2月17日发布《建设工程工程量清单计价规范》(GB50500—2003)工程量计算规则编制的，为招标文件的组成部分，一经中标且签订合同，即成为合同的组成部分。

3. 本工程量清单所列的工程量系本招标人估算的，作为投标报价的基础；付款时以由承包人计量、由招标人或由其授权委托的监理工程师核准的实际完成工程量为依据。

4. 本工程量清单应与投标须知、合同条件、合同协议条款、工程规范、计价规范和图纸一起使用。

二、工 程 量 清 单

招标人：____________________(单位签字盖章)

法定代表人：____________________(签字盖章)

中介机构法定代表人：________________(签字盖章)

造价工程师及注册证号：________________(签字盖章)

编制时间：2006年10月25日

填表须知

1. 工程量清单及其计价格式中所有要求签字、盖章的地方，必须由规定的单位和人员签字、盖章。

2. 工程量清单及其计价格式中的任何内容不得随意删除或涂改。

3. 工程量清单计价格式中列明的所有需要填报的单价和合价，投标人均应填报，未填报的单价和合价，视为此项费用已包含在工程量清单的其他单价和合价中。

4. 金额(价格)均应以人民币表示。

总　说　明

工程名称：西安市××山庄别墅

1. 工程概况：本工程建筑面积 636.64 m^2，其主要使用功能为别墅住宅，地上 3 层，地下 1 层，为钢筋混凝土框架结构，建筑高度 9.94 m(檐口)，基础钢筋混凝土独立基础和满堂红基础。

2. 招标范围：建筑工程和装饰工程。

3. 工程质量要求：合格工程。

4. 工程量清单编制依据：

4.1 ××市××建筑规划设计院设计的施工图一套；

4.2　西北××招标代理公司编制的招标文件及招标答疑；

4.3　工程量清单计量按照《建设工程工程量清单计价规范》(GB50500－2003)编制。

西安市××山庄别墅建筑工程

建 筑 工 程 量 清 单

招标人：____________________________(单位签字盖章)

法定代表人：____________________________(签字盖章)

中介机构法定代表人：____________________________(签字盖章)

造价工程师及注册证号：____________________________(签字盖章)

编制时间：2006年10月25日

分部分项工程量清单表

分部分项工程量清单见表1。

表1　分部分项工程量清单表

工程名称：西安市××山庄别墅建筑工程　　第1页　共5页

序号	项目编码	项目名称	计量单位	工程数量
		A.1　土石方工程		
1	010101001001	平整场地　三类土　弃土5 km ① 土方挖填找平；② 弃土5 km	m^2	150.23
2	010101003001	挖筏型基础土方　三类土　挖土深度2.72 m　弃土5 km	m^3	598.51
3	010101003002	挖独立基础土方　三类土　深2.3 m　弃土5 km ① 土方开挖；② 基底钎探	m^3	11.78
4	010101003003	挖花架基础土方　三类土　深2.2 m　弃土5 km ① 土方开挖；② 基底钎探	m^3	13.20
5	010103001001	土(石)方回填　原土夯填　夯实度90% ① 取回填土；② 回填；③ 夯实	m^3	137.74
		分部小计[土石方工程]		
		A.3　砌筑工程		
6	010302001001	实心砖墙　120 mm厚红机砖　MU5　水泥砂浆M5	m^3	6.70
7	010302001002	实心砖墙　180 mm厚红机砖　MU5　水泥砂浆M5	m^3	5.22
8	010302001003	实心砖墙　300 mm厚加砌混凝土砌块内墙±0.000以上混合砂浆M5	m^3	10.59
9	010302001004	实心砖墙　300 mm厚加砌混凝土砌块外墙±0.000以上混合砂浆M5	m^3	90.91
10	010302005001	花架用红机砖柱MU5　300 mm×300 mm　高度3 m　混合砂浆M5	m^3	1.62
11	010303001001	砖烟囱　MU5红机砖　高度10m　混合砂浆M5	m^3	7.02
		分部小计[砌筑工程]		
		A.4　混凝土及钢筋混凝土工程		
12	010401003001	现浇混凝土满堂红基础　C30　碎石粒径2～4 cm　厚度450 mm　素混凝土垫层厚度100 mm C15(22.004 m^3)	m^3	96.99
13	010401002001	现浇混凝土独立基础　C30　碎石粒径2～4 cm　素混凝土垫层100 mm　C15(0.512 m^3)	m^3	1.98

工程名称：西安市××山庄别墅建筑工程 第2页 共5页

序号	项目编码	项目名称	计量单位	工程数量
14	010401002002	花架下现浇混凝土独立基础 C30 碎石粒径2～4 cm 素混凝土垫层100 mm C15(0.6 m^3)	m^3	1.36
15	010402001001	现浇混凝土框架柱 高度－0.1～－3.3 m 截面尺寸400 mm×300 mm 混凝土标号：C30 碎石粒径2～4 cm	m^3	2.30
16	010402001002	现浇混凝土框架柱 高度－0.1～－3.3 m 截面尺寸500 mm×300 mm 混凝土标号：C30 碎石粒径2～4 cm	m^3	9.12
17	010402001003	现浇混凝土框架柱 高度－0.1～4 m 截面尺寸500 mm×300 mm 混凝土标号：C25 碎石粒径2～4 cm	m^3	10.46
18	010402001004	现浇混凝土框架柱 高度－0.1～4 m 截面尺寸400 mm×300 mm 混凝土标号：C25 碎石粒径2～4 cm	m^3	2.95
19	010402001005	现浇混凝土框架柱 高度4 m以上 截面尺寸500 mm×300 mm 混凝土标号：C25 碎石粒径2～4 cm	m^3	9.42
20	010402001006	现浇混凝土框架柱 高度4 m以上 截面尺寸400 mm×300 mm 混凝土标号：C25 碎石粒径2～4 cm	m^3	1.78
21	010402001007	现浇混凝土构造柱 300 mm×300 mm 混凝土标号：C25 碎石粒径2～4 cm	m^3	3.20
22	010403002001	现浇混凝土框架梁 底标高：－0.45 m 截面尺寸：250 mm×350 mm 混凝土标号：C30 碎石粒径2～4 cm	m^3	0.38
23	010403002002	现浇混凝土框架梁 底标高：－0.5 m 截面尺寸：300 mm×400 mm 混凝土标号：C30 碎石粒径2～4 cm	m^3	2.58
24	010403002003	现浇混凝土框架梁 底标高：－0.6 m 截面尺寸：300 mm×500 mm 混凝土标号：C30 碎石粒径2～4 cm	m^3	3.99
25	010403002004	现浇混凝土框架梁 底标高：3.65 m 截面尺寸：300 mm×350 mm 混凝土标号：C25 碎石粒径2～4 cm	m^3	0.26
26	010403002005	现浇混凝土框架梁 底标高：3.6 m 截面尺寸：300 mm×400 mm 混凝土标号：C25 碎石粒径2～4 cm	m^3	9.52
27	010403002006	现浇混凝土框架梁 底标高：3.5 m 截面尺寸：300 mm×500 mm 混凝土标号：C25 碎石粒径2～4 cm	m^3	0.81
28	010403002007	现浇混凝土框架梁 底标高：6.35 m 截面尺寸：200 mm×350 mm 混凝土标号：C25 碎石粒径2～4 cm	m^3	0.13

工程名称：西安市××山庄别墅建筑工程　　第 3 页　共 5 页

序号	项目编码	项目名称	计量单位	工程数量
29	010403002008	现浇混凝土框架梁　底标高：6.35 m　截面尺寸：300 mm×350 mm　混凝土标号：C25　碎石粒径 2～4 cm	m^3	0.23
30	010403002009	现浇混凝土框架梁　底标高：6.3 m　截面尺寸：300 mm×400 mm　混凝土标号：C25　碎石粒径 2～4 cm	m^3	1.75
31	010403002010	现浇混凝土框架梁　底标高：6.2 m　截面尺寸：300 mm×500 mm　混凝土标号：C25　碎石粒径 2～4 cm	m^3	4.69
32	010403002011	现浇混凝土框架梁　底标高：6.13 m　截面尺寸：300 mm×570 mm　混凝土标号：C25　碎石粒径 2～4 cm	m^3	2.54
33	010403002012	现浇混凝土框架梁　底标高：7.7 m～9.57 m　截面尺寸：300 mm×570 mm　混凝土标号：C25　碎石粒径 2～4 cm	m^3	2.54
34	010403005001	现浇混凝土过梁　地下层　混凝土标号：C25　碎石粒径 2～4 cm	m^3	0.24
35	010403005002	现浇混凝土过梁　地上层　混凝土标号：C25　碎石粒径 2～4 cm	m^3	3.35
36	010403004001	现浇混凝土圈梁　240 mm×120 mm　混凝土标号：C25　碎石粒径 2～4 cm	m^3	0.65
37	010404001001	现浇混凝土直形墙　厚度 300 mm　地下一层　混凝土标号：C30　抗渗 S6　碎石粒径 2～4 cm	m^3	56.71
38	010404001002	现浇混凝土直形墙（水池墙）　厚度 240 mm　地下一层　混凝土标号：C30　抗渗 S6　碎石粒径 2～4 cm	m^3	7.62
39	010405001001	现浇混凝土平板　地下一层　底标高：－0.28 m　混凝土标号：C30　厚度 180 mm　碎石粒径 2～4 cm	m^3	26.41
40	010405001002	现浇混凝土平板　首层　底标高：3.9 m　混凝土标号：C25　厚度 100 mm　碎石粒径 2～4 cm	m^3	6.97
41	010405001003	现浇混凝土平板　二层　底标高：6.55 m　混凝土标号：C25　厚度 150 mm　碎石粒径 2～4 cm	m^3	8.98
42	010405001004	现浇混凝土平板　二层　底标高：6.58 m　混凝土标号：C25　厚度 120 m 碎石粒径 2～4 cm	m^3	2.28
43	010405001005	现浇混凝土平板　地上部分斜板　混凝土标号：C25　厚度 100 mm　碎石粒径 2～4 cm	m^3	8.50
44	010405001006	现浇混凝土平板　地上部分斜板　混凝土标号：C25　厚度 120 mm　碎石粒径 2～4 cm	m^3	21.60
45	010405006001	现浇混凝土花池栏板　混凝土标号：C25　厚度 120 mm　碎石粒径 2～4 cm	m^3	0.26
46	010405008001	现浇混凝土阳台板　混凝土标号：C25　碎石粒径 2～4 cm	m^3	1.02
47	010405008002	现浇混凝土花池　混凝土标号：C25　碎石粒径 2～4 cm	m^3	0.44

工程名称：西安市××山庄别墅建筑工程　　　　第4页　共5页

序号	项目编码	项目名称	计量单位	工程数量
48	010405007001	现浇混凝土天沟、挑檐板　混凝土标号：C25　宽度1 530 mm　碎石粒径2～4 cm	m^3	0.63
49	010405007002	现浇混凝土天沟、挑檐板　混凝土标号：C25　宽度400 mm　碎石粒径2～4 cm	m^3	0.24
50	010406001001	现浇混凝土直形楼梯　混凝土标号：C25　碎石粒径2～4 cm	m^2	14.26
51	010407002001	散水　素混凝土C10　碎石粒径2～4 cm　厚度80 mm（5.48 m^3）1∶1水泥砂浆压光	m^2	68.51
52	010416001001	现浇混凝土钢筋　$\phi 6$　圆钢	t	0.156
53	010416001002	现浇混凝土钢筋　$\phi 8$　圆钢	t	6.500
54	010416001003	现浇混凝土钢筋　$\phi 10$　圆钢	t	4.096
55	010416001004	现浇混凝土钢筋　$\phi 12$　圆钢	t	1.320
56	010416001005	现浇混凝土钢筋　$\phi 12$　螺纹钢筋	t	3.731
57	010416001006	现浇混凝土钢筋　$\phi 14$　螺纹钢筋	t	3.556
58	010416001007	现浇混凝土钢筋　$\phi 16$　螺纹钢筋	t	4.088
59	010416001008	现浇混凝土钢筋　$\phi 18$　螺纹钢筋	t	0.667
60	010416001009	现浇混凝土钢筋　$\phi 20$　螺纹钢筋	t	18.362
61	010416001010	现浇混凝土钢筋　$\phi 22$　螺纹钢筋	t	8.054
62	010416001011	现浇混凝土钢筋　$\phi 25$　螺纹钢筋	t	5.960
		分部小计［混凝土及钢筋混凝土工程］		
		A.5　厂库房大门、特种门、木结构工程		
63	010503002001	花架用木梁　高3 m　截面300 mm×150 mm　长2.7 m　红松净光面　清油4遍	m^3	2.00
64	010503002002	花架用木檩　高3 m　截面180 mm×120 mm　长2.7 m　红松净光面　清油4遍	m^3	2.00
		分部小计［厂库房大门、特种门、木结构工程］		
		A.6　金属结构工程		
65	010606009001	落地窗用不锈钢扶手杆　$\phi 20$　拉环	t	0.299
66	010606009002	台阶用不锈钢扶手$\phi 75$　栏杆$\phi 20$	t	0.171
67	010606009003	楼梯用不锈钢扶手$\phi 75$　栏杆$\phi 20$	t	0.221
68	010606009004	阳台用不锈钢扶手$\phi 75$　栏杆$\phi 20$	t	0.135
		分部小计［金属结构工程］		
		A.7　屋面及防水工程		

工程名称：西安市××山庄别墅建筑工程　　　第 5 页　共 5 页

序号	项目编码	项目名称	计量单位	工程数量
69	010701001001	悬山琉璃瓦屋面　底板厚度 120 mm ① 屋面瓦安装；② 80 mm 聚苯板屋面保温、隔热；③ SBS 改性沥青卷材防水	m^2	187.09
70	010701001002	悬山琉璃瓦屋面　底板厚度 100 mm　进户门处 ① 屋面瓦安装；② 80 mm 聚苯板屋面保温、隔热；③ SBS 改性沥青卷材防水	m^2	9.57
71	010701001003	悬山琉璃瓦屋面　底板厚度 100 mm　一层工作间上方 ① 屋面瓦安装；② 80 mm 聚苯板屋面保温、隔热；③ SBS 改性沥青卷材防水	m^2	12.16
72	010701001004	悬山琉璃瓦屋面　底板厚度 100 mm　标高 6.85 m 处 ① 屋面瓦安装；② 80 mm 聚苯板屋面保温、隔热；③ SBS 改性沥青卷材防水	m^2	1.47
73	010701002001	砖红色防滑仿古地砖屋面	m^2	6.92
74	010702001001	屋面卷材防水　不上人屋面　SBS 卷材	m^2	10.38
75	010703001001	卷材防水　地下室　SBS 改性沥青　单层 4 mm	m^2	436.30
		分部小计[屋面及防水工程]		
		A.8　防腐、隔热、保温工程		
76	010803001001	保温隔热屋面　聚苯板　厚度 80 mm(斜板)	m^2	199.25
77	010803001003	保温隔热屋面　聚苯板　厚度 80 mm(平板)	m^2	10.38
78	010803001002	保温隔热屋面　阳台、露台　聚氨酯　厚度 40 mm	m^2	7.00
		分部小计[防腐、隔热、保温工程]		

措施项目清单计价表

措施项目清单计价见表2。

表2 措施项目清单计价表

工程名称：西安市××山庄别墅建筑工程 第1页 共1页

序 号	项目名称
1	通用项目
1.1	环境保护费
1.2	文明施工费
1.3	安全施工费
1.4	临时设施费
1.5	夜间施工费
1.6	二次搬运费
1.7	大型机械设备进出场及安拆费
1.8	混凝土、钢筋混凝土模板及支架费
1.9	脚手架
1.10	已完工程及设备保护费
1.11	施工排水、降水
2	建筑工程
2.1	垂直运输机械

其他项目清单计价表

其他项目清单计价见表3。

表3 其他项目清单计价表

工程名称：西安市××山庄别墅建筑工程 第1页 共1页

序 号	项目名称
1	招标人部分
2	预留金
3	材料购置费
4	其他
5	投标人部分
6	总承包服务费
7	零星工作费
8	其他

西安市××山庄别墅装饰工程

装 饰 工 程 量 清 单

招标人：________________(单位签字盖章)

法定代表人：________________(签字盖章)

中介机构法定代表人：________________(签字盖章)

造价工程师及注册证号：________________(签字盖章)

编制时间：2006 年 10 月 25 日

分部分项工程量清单表

分部分项工程量清单见表 4。

表 4 分部分项工程量清单表

工程名称：西安市××山庄别墅装饰工程　　第 1 页　共 3 页

序号	项目编码	项目名称	计量单位	工程数量
		B.1 楼地面工程		
1	020101003001	地下室（车库、工作间、空调机房）细石混凝土楼地面　C15 混凝土垫层　厚度 50 mm　1∶1 水泥砂浆赶光　素水泥浆结合层	m^2	40.84
2	020101003002	地下室（视听室、辅助用房、娱乐室）细石混凝土楼地面 C15 混凝土垫层　厚度 40 mm　素水泥浆结合层	m^2	76.48
3	020101003003	地下室（卫生间）细石混凝土楼地面　C15 混凝土垫层　厚度 40 mm　1.5 mm 聚氨酯防水层 3 遍　素水泥浆结合层 20 mm 厚 1∶2.5 水泥砂浆找平层	m^2	5.59
4	020101003004	首层（起居室、客厅、餐厅、楼梯间、卧室、书房）细石混凝土楼地面　C15 混凝土垫层　厚度 35 mm　素水泥浆结合层 40 mm 厚聚苯板保温层	m^2	101.89
5	020101003005	二层（起居室、客厅、餐厅、楼梯间、卧室、书房）细石混凝土楼地面　C15 混凝土垫层　厚度 40 mm　素水泥浆结合层 20 mm 厚聚苯板保温层	m^2	101.35
6	020105001001	水泥砂浆踢脚线（车库、工作间、空调机房）　高度 120 mm 6 mm 厚 1∶2.5 水泥砂浆	m^2	4.91
7	020108002001	块料台阶面层　C10 混凝土垫层　厚度 100 mm　红色花岗岩面层	m^2	7.25
		分部小计[楼地面工程]		
		B.2 墙柱面工程		
8	020201001001	内墙现浇混凝土墙面一般抹灰（车库、工作间、空调机房）8 mm厚粉刷石膏砂浆	m^2	148.74
9	020201001002	内墙加气混凝土砌块墙面抹灰（起居室、客厅、餐厅、楼梯间、卧室、书房）　8 mm 厚 1∶1∶6 水泥石灰膏砂浆　5 mm 厚 1∶0.5∶2.5 水泥石灰膏砂浆	m^2	609.04
10	020201001004	外墙加气混凝土砌块墙面抹灰　5 mm 厚 1∶0.5∶3 水泥石灰膏砂浆　12 mm 厚 1∶0.2∶2 水泥石灰膏砂浆	m^2	756.14
11	020204003001	内墙块料墙面（地下部分卫生间）　5 mm 厚瓷砖　300 mm×300 mm　5 mm 厚 1∶2 建筑胶水泥砂浆黏结层	m^2	28.52

工程名称：西安市××山庄别墅装饰工程　　第 2 页　共 3 页

序号	项目编码	项目名称	计量单位	工程数量
12	020204003002	内墙块料墙面（地上部分厨房、卫生间）　5 mm 厚瓷砖 300 mm×300 mm　5 mm 厚 1∶2 建筑胶水泥砂浆黏结层	m^2	202.53
		分部小计[墙柱面工程]		
		B.3　天棚工程		
13	020301001001	天棚抹灰（车库、工作间、空调机房）　现浇板底　20 mm 厚保温砂浆	m^2	48.94
14	020301001002	天棚抹灰（起居室、客厅、餐厅、楼梯间、卧室、厨房）　现浇板底　5 mm 厚 1∶0.2∶3 水泥石灰膏砂浆　3 mm1∶0.2∶2.5 水泥石灰膏砂浆	m^2	284.48
		分部小计[天棚工程]		
		B.4　门窗工程		
15	020401005001	夹板装饰门　800 mm×2 100 mm　1.68 m^2	樘	7.00
16	020401005002	夹板装饰门　900 mm×2 100 mm　1.89 m^2	樘	9.00
17	020402007001	钢质防火门　1 500 mm×2 100 mm　3.15 m^2	樘	1.00
18	020402007002	钢质防火门　900 mm×2 100 mm　1.89 m^2	樘	1.00
19	020402006001	防火、防盗、隔声门　1 600 mm×3 200 mm　5.12 m^2	樘	1.00
20	020403003001	防火卷帘门　3 300 mm×2 200 mm　7.26 m^2	樘	1.00
21	020406004001	铝合金百叶窗　1 200 mm×200 mm　2.4 m^2　铝合金 1.2 mm 厚　90 系列 5 mm 厚白玻璃　表面处理氟碳喷涂	樘	2.00
22	020406002001	铝合金百叶窗　900 mm×1 500 mm　1.35 m^2　铝合金 1.2 mm 厚　90 系列 5 mm 厚白玻璃　表面处理氟碳喷涂	樘	8.00
23	020406002002	铝合金百叶窗　700 mm×300 mm　0.21 m^2　铝合金 1.2 mm 厚　90 系列 5 mm 厚白玻璃　表面处理氟碳喷涂	樘	1.00
24	020406002003	铝合金百叶窗　900 mm×300 mm　0.27 m^2　铝合金 1.2 mm 厚　90 系列 5 mm 厚白玻璃　表面处理氟碳喷涂	樘	3.00
25	020406002004	铝合金百叶窗　1 500 mm×300 mm　0.45 m^2　铝合金 1.2 mm 厚　90 系列 5 mm 厚白玻璃　表面处理氟碳喷涂	樘	2.00
26	020406002005	铝合金百叶窗　1 200 mm×1 500 mm　1.8 m^2　铝合金 1.2 mm 厚　90 系列 5 mm 厚白玻璃　表面处理氟碳喷涂	樘	5.00
27	020406002006	铝合金百叶窗　1 500 mm×1 500 mm　2.25 m^2　铝合金 1.2 mm 厚　90 系列 5 mm 厚白玻璃　表面处理氟碳喷涂	樘	7.00
28	020406002007	铝合金百叶窗　1 600 mm×1 500 mm　2.4 m^2　铝合金 1.2 mm 厚　90 系列 5 mm 厚白玻璃　表面处理氟碳喷涂	樘	1.00

工程名称：西安市××山庄别墅装饰工程　　第 3 页　共 3 页

序号	项目编码	项目名称	计量单位	工程数量
29	020406002008	铝合金百叶窗　700 mm×1 900 mm　1.33 m² 铝合金 1.2 mm 厚　90 系列 5 mm 厚白玻璃　表面处理氟碳喷涂	樘	1.00
30	020406002009	铝合金平开窗　900 mm×800 mm　0.72 m² 铝合金 1.2 mm 厚　90 系列 5 mm 厚白玻璃　表面处理氟碳喷涂	樘	1.00
31	020406002010	铝合金平开窗 1 200 mm×800 mm　0.96 m² 铝合金 1.2 mm 厚　90 系列 5 mm 厚白玻璃　表面处理氟碳喷涂	樘	1.00
32	020406003001	铝合金落地窗　1 500 mm×2 400 mm　3.6 m² 铝合金 1.2 mm 厚　90 系列 5 mm 厚白玻璃　表面处理氟碳喷涂	樘	4.00
33	020406003002	铝合金落地窗　1 800 mm×2 400 mm　4.32 m² 铝合金 1.2 mm 厚　90 系列 5 mm 厚白玻璃　表面处理氟碳喷涂	樘	1.00
34	020406003003	铝合金落地窗　2 200 mm×2 400 mm　5.28 m² 铝合金 1.2 mm 厚　90 系列 5 mm 厚白玻璃　表面处理氟碳喷涂	樘	2.00
35	020406003004	铝合金落地窗　2 500 mm×2 400 mm　6 m² 铝合金 1.2 mm 厚　90 系列 5 mm 厚白玻璃　表面处理氟碳喷涂	樘	1.00
36	020406003005	铝合金落地窗　1 600 mm×2 400 mm　3.84 m² 铝合金 1.2 mm 厚　90 系列 5 mm 厚白玻璃　表面处理氟碳喷涂	樘	1.00
		分部小计[门窗工程]		
		B.5　油漆、涂料、裱糊工程		
37	020506001001	内墙面层(起居室、客厅、餐厅、楼梯间、卧室、书房、视听室、辅助用房、娱乐室)乳胶漆三遍	m²	609.04
38	020507001001	外墙喷丙烯酸弹性高级涂料墙面	m²	558.51
39	020507001002	内墙现浇混凝土墙面喷涂大白浆(车库、工作间、空调机房)	m²	148.74
40	020507001003	天棚(车库、工作间、空调机房)喷涂大白浆	m²	48.94
41	020507001004	天棚(起居室、客厅、餐厅、楼梯间、卧室、书房)喷涂大白浆	m²	284.48
		分部小计[油漆、涂料、裱糊工程]		

措施项目清单计价表

措施项目清单计价见表5。

表5　措施项目清单计价表

工程名称:西安市××山庄别墅装饰工程　　第1页　共1页

序　号	项目名称
1	通用项目
1.1	环境保护费
1.2	文明施工费
1.3	安全施工费
1.4	临时设施费
1.5	夜间施工费
1.6	二次搬运费
1.7	大型机械设备进出场及安拆费
1.8	混凝土、钢筋混凝土模板及支架费
1.9	脚手架
1.10	已完工程及设备保护费
1.11	施工排水、降水
3	装饰装修工程
3.1	垂直运输机械
3.2	室内空气污染测试

其他项目清单计价表

其他项目清单计价见表6。

表6　其他项目清单计价表

工程名称:西安市××山庄别墅装饰工程　　第1页　共1页

序　号	项目名称
1	招标人部分
2	预留金
3	材料购置费
4	其他
5	投标人部分
6	总承包服务费
7	零星工作费
8	其他

第五章 图纸

附图:西安市××山庄别墅工程

建筑工程说明

本说明仅为建筑说明,当设计图纸另有标注时,则以图纸为准。

一、设计依据

(一)陕西省××房地产开发公司与我院签定的设计合同。
(二)建设单位提供的委托设计书要求及技术资料。
(三)国家和陕西省现行有关规范和规定。
(四)政府职能部门的批文。
(五)各专业提给土建专业的设计条件。

二、工程概况

工程名称:西安市××山庄 H01—H09 建筑工程　　设计使用年限:50 年
建设地点:西安市××路中段　　耐火等级:二级
建筑性质:居住建筑　　抗震设防烈度:8 度
建设单位:陕西省××房地产开发公司　　结构类型:钢筋混凝土框架结构
占地面积:1 529.55m^2　　屋面防水等级:III 级
建筑面积:4 372.65m^2　　地下室防水等级:II 级
其中:地下室建筑面积:1 526.04 m^2
　　地上建筑面积:2 846.61m^2
建筑高度:9.94 m(檐口)
建筑层数:二层

三、设计标高

室内地坪设计标高±0.00 相当于绝对标高见总图。室内外高差为 1.2m,所有楼层标高均指建筑标高,屋面标高指结构面标高。

四、建筑设计

(一)墙体

1. 墙体材料:地面以上框架填充墙体采用加气混凝土砌块砌筑,体积密度 B07,强度等级 Mu7.5,外墙厚 300 mm,内隔墙厚 120 mm。

其砌块排列、门窗洞口处理建筑构造、内外墙面抹灰等均见 88J2—3(第二版)墙身—加气混凝土(砌块)。

户内隔墙及橱卫均采用 20 mm 厚陶粒板。

地下室内隔墙除注明者外，厚 120 mm，采用灰砂砖或烧结多孔砖 MU15。

2. 砌筑砂浆：标高在±0.00 以下采用 M5 水泥砂浆，±0.00 以上采用 M5 混合砂浆砌筑。

3. 墙体定位：墙体定位详见平面图。

4. 墙上门窗洞口：

外墙门窗定位见平面图；内隔墙门窗，除图中注明外，均位于二轴线（或二相邻墙）之正中，或洞边距相邻墙（或柱）150 mm；墙洞宽度大于 900 mm 者应设钢筋混凝土过梁，其型号及尺寸详见结构图纸。

5. 管道竖井墙体除钢筋混凝土墙外，其余墙体需待管道安装及调试后再砌筑。

6. 留洞及预埋：凡砌块墙上留洞见建筑专业施工图，钢筋混凝土墙上留洞及埋管见结构施工图。墙体内预埋木砖均需做防腐处理，满刷沥青二道；预埋铁件刷防锈漆。

7. 不同材料墙体做粉刷面层的连接处均须搭接大于 300 mm 宽的钢丝圈。

8. 除大样圈另有标明外突出外墙面的腰线、檐板、窗顶下部做滴水线。

（二）门窗

1. 门窗规格、数量及要求详见门窗表。

2. 门窗定位：外门窗中线距外墙皮 150 mm，内门窗立于墙厚正中；封阳台窗立樘位于阳台板正中。

3. 单块面积＞1.5 m^2的窗玻璃、落地窗，必须采用安全玻璃。

4. 门窗固定方法参见 88J2－3（第 2 版）墙身——加气混凝土（砌块）。

5. 窗台高度除注明者外均为距所在楼面 900 mm。

6. 露明铁件均先进行防锈处理，后用红丹打底二道，白色调和漆罩面二遍。

（三）楼、地面

1. 各层楼面的结构板面降 100 mm，初装修时上做，20 mm 厚聚苯板干容重不小于 18～20 kg/m^3，上铺 40 mm 厚轻骨料陶粒混凝土垫层，预留 40 mm 厚为精装修的面层和结合层。

2. 首层地面和厨房、卫生间的楼面采用非焦油型聚氨脂涂膜防水层，四周翻起 250 mm高，厚≥1.5 mm 刷三遍。

3. 厨房、卫生间、房间地面做出坡度，在地漏周围 1 m 范围内，以 1%坡度向地漏。

4. 不同厚度面层材料的楼面在施工时，均需调整垫层厚度以保证楼面标高一致。

5. 露台、阳台凡要求建筑找坡的地方，找坡厚度大于 30 mm 时，均用陶粒混凝土。找坡厚度小于 30 mm，用 1∶3 水泥砂浆找坡。

（四）屋面做法

屋面防水等级为 III 级，防水层耐用年限为 10 年。

屋 1　不上人屋面做法：土黄色瓦屋面，参见 88J1－1 坡屋 1D 保温层 80 mm 厚。

屋 2　上人屋面做法：见装修表屋 2。

屋 3　不上人屋面做法：参见 88J1－1，屋 11，SBS 防水层，80mm 厚聚苯板保温层。

（五）装修

1. 外装修详见立面图及装修表（室外部分）。

2. 内装修详见装修表(室内部分)。

3. 凡标明室内二次装修的房间,楼地面做到轻骨料陶粒混凝土垫层,墙面做到基层抹灰,顶棚做完抹灰层。

4. 各类管线、管道及电器安装必须严格控制标高,确保以后使用。

5. 所有装饰材料如瓷砖、涂料、金属板材、木装饰构架玻璃及吊顶材料等均需根据样板由设计院及建设单位共同审定。

(六)楼梯

1. 户内楼梯栏杆参见 88J14－2,页次 L24 或由用户自理。

(七)节能设计

1. 本工程按照《民用建筑节能设计标准》及西安市《实施细则》的要求进行节能设计。

2. 本建筑的体形系数大于 0.3。

3. 外墙采用 300 mm 厚加气混凝土砌块。

外墙钢筋混凝土梁、柱外侧抹 20 厚胶粉聚苯颗粒,做法见 88J2－4WM1,平均传热系数 $K<0.82\ W/(m^2\cdot K)$满足节能要求。不上人屋面及采用 80 厚聚苯保温板,露台采用厚硬池聚氨脂保温防水层传热系数 $K<0.60\ W/(m^2\cdot K)$满足节能要求。采用节能保温型外窗,传热系数 $K<3.0\ W/(m^2\cdot K)$满足节能要求。

4. 户门采用保温型安全防护门(因楼梯间为开敞式,由用户装修时增设门斗,即再设一道保温门)。

5. 采暖方式:分户设置壁挂护采暖方式。

6. 不采暖地下室顶板:上增设保温层 40 mm 厚(挤塑型聚苯保温板),板下抹 20 mm厚保温砂浆。

(八)无障碍设计

无障碍住宅套型设计待建设单位确定具体位置后,再进行深入设计,并相应设置残疾人坡道。

(九)垃圾收集方式

住户垃圾采用袋装方式,由物业公司负责定点定时收集。

(十)信报箱设置

见一层平面图。

(十一)地下室防水

防水等级二级,防水耐久年限 15 年。

设单层 4mm 厚 SBS 橡胶改性沥青防水卷材,防水混凝土抗渗等级 S6。

做法参见 88J6－1 地下工程防水$\boxed{\frac{2}{19}}$;管道穿墙均见 88J6－1,其中套管穿外墙见$\boxed{\frac{2}{100}}$、热力管道穿外墙见$\boxed{\frac{2}{101}}$、普通电缆穿外墙见$\boxed{\frac{2}{102}}$。

五、建筑消防设计

1. H 型别墅为二层附地下室建筑,属于低层住宅,耐火等级二级,工程位置见总平面布置，H 型建筑面积为 4 372.65 m^2（其中地上 2 846.61 m^2 地下 1 526.04 m^2），建筑高度 9.94 m（檐口），建筑类型为钢筋混凝土框架结构。

2. 地下部分为半地下室，设高侧窗，为视听室，娱乐健身用房，空调机房，车库和卫生间，其中车库用防火墙和甲级防火门和其他部分隔开，设防火卷帘，单独对外出口，上设防火挑檐。

3. 本建筑为框架结构，填充墙，楼梯间墙及管道井的井壁材料均为不燃烧实体墙，半地下室空调机房门为甲级防火门，管道检修门为丙级防火门。

六、施工要求

1. 主要建筑材料均应具有主管部门颁发的产品合格证书，并确认符合设计要求后方可定货。在货到后应进行严格的抽样调查，确认产品合格方可使用。当需要改用代用材料时，应征得设计人员意见并符合设计要求后，方可更改材料。

2. 外墙梁、柱需保温作法的墙体施工参见 88J2－4 墙－外墙保温（第二版）。

3. 大面积地面垫层，屋面找坡均应分仓施工，其仓缝间距≤6 000 mm。

4. 内墙聚苯颗粒保温砂浆与普通砂浆的交接处，应严格按照相关厂家对其材料的施工要求及相关施工规程执行，以免不同材料交接处出现裂缝。

5. 室外及公共部分装修颜色和做法必须作出样板，经甲、乙、丙三方确认符合设计要求后，方可大面积施工。

6. 管线穿墙（或板）后应将墙、板洞用混凝土或其他非燃材料堵严后再施工面层，不得草率从事造成隐患。

7. 本设计未尽事宜均应按有关施工与验收规范进行施工。

七、图面说明

1. 图面标注单位

图中所标注尺寸，标高以“m”计，其余尺寸以“mm”计。

2. 专业代号

专业	气体动力	水	通风空调	供电	电照	自动控制	通信信息
代号	R	S	F	C	L	K	T

3. 墙上留槽、留洞

(1)墙上留槽：

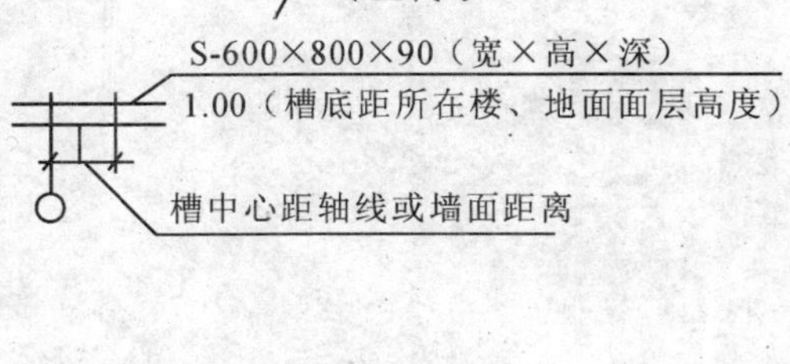

(2)墙上留洞：

a. 方洞

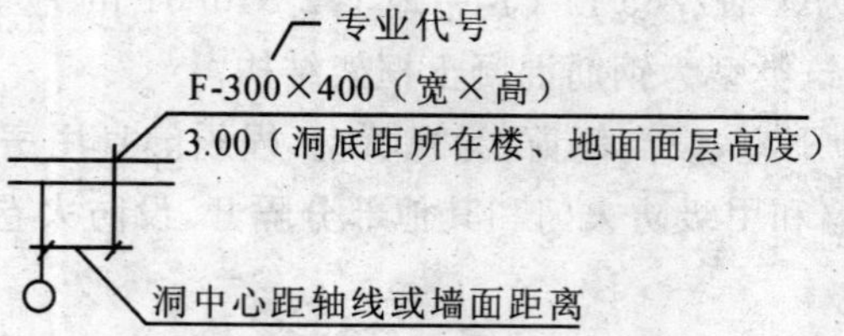

b. 圆洞

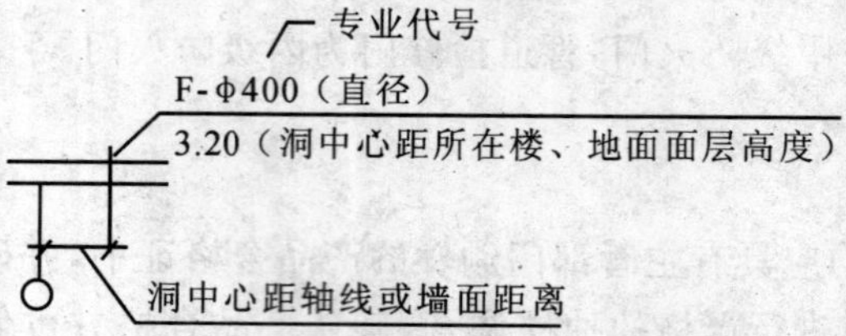

4. 墙体

西安市××山庄别墅工程设计图纸见本书后插页图2～16。

第六章 投标文件技术部分格式(略)

第七章 投标文件商务部分格式

投标文件签署授权委托书

本授权委托书声明：我＿（姓名）＿系＿（投标单位）＿的法定代表人，现授权委托＿（单位名称）＿的＿（姓名）＿为我公司签署本工程的投标文件的法定代表人授权委托代理人，我承认代理人全权代表我所签署的本工程的投标文件的内容。

代理人无转委托权，特此委托。

代理人：＿（签字）＿性别：＿＿＿年龄：＿＿＿

身份证号码：＿＿＿＿＿＿职务：＿＿＿

投标人：＿＿＿＿＿＿（盖章）＿＿＿

法定代表人：＿＿＿＿＿＿（签字或盖章）

授权委托日期：＿＿＿年＿＿＿月＿＿＿日

法定代表人身份证明书

单位名称：______________________________

单位性质：______________________________

地　　址：______________________________

成立时间：________年________月________日

经营期限：______________________________

姓名：__________性别：__________年龄：__________职务：__________

系_______（投标人单位名称）_______的法定代表人。

特此证明。

投标人：______________________________

日　期：________年________月________日

投 标 书

致：（招标人名称）

1. 根据你方所发西安市××山庄别墅工程招标文件，遵照《中华人民共和国招标投标法》等有关规定，经踏勘项目现场和研究上述招标文件的投标须知、合同条款、图纸、工程建设标准和工程量清单及其他有关文件后，我方愿以＿＿＿＿＿＿＿＿（大写币种，金额，单位）＿＿＿＿＿＿（小写），其中措施项目费＿＿＿＿＿＿＿元，并按上述图纸、合同条款、工程建设标准和工程量清单的条件要求承包上述工程的施工，并承担任何质量缺陷保修责任。

2. 我方已详细审核全部招标文件，包括修改文件（如有时）及有关附件。

3. 一旦我方中标，我方保证按合同协议书中规定的工期＿＿＿日历天内完成并移交全部工程。

4. 如果我方中标，我方保证按设计要求和规范规定施工，并达到＿＿＿质量等级。

5. 如果我方中标，我方将按照招标文件规定如数转交履约保证金。

6. 我方同意所提交的投标文件在招标文件规定的投标有效期内有效，在此期间内如果中标，我方将受此约束。

7. 除非另外达成协议并生效，你方的中标通知书和本投标文件将成为约束双方的合同文件的组成部分。

投　标　人：＿＿＿＿＿＿＿＿＿＿＿＿＿＿＿＿（盖章）＿＿＿＿＿

单位地址：＿＿＿＿＿＿＿＿＿＿＿＿＿＿＿＿＿＿＿＿＿＿＿＿

法定代表人或其委托代理人：＿＿＿＿＿＿＿＿（签字或盖章）＿＿＿

邮政编码：＿＿＿＿＿＿＿电话：＿＿＿＿＿＿＿传真：＿＿＿＿＿＿＿

开户银行名称：＿＿＿＿＿＿＿＿＿＿＿＿＿＿＿＿＿＿＿＿＿

开户银行账号：＿＿＿＿＿＿＿＿＿＿＿＿＿＿＿＿＿＿＿＿＿

日期：＿＿＿＿＿＿＿年＿＿＿＿＿＿＿月＿＿＿＿＿＿＿日

投标保证金交存凭证复印件

________工程施工招标

投　标　文　件

项目编号：________

项目名称：________

投标文件内容：　投标文件商务部分

投标人：　　　　　（盖章）

法定代表人：　　　　　（签字或盖章）

日期：____年____月____日

目　录

一、投标报价说明
二、投标总价
三、投标报价汇总表
四、单项工程费汇总表
五、单位工程费汇总表
六、分部分项工程量清单计价表
七、措施项目清单计价表
八、其他项目清单计价表
九、零星工作项目计价表
十、分部分项工程量清单综合单价分析表
十一、措施项目费分析表
十二、主要材料价格表

一、投标报价说明

1. 本报价依据本工程投标须知、合同文件的有关条款和《建设工程工程量清单计价规范》(GB50500—2003)进行编制。

2. 工程量清单报价表中所填入的综合单价和合价，均包括人工费、材料费、机械费、管理费、利润以及采用固定价格的工程所测算的风险金等全部费用。

3. 措施项目报价表中所填入的措施项目报价，包括采用的各种措施的费用。

4. 其他项目报价表中所填入的其他项目报价，包括工程量清单报价表和措施项目报价表以外的，为完成本工程项目的施工所必需发生的其他费用。

5. 本工程量清单报价表中的每一单项均应填写单价和合价，对没有填写单价和合价的项目费用，均视为已包括在工程量清单的其他单价或合价之中。

6. 本报价的币种为人民币。

7. 投标人应将投标报价需要说明的事项，用文字书写与投标报价表一并报送。

二、投标总价

建设单位：________________________________

工程名称：________________________________

投标报价(小写)：__________________________

(大写)：__________________________

投标人：________________________(盖章)

法定代表人：____________________(签字或盖章)

编制时间：________________________

三、投标报价汇总表

投标报价汇总见表1。

表1　投标报价汇总表

工程名称:西安市××山庄别墅　　　第　页共　页

序号	工程项目名称	金额/元	备　注
一	总承包项目		
1	土建部分		
2	装饰部分		
	合计		
二	暂定金额项目		
	合计		
	总计		

备注:本表可横向编排,可按同样格式扩展。

四、单项工程费汇总表

单项工程费汇总见表 2。

表 2　单项工程费汇总表

工程名称：　　　　　　　　　　　　　　　　　　　　　　　　第　页共　页

序号	单位工程名称	金额/元
	合计	

五、单位工程费汇总表

单位工程费汇总见表3。

表3　单位工程费汇总表

工程名称：　　　　　　　　　　　　　　　　　　　　第　页 共　页

序号	单位工程名称	金额/元	备注
1	分部分项工程量清单计价合计		
2	措施项目清单计价合计		
3	其他项目清单计价合计		
4	规费		
5	不含税工程造价		
6	税金		
7	含税工程总造价		
	合计		

备注：本表可横向编排，可按同样格式扩展。

六、分部分项工程量清单计价表

分部分项工程量清单计价见表4。

表4 分部分项工程量清单计价表

工程名称：　　　　　　　　　　　　　　　　　　　　　　　第　页　共　页

序号	项目编码	项目名称	计量单位	工程量	金额/元	
					综合单价	合价
	合计					

备注：本表可横向编排，可按同样格式扩展。

七、措施项目清单计价表

措施项目清单计价见表5。

表5　措施项目清单计价表

工程名称：　　　　　　　　　　　　　　　　第　页共　页

序号	项目名称	金额/元
	合计	

八、其他项目清单计价表

其他项目清单计价见表6。

表6 其他项目清单计价表

工程名称： 第 页 共 页

序号	项目名称	金额/元
1	招标人部分	
	小计	
2	投标人部分	
	小计	
	合计	

备注：本表可横向编排，可按同样格式扩展。

九、零星工作项目计价表

零星工作项目计价见表 7。

表 7　零星工作项目计价表

工程名称：　　　　　　　　　　　　　　　　第　页　共　页

序号	名　称	计量单位	数量	金额/元	
				综合单价	合价
1	人工				
	小计				
2	材料				
	小计				
3	机械				
	小计				
	合计				

十、分部分项工程量清单综合单价分析表

分部分项工程量清单综合单价分析见表8。

表8　分部分项工程量清单综合单价分析表

工程名称：　　　　　　　　　　　　　　　　　　　　　　第　页　共　页

序号	项目编号	项目名称	工程内容	综合单价组成/元					综合单价
				人工费	材料费	机械使用费	管理费	利润	
	合计								

备注：本表可横向编排，可按同样格式扩展。

十一、措施项目费分析表

措施项目费分析见表 9。

表 9　措施项目费分析表

工程名称：　　　　　　　　　　　　　　　　第　页　共　页

序号	措施项目名称	计量单位	数量	综合单价组成/元					
				人工费	材料费	机械使用费	管理费	利润	小计
	合计								

备注：本表可横向编排，可按同样格式扩展。

十二、主要材料价格表

主要材料价格见表10。

表10　主要材料价格表

工程名称：　　　　　　　　　　　　　　　　　　第　页　共　页

序号	材料编号	材料名称	规格型号等特殊说明	单位	单价/元

备注：本表可横向编排，可按同样格式扩展。

第四章　投标文件及案例

第一节　投标文件的组成

投标文件应完全按照招标文件的各项要求编制，主要包括以下内容：

(1)投标书(函)；

(2)投标书附录；

(3)投标保证金或投标银行保函；

(4)法定代表人身份证明书；

(5)授权委托书；

(6)具有标价的工程量清单与报价表；

(7)辅助资料表；

(8)资格审查表；

(9)对招标文件中的合同协议条款内容的确认和响应；

(10)按招标文件规定提交的其他资料。

第二节　工程量清单投标报价文件的编制

清单项目的报价是工程量清单投标的核心。在评标过程中，报价方案占评分的60%～70%，因此报价的准确与否不仅关系到投标单位能否中标，更关系到中标后承包单位能否赢利及赢利的多少。

一、投标报价的程序与标价的组成

1. 投标报价的程序

任何一个项目的投标报价都是一项系统工程，必须遵循一定的程序，该程序包括：

(1)研究招标文件。投标单位报名参加或接受邀请参加某一工程的投标，通过了资格审查，取得招标文件之后，首要的工作就是认真仔细地研究招标文件，充分了解其内容和要求，以便有针对性地安排投标工作。

(2)调查投标环境。投标环境，就是招标工程施工的自然、经济和社会条件。这些条件都是工程施工的制约因素，必然会影响到工程成本，是投标单位报价时必须考虑的，所以在报价前要尽可能了解清楚。

(3)制定施工方案。施工方案是投标报价的一个前提条件，也是招标单位评标时要考虑的因素之一。施工方案应由投标单位的技术负责人主持制定，主要应考虑施工方法，主要施工机具的配置，各工种劳动力的安排及现场施工人员的平衡，施工进度及分批竣工的安排，安全措施等。施工方案的制定应在技术和工期两方面对招标单位有吸引力，同时又有助于降低施工成本。

(4)投标计算。投标计算是投标单位对承建招标工程所要发生的各种费用的计算。在进行投标计算时，必须首先根据招标文件复核或计算工程量。作为投标计算的必要条件，应预先确定施工方案和施工进度。此外，投标计算还必须与采用的合同形式相协调。报价是投标的关键性工作，报价是否合理直接关系到投标的成败。

(5)确定投标策略。正确的投标策略对提高中标率并获得较高的利润有重要作用。常用的投标策略有以信誉取胜、以低价取胜、以缩短工期取胜、以改进设计取胜，同时也可采取以退为进策略、以长远发展为目标策略等。综合考虑企业目标、竞争对手情况、投标策略等多种因素后做出报价决策。

(6)投标报价决策做出后，即应编制正式投标文件，投标单位应按招标单位的要求编制投标文件，并在规定时间内将其递交到指定地点。

2. 投标报价的组成

《建设工程工程量清单计价规范》明确规定了投标报价文件的组成：分部分项工程量清单计价表、措施项目清单计价表、其他项目清单计价表、零星工作项目计价表、主要材料价格表。根据招标方的特殊要求，通常还须要提交分部分项工程量清单综合单价分析表、措施项目费用分析表等。

二、工程量清单报价编制依据

编制工程量清单报价的依据主要有清单工程量、施工图、《建设工程工程量清单计价规范》、消耗定额、施工方案、工料机市场价格等。

1. 清单工程量

清单工程量是由招标人发布的拟建的招标工程量，是投标人投标报价的重要依据，投标人应根据清单工程量和施工图计算计价工程量。

2. 施工图

清单工程量是分部分项工程量清单项目的主项工程量，在实际施工中若采用不同的施工方案，清单工程量不能反映报价的全部内容，因此投标人在投标报价时，需要根据施工图和施工方案计算报价工程量，所以施工图也是编制工程量清单报价的重要依据。

3. 消耗定额

消耗定额一般是指企业定额、建设行政主管部门发布的预算定额等，它是分析拟建工程工料消耗量的依据。

4. 工料机市场价格

工料机市场价格是确定分部分项工程量清单综合单价的重要依据。

三、计价工程量计算方法

1. 计价工程量的概念

计价工程量也称报价工程量(或组价工程量)，它是计算工程投标报价的重要数据。

计价工程量是投标人根据拟建工程施工图、施工方案、清单工程量和所采用定额及相对应的工程量计算规则计算出的，用以确定综合单价的重要数据。

清单工程量作为统一各投标人工程报价的口径，这是十分重要的，也是十分必要的。但是，投标人不能根据清单工程量进行报价，这是因为，施工方案不同，其实际发生的工程量是不同的。例如，基础挖方是否要留工作面，留多少，不同的施工方法其实际发生的工程量是不同的；采用的定额不同，其综合单价的综合结果也是不同的，所以在投标报价时，各投标人必然要计算计价工程量。这种将用于报价的实际工程量就称为计价工程量。

2. 计价工程量计算方法

计价工程量是根据所采用的定额和相对应的工程量计算规则计算的，所以，承包商一旦确定采用何种定额时，就应完全按其定额所划分的项目内容和工程量计算规则计算工程量。

计价工程量的计算内容一般要多于清单工程量，因为，计价工程量不但要计算每个清单项目的主项工程量，而且还要计算包含的附项工程量。这就要根据清单项目的工程内容和定额项目的划分内容具体确定。例如，M5 水泥砂浆砌砖基础项目，不但要计算主项的砖基础项目，还要计算混凝土基础垫层的附项工程量。又如，低压 $\phi159\times5$ 不锈钢管安装项目，除了要计算管道安装主项工程量外，还要计算水压试验、管酸洗、管脱脂、管绝热、镀锌铁皮保护层等 5 个附项工程量。

计价工程量的具体计算方法，同建筑安装工程预算中所介绍的工程量计算方法基本相同。

四、综合单价法清单计价程序

分部分项工程量清单计价表采用综合单价的计算方式。工程量清单综合单价是指完成单位分部分项工程清单项目所需的各项费用，它包括完成该工程清单项目所发生的人工费、材料费、机械费、管理费和利润等，并考虑了一定的风险。除招标文件或合同约定外，结算不得调整。

一般来讲，随分部分项工程量清单计价表还要报分部分项工程量清单综合单价分析表。综合单价的计算为组价内容的所有费用之和除以清单项目工程量得到各分项工程量乘以综合单价的合价汇总后，生成工程发承包价。

由于各分部分项工程中的人工、材料、机械含量的比例不同，各分项工程可根据其材料费占人工费、材料费、机械费合计的比例（以字母“C”代表该项比值）在以下三种计算程序中选择一种计算其综合单价。

（1）当 $C>C_0$（C_0 为本地区原费用定额测算所选典型工程材料费占人工费、材料费、和机械费合计的比例）时，可采用以人工费、材料费、机械费合计为基数计算该分项的间接费和利润，见表 4.1。

表 4.1　以直接费为计算基础

序　号	费　用　项　目	计　算　方　法	备　注
(1)	分项直接工程费	人工费＋材料费＋机械费	
(2)	间接费	(1)×相应费率	
(3)	利润	((1)＋(2))×相应利润率	
(4)	合计	(1)＋(2)＋(3)	
(5)	含税造价	(4)×(1＋相应税率)	

(2)当 $C<C_0$ 下限时，可采用以人工费和机械费合计为基数计算该分项的间接费和利润，见表 4.2。

表 4.2 以人工费和机械费为计算基础

序 号	费 用 项 目	计 算 方 法	备 注
1	分项直接工程费	人工费＋材料费＋机械费	
2	其中人工费和机械费	人工费＋机械费	
3	间接费	(2)×相应费率	
4	利润	(2)×相应利润率	
5	合计	(1)＋(3)＋(4)	
6	含税造价	(5)×(1＋相应税率)	

(3)如该分项的直接费仅为人工费，无材料费和机械费时，可采用以人工费为基数计算该分项的间接费和利润，见表 4.3。

表 4.3 以人工费为计算基础

序 号	费 用 项 目	计 算 方 法	备 注
1	分项直接工程费	人工费＋材料费＋机械费	
2	直接工程费中人工费	人工费	
3	间接费	(2)×相应费率	
4	利润	(2)×相应利润率	
5	合计	(1)＋(3)＋(4)	
6	含税造价	(5)×(1＋相应税率)	

五、分部分项工程量清单综合单价的编制

1. 确定综合单价的数学模型

清单工程量乘以综合单价等于该清单工程量对应各计价工程量发生的全部人工费、材料费、机械费、管理费、利润、风险费之和。其数学模型(以直接费为计算基础)如下：

(1)综合单价中人工费＝清单项目计价工程量×企业定额人工消耗量指标×人工工日单价/清单项目工程数量；

(2)综合单价中材料费、机械台班使用费计算办法同上；

(3)管理费＝(人工费＋材料费＋机械使用费)×管理费费率；

(4)利润＝(人工费＋材料费＋机械使用费＋管理费)×利润率；

(5)风险因素，按一定的原则，采取风险系数来反映；

(6)清单项目综合单价＝(综合单价人工费＋综合单价材料费＋综合单价机械费＋管理费＋利润)×(1＋风险系数)。

2. 综合单价计算方法

综合单价的计算过程是，先用计价工程量乘以定额消耗量得出工料机消耗量，再乘以对应

的工料机单价得出主项和附项直接费，然后再计算出计价工程量清单项目费小计，最后再用该小计除以清单工程量得出综合单价，其示意图如图 4.1 所示。

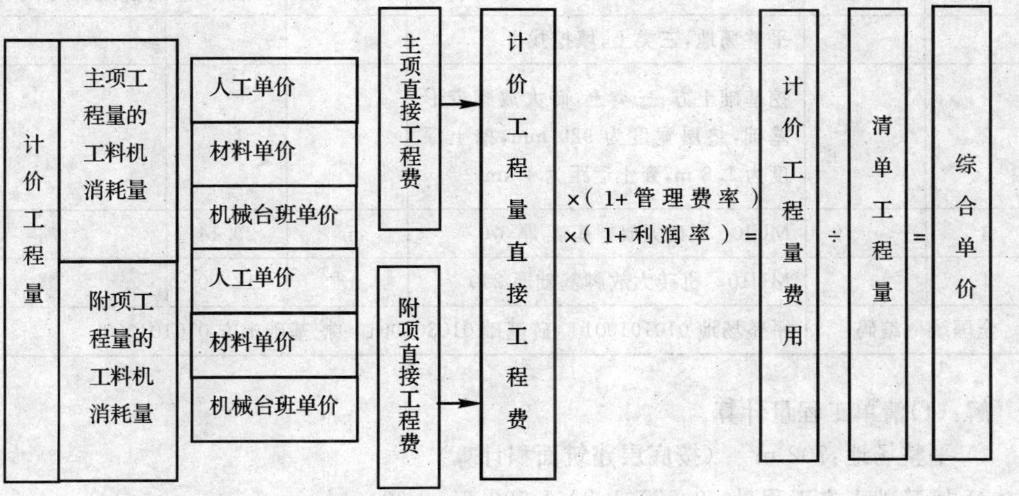

图 4.1　综合单价计算方法示意图

3. 综合单价计算实例

某多层砖混住宅工程，底层建筑面积为 702 m^2，土壤类别为三类土，基础为条形砖基础(工程量为 32.14 m^3，其中 370 mm 厚的体积为 20.14 m^3，240 mm 厚的体积为 12.00 m^3)，垫层为 C10 细石混凝土，厚度为 100 mm，宽度为 920 mm，挖土深度为 1.8 m，弃土运距为 4 km，基础总长为 1 590.6 m。

某投标人根据地质资料和招标文件拟定如下土方开挖的施工方案：

采用人工开挖，工作面宽度各边为 0.25 m，放坡系数为 0.2。所挖土方除沟边堆土外，现场堆土为 2 170.5 m^3，运距为 60 m，采用人工运输，其余土方外运，装载机装自卸汽车运输，运距为4 km，土方量为 1 210 m^3。

根据投标人的施工定额，有关数据如下：

人工挖土方单价为 8.4 元/m^3，人工运土方单价为 7.38 元/m^3，，基底打夯单价为 0.014 4 元/m^2；

装载机装自卸汽车运土所需费用如下：

人工费：363.0 元　　材料费：26.14 元　　机械费：23 824.17 元

大型机械进出场费：1 390 元

问题：

(1)完成下列分部分项工程量清单有关内容的填写，见表 4.4。

(2)假如人工挖土方分部分项工程量清单的费率为：管理费率为 12%，利润率为 8%，规费为 4.21%，税率为 3.41%，风险系数为 1%，试计算投标人人工挖土方分项工程量清单的综合单价，并列出其综合单价分析表。

表 4.4 分部分项工程量清单表

工程名称:某多层砖混住宅工程

序号	项目编码	项目名称	计量单位	工程数量	计算过程(要求有列式)
1		平整场地,三类土,填挖找平			
2		挖基础土方,三类土,砖大放脚带形基础,垫层宽度为 920 mm,挖土深度为 1.8 m,弃土运距为 4 km			
3		MU10 机砖大放脚基础,厚 370	m^3	20.14	略
4		MU10 机砖大放脚基础厚 240	m^3	12.00	略
全国统一编码		平整场地 010101001 砖基础 010301001 挖基础土方 010101003			

解:(1)清单工程量计算。

1) 平整场地:702 m^2 (按底层建筑面积计算)

2) 挖基础土方工程量:0.92×1.8×1 590.6=2 634 m^3

3) 370 砖基础工程量:20.14 m^3

4) 240 砖基础工程量:12.00 m^3

分部分项工程量清单表的填写如表 4.5 所示。

表 4.5 分部分项工程量清单表

序号	项目编码	项目名称	计量单位	工程数量	计算过程(要求有列式)
1	010101001001	平整场地,三类土,填挖找平	m^2	702	底层建筑面积
2	010101003001	挖基础土方,三类土,砖大放脚带形基础,垫层宽度为 920 mm,挖土深度为 1.8 m,弃土运距为 4 km	m^3	2 634	0.92×1.8×1 590.6
3	010301001001	MU10 机砖大放脚基础,厚 370	m^3	20.14	略
4	010301001002	MU10 机砖大放脚基础,厚 240	m^3	12.00	略
统一编码		平整场地 010101001 砖基础 010301001 挖基础土方 010101003			

(2)投标人根据地质资料及施工方案计算计价工程量。

1) 挖基础土方工程量:(0.92+2×0.25+1.8×0.2)×1.8×1 590.6=5 096.3 m^3

2) 基底打夯工程量:(0.92+2×0.25)×1 590.6=2 258 m^2

(3)人工挖基础土方直接工程费计算。

1) 人工费:5 096.3×8.4=42 808.92 元,机械费:(电动打夯机)2 258×0.014 4=32.54 元,材料费:0 元

小计:42 841.44 元

2) 人工运土(运距为 60 m)

人工费:2 170.5×7.38=16 018.29 元,机械费:0 元,材料费:0 元

小计：16 018.29 元

3）装载机装自卸汽车运土（运距为 4 km）

人工费：363.0 元，机械费：23 824.17 元，材料费：26.14 元

小计：24 213.37 元

4）人工挖基础土方直接工程费合计

42 841.44＋16 018.29＋24 213.37＝83 081.27 元

(4)其他费用计算。

管理费：　83 081.27×12%＝9 969.75 元

利润：　(83 081.27＋9 969.75)×8%＝7 444.08 元

风险费用：(83 081.27＋9 969.75＋7 444.08)×1%＝1 004.96 元

(5)人工挖基础土方总费用合计

83 081.27＋9 969.75＋7 444.08＋1 004.96＝101 500.06 元

故人工挖基础土方综合单价：101 500.06÷2 634＝38.54 元

投标人对人工挖基础土方报价为：101 500.06 元

报价表的填写如表 4.6 所示。

表 4.6　分部分项工程量清单报价表

工程名称：　　　　　　　　　　　　　　　　第　页　共　页

序号	项目编码	项目名称	计量单位	工程数量	金额/元	
					综合单价	合价
1	010101003001	挖基础土方，三类土，砖大放脚带形基础，垫层宽度为 920 mm，挖土深度为 1.8 m，弃土运距为 4 km	m^3	2 634	38.54	101 500.06
		本章小计				
		合计				

综合单价分析表如表 4.7 所示。

表 4.7　分部分项工程量清单综合单价分析表

序号	项目编码	项目名称	工程内容	综合单价组价/元						
				人工费	材料费	机械费	管理费	利润	风险因素	综合单价
1	010101003001	挖基础土方	人工挖三类土	16.25	0.00	0.01	1.95	1.46	0.20	19.87
			人工运土运距为 60 m	6.08	0.00	0.00	0.73	0.54	0.07	7.42
			装载机装自卸汽车运土（运距为 4 km）	0.14	0.01	9.04	1.10	0.82	0.11	11.22
小　计				22.47	0.01	9.05	3.78	2.82	0.38	38.51

六、措施项目费，其他项目费、规费、税金计算方法

(一)措施项目费

1. 措施项目费的概念

措施项目费是指工程量清单中，除分部分项工程量清单项目费以外，为保证工程顺利进行，按照国家现行规定的建设工程施工及验收规范、规程要求，必须配套的工程内容所需的费用。例如：设施费、脚手架搭拆费等。

2. 措施项目费计算方法

措施项目清单所列的措施项目均以“项”为单位。在清单计价中，对于措施项目费计算的方法有三种。

(1)定额组价。一些与实体项目有紧密联系的项目，如钢筋混凝土模板、脚手架等，可以以消耗量定额为组价的依据，同分部分项工程量清单综合单价的计算方式相同。

(2)实物量组价。实物量法主要按投标人现在的技术水平，预测每一项费用的合计值，并考虑一定的涨跌因素及其他社会环境因素等，如文明安全施工费等。

(3)公式参数法。这是在定额模式下的措施费用常采用的方法，以费用定额的形式体现。按照规定的基数乘以测定的系数，得到最后的费用金额。系数的高低反映投标人的施工技术水平，主要是用于施工过程中必须发生的，但是在投标时很难分析预测，又无法单独列出项目内容的措施项目，如二次搬运费，雨、夜间施工费等。

措施项目费的计价方法复杂多样，体现了工程量清单招标投标模式投标人可以自由组价的特点，每个投标人都可以根据本企业的“个性”，即本企业的实际情况(施工技术水平、管理水平等)，来进行措施项目费的报价。例如：招标方提出的措施项目费的内容是按照一般情况确定的，投标人在报价的时候可以根据自身的情况，增加措施项目内容，并对增加的项目进行报价。

(二)其他项目费

1. 其他项目费的概念

其他项目费是指预留金、材料购置费(仅指由招标人购置的材料费)、总承包服务费、零星工作项目费等估算金额的总和，包括人工费、材料费、机械台班费、利润和风险费。

2. 其他项目费的确定

其他项目费由招标人部分、投标人部分两部分内容组成。

(1)招标人部分。

1) 预留金。预留金主要指考虑可能发生的工程量变化和费用增加而预留的金额。引起工程量变化和费用增加的原因很多，一般主要有以下几个方面：

(i) 清单编制人员错算、漏算引起的工程量增加。

(ii) 设计深度不够、设计质量较低造成的设计变更引起的工程量增加。

(iii) 在施工过程中应业主要求，经设计或监理工程师同意的工程变更增加的工程量。

(iv) 其他原因引起应由业主承担的增加费用，如风险费用和索赔费用。

预留金由清单编制人根据业主意图和拟建工程实际情况计算确定。设计质量较高，已成熟的工程设计，一般预留工程造价的3%～5%作为预留金。在初步设计阶段，工程设计不成熟，一般预留工程造价10%～15%预留金。

预留金作为工程造价的组成部分计入工程造价。但预留金应根据发生的情况和必须通过监理工程师批准方能使用。预留金未使用部分归业主所有。

2）材料购置费。材料购置费是指业主出于特殊目的或要求，对工程消耗的某几类材料，在招标文件中规定，由招标组织采购发生的材料费。

3）其他。其他系指招标人可增加的新项目。例如，指定分包工程费，即由于某些项目或单位工程专业性较强，必须由专业队伍施工，就需要增加该项费用。其费用数额应通过向专业施工承包商询价（或招标）确定。

(2)投标人部分。工程量清单计价规范中列举了总承包服务费、零星工作项目费两项内容。如果招标文件对承包商的工作内容还有其他要求，也应列出项目。例如，机械设备的场外运输，为业主代培技术工作等。

投标人部分的清单内容设置，除总承包服务费只需简单列项外，其他项目应该量化描述。例如，设备场外运输时，需要标明台数、每台的规格及重量，运距等。又如，零星工作项目要表明各类人工、材料、机械的消耗量。

(三)规费

1. 规费的概念

规费是指政府及有关部门规定必须缴纳的费用。

2. 规费的内容

(1)工程排污费。按规定缴纳的施工现场的排污费。

(2)定额测定费。按规定支付给工程造价(定额)管理部门的定额测定费用。

(3)养老保险费。企业按规定标准为职工缴纳的养老保险费(指社会统筹部分)。

(4)失业保险费。企业按照国家规定标准为职工缴纳的失业保险金。

(5)医疗保险费。企业按规定标准为职工缴纳的基本医疗保险费。

(6)住房公积金。企业按规定标准为职工缴纳的住房公积金。

(7)危险作业意外伤害保险：是指按照建筑法规定，企业为从事危险作业的建筑安装施工人员支付的意外伤害保险费。

3. 规费的计算

计算规费的基数为分部分项工程费、措施项目费及其他项目费。所对应的费率一般按各地区规定的进行。

规费＝计算基数×对应的费率

(四)税金

税金是指国家税法规定的应计入建筑安装工程造价内的营业税、城市维护建设税及教育费附加税等。税金按照国家税法规定的税率进行计算。

第三节　企业进行投标的注意事项及投标报价的策略

工程项目建设招标投标是国际上通用的科学合理的工程承发包方式。目前在我国工程项目建设中推行招标投标制度虽然只有短短20年历史，但对于健全我国建筑市场竞争机制，促进资源配置，提高企业管理水平及经济效益，保证工期和质量以及有效控制工程项目建设投资都起到十分重要的作用。

招标投标竞争机制的建立，使企业在市场竞争中除了靠企业自身的素质和实力外，投标技巧对于能否中标及能否取得更多利润也有着举足轻重的作用，是企业在竞争中立于不败之地的重要手段之一。

一、如何组织高效、强有力的投标部门

投标工作是一项技术性很强的工作，须要有专门的机构和专业人员对投标的全过程加以组织和管理，建立一个强有力的投标班子是获得投标成功的根本保证。因此，投标班子应由企业法人代表亲自挂帅，配备经营管理类、工程技术类、财务金融类的专业人才 5 至 7 人，其班子成员必须具备较高素质，即：

(1)有较高的政治修养、事业心强。认真执行党和国家的方针、政策，遵守国家的法律和地方法规，自觉维护国家和企业利益，意志坚强，吃苦耐劳。

(2)知识渊博，经验丰富，视野广阔。必须在经营管理、施工技术、成本核算、施工预决算等领域都有相当的知识水平和实践经验，才能全面、系统地观察和分析问题。

(3)具备一定的法律知识和实际工作经验。对投标业务应遵循的法律、规章制度有充分了解；同时，有丰富的阅历和实际工作经验，对投标不但具有较强的预测能力和应变能力，并且对可能出现的各种问题进行预测并采取相应措施。

(4)勇于开拓，有较强的思维能力和社会活动能力。积极参加有关的社会活动，扩大信息交流，正确处理人际关系，不断吸收投标工作所必需的新知识及有关情报。

(5)掌握科学的研究方法和手段。对各种问题进行综合、概括、总结、分析，并做出正确的判断和决策。

二、如何进行投标的决策

投标报价是以投标方式获得工程时，确定承包该工程的总造价。通过投标获得工程项目，是市场经济条件下的必然，但并不是每标必投，应针对实际进行决策，其决策内容包括三个方面：一是针对项目投标，根据项目的专业性等确定是否投标；二是倘若投标，投什么性质的标，是风险标还是保险标，是投赢利标，还是投保本标、亏损标；三是投标中如何以长制短，以优胜劣。

投标决策的正确与否，关系到能否中标及中标后的效益，关系到企业的发展前景和职工的经济利益。首先要从多方面(企业自身、竞争对手、业主、市场、招标工程、工程现场等)掌握大量信息，“知己知彼，百战不殆”。对承包难度大、风险大、技术设备、资金不到位的工程和三边工程(边勘察、边设计、边施工)均要主动放弃，否则，将陷入工期拖长，成本加大的困境，企业的信誉、效益就会受到损害，严重者可能导致企业亏损甚至破产。如果招标工程既是本企业的强项，又是竞争对手的弱项，或业主意向明确，对可以预见的情况，如技术、资金等重大问题都有解决的对策，就应坚决参加投标。当企业无后继工程，已经出现窝工或部分亏损，中标后至少可以使部分人员、机械减少窝工，减少亏损，应该不惜血本，最大限度地降低报价去投标。

是否投标，还应注意竞争对手的实力、优势及投标环境的优劣情况。竞争对手在建工程也十分重要，如果对手的在建工程即将完工，可能急于获得新项目，报价就不会很高；反之，如果对手的在建项目规模大，时间长，则投标报价可能高。对此，要具体分析判断，采取相应对策。

三、如何做好投标报价

报价是发包人选择中标者的主要标准，也是发包人和投标者签订合同的依据。报价是工程投标的核心，报价过高，会失去中标机会；过低，即使中标，也会给工程带来亏本的风险。因此，标价过高或过低都不可取，要从宏观角度对工程报价进行控制，力求报价适当，以提高中标率和经济效益。投标技巧，其实质就是在保证工程质量和工期的条件下，寻求一个好的报价。在工程量清单计价模式下，企业应从报价的三个阶段着手。

（一）投标前期

（1）为了在投标竞争中获胜，企业在平时就应该设置经营投标班子，掌握市场动态，积累有关信息资料等。企业取得招标信息，报名参加投标并通过资格审查后得到招标文件，就应该立即组织人员研究招标文件，决定投标策略。在研究招标文件时必须搞清投标的范围，因为常常出现图纸、基础规范和工程量清单三者之间在做法、数量之间相互矛盾的现象，一般来说必须以招标文件中的工程量清单为准。此外还要熟悉投标书的格式和签署方式、密封方法和标志，熟记投标截止日期，以避免失误。

（2）掌握“知己知彼，百战不殆”的原则，了解发包人和对手。要知道发包人建设本工程项目的目的及其建设资金的筹备情况和来源、回收方法等。政府工程一般要求质量高，其标底偏高；商业工程要求进度快，标底适中；自筹资金及商业贷款工程，标底偏低。总之，企业要揣摩发包人的心理。竞争对手之间一般都能了解到其欲承揽本工程的目的，相互之间的投标技巧也熟悉，要做到具体事情具体对待，以不变应万变，多留几手。

（3）根据自身的经营管理水平、经济实力、企业定额等，确定适合自己的经营报价策略，同时根据企业发展需求，为了打开市场，着眼于发展等情况，制定出投标时可能使用的投标报价调整系数。对于清单要求下的合理低价中标必须进行很好的分析。招标人选择中标人就是在满足质量、工期、安全等投标文件要求前提下，谁的报价低谁中标。投标人降低投标报价有利于中标，但会降低预期利润，增大风险。因此低价是中标的重要因素，但不是唯一的因素，不能为了中标而使报价低于投标人的个别成本价格。所以企业在投标前期，报价的策略研究非常重要。

（二）投标编制期

1．现场勘测及与招标文件的核实

清单模式下招标文件的工程量计算是图纸上标注的工程量，考虑投标人施工方案中工程量的增加，所以在编制投标书之前必须调查现场，尽量避免出现不必要的风险。在报价前一定要详尽了解项目所在地的环境、自然条件、生产和生活条件等。要认真细致地阅读招标文件，吃透标书，当招标文件和设计图纸有不合理之处，应及时提出修改意见，引起招标人的重视，仔细分析研究并弄清承包者的责任和报价范围，各项技术要求，需使用的特殊材料和设备，充分考虑工期、误工赔偿、保险、付款条件、税收等因素，针对已发现的漏洞，在报价时相应压低报价，在施工过程中利用这些漏洞进行索赔，提高获取利润的机会。

2．编制施工组织设计

施工组织设计是招标文件要求投标人必须提供的文件，是招标人评标时必须考虑的主要因素之一。施工组织设计考虑的施工方法及施工工艺等不仅关系到工期，而且与工程成本和报价有密切关系。企业在编制施工组织设计时，正确地制定施工方案，采取合理的施工工艺和机械设备，有效地组织材料供应和采购，均衡安排施工，合理利用人力资源，减少材料的损耗等，既能降低工程成本、缩短工期，又能充分有效利用机械设备和劳动力。

3. 信息指导询价及清单组价

清单计价就是要求投标人根据市场价格自由组价。因此，在组价前必须对项目所涉及的人工、材料、机械单价进行广泛询价，尤其对于占工程造价60%左右的材料价格，在报价时应十分谨慎。材料询价可以直接找厂商或供应商，也可以参考政府的指导价及网站上的材料价格信息。由于建筑材料价格波动很大，因而在网上询价可以分析近期材料价格的变化情况，并能很好地预测未来价格的变化趋势，以减少由于价格波动引起的损失。组价是得到报价的唯一途径，报价是投标的核心，它不仅是能否中标的关键，而且对中标后能否赢利、赢利多少也是非常关键的因素。现在已广泛地应用计算机软件来进行组价及算量，这样可以避免大量数据在计算过程中的失误和重复工作，提高工作效率，并有利于工程数据的积累。

（三）投标决策期

在投标书报出之前应当对报价进行多方面的分析，目的是探讨这个报价的合理性、竞争性、赢利性和风险性，从而做出最终的报价策略，在投标报价策略中考虑不平衡报价及投标人对报出价格的风险防范，将这些不利的因素考虑周全。投标人在利润和风险之间做出决策要分析方方面面的因素，由于投标情况纷繁复杂，每次组价中碰到的情况并不相同，很难事先预料需要决策哪些问题以及这些问题的范围。一般来说报价决策并不是具体计算的结果，而是加入了投标人对工程期望利润和承担风险能力的多种考虑。投标人在投标过程中尽可能地避免较大的风险，应该在事先考虑好如何采取措施转移、防范风险等方式并能使企业获得尽可能多的利润。

最后要说明的是，千万不要忽视投标书的制作的递送。在投递投标书之前，应详细检查投标书内容是否完备，要重视打印（或印刷）及装订的质量，使招标人能从投标书的外观和内容上感觉到投标人工作认真、作风严谨。递送方式可以邮寄或派专人送达，后者比较好，可以灵活掌握时间，例如在开标前一个小时送达，使投标人可以根据情况，临时改变投标报价，掌握报价的主动权。邮寄投标文件时，一定要留出足够的时间，使之能在接受标书截止时间之前到达招标人的手中。对于迟到的投标书，招标人按废标处理将原封不动退回投标人，这样的例子在实际工作中也是很多见的。

四、投标报价的策略

投标报价策略，就是投标人在投标过程中对报价文件采用一些策略上的调整，将自己可能受到的损失减到最小，而将可能得到的利润最大化。

投标策略是投标人在投标竞争中的系统工作部署及其参与投标竞争的方式和手段。投标策略作为投标取胜的方式、手段和艺术，贯穿于投标竞争的始终，内容十分丰富。常用的投标策略主要有以下几种。

1. 根据招标项目的不同特点采用不同报价

投标报价时，既要考虑自身的优势和劣势，也要分析招标项目的特点。要按照工程项目的不同特点、类别、施工条件等来选择报价策略。

（1）遇到如下情况报价可高一些，如施工条件较差的工程；专业要求较高的技术密集型工程，而本公司在这方面又有专长，声望也较高；总价低的小工程以及自己不愿做、又不方便投标的工程；特殊工程，如港口码头、地下开挖工程等；工期要求急的工程；投标对手少的工程；支付条件不理想的工程等。

（2）遇到如下情况报价可低一些，如施工条件好的工程；工作简单、工程量大而一般公司都可以做的工程；本公司急于打入某一地区，或在地区面临工程结束，机械设备等无工地转移时；本公司在附近有工程，而本项目又可利用该工程的设备、劳务，或有条件短期内突击完成的工程；投标对手多，竞争激烈的工程；非急需工程；支付条件好的工程等。

2. 不平衡报价法

不平衡报价法是一个工程项目总报价基本确定后，通过调整内部各个项目的报价，以期既不提高总报价、不影响中标，又能在结算时得到更理想的经济效益。总的来讲，要保证两个原则：即"早收钱"和"多收钱"。一般可以考虑在以下几方面采用不平衡报价。

（1）"早收钱"就是作为有经验的承包商，工程一开工，除预付款外，完成每一个单项工程都要争取提前拿钱。这个技巧就是在报价时把工程量清单里先完成的工作内容的单价调高（如开办费、临时设施、土石方工程、基础和结构部分等），后完成的工作内容的单价调低（如道路面层、交通指示牌、屋顶装修、清理施工现场和零散附属工程等）。尽管后边的单价可能会赔钱，但由于先期早已收回了成本，资金周转的问题已经得到妥善解决，财务应变能力得到提高，还有适量利息收入，因此只要能够保证整个项目最终赢利即可。这个收支曲线在海外被称为"头重脚轻"（Front Loading）配置法，其核心就是力争内部管理的资金负占用。

（2）"多收钱"可以这样理解：招标方提供的工程量清单与最终实际施工的工程量之间都会存在差异，有的时候因为招标方计算的失误会有不小的差距，而清单综合单价计价表中的单价一项是空白的。如果投标方判断出工程量清单提供的工程明显错误或不合理，这就是可能赢利的机会。例如：某个清单项目的工程量为 10 000 m^3，单价确定为 1 000 元/m^3，而经过投标方计算后，有绝对的把握认为工程量应该为 12 000 m^3，那么就可以适当提高此清单项目的单价，如调整到 1 200 元/m^3。原来报价是按 1 200×10 000 元写入合同金额中，那么最后结算的时候按实际发生的工程量计算，为 1 200×12 000 元，就可以比原来的报价赚取更多的利润。

（3）预计今后工程量会通过变更增加的项目，工程量单价适当提高，这样在最终结算时可多赚钱；将工程量可能通过变更减少的项目单价降低，工程结算时损失不大。

上述三种情况要统筹考虑，即对于工程量有错误的早期工程，如果实际工程量可能小于工程量表中的数量，则不能盲目抬高单价，要具体分析后再定。

另外，招标方对此种情况也要有预先的准备，可在招标文件里注明：招标人提供的工程量清单为投标人计量计价的参考，招标人不对工程量清单中清单项目的完整性和工程量的准确性负责，投标人应根据自己对招标文件的理解，对本工程进行准确的计量和计价，投标人可以对招标方提供的清单项目的工程量进行增减和调整，但必须书面通知招标人。这样就能很好地约束了投标人因工程量的错误所获取高额的利润或进行恶意的索赔。

（4）设计图纸不明确，估计修改后工程量要增加的，可以提高单价；而工程内容解说不清楚的，则可适当降低一些单价，待澄清后可再要求提价。

（5）暂定项目，又叫任意项目或选择项目，对这类项目要具体分析。因为这类项目要在开工后再由业主研究决定是否实施以及由哪家承包商实施。如果工程不分标，不会由另一家承包商施工，则其中肯定要做的单价可高些，不一定做的则应低些。如果工程分标，该暂定项目也可能由其他承包商施工时，则不宜报高价，以免抬高总报价。

采用不平衡报价一定要建立在对工程量清单中工程量仔细核对分析的基础上，特别是对报单价的项目。单价的不平衡要注意尺度，不应该成倍或几倍的偏离正常的价格，否则业主可能会判为废标，甚至列入以后禁止投标的黑名单中，就得不偿失了。一般情况下，比正常价格多出15%～30%的幅度，业主都是可以接受的，投标人可以解释为临时设施的搭建、材料、设备订货等预先支出的费用。

不平衡报价最终的结果应该是：报价时高低互相抵消，总价上却看不出来：履约时所形成的数量少，完成的也就少，单价调低，损失也就降到最低；数量多，完成的也多，单价调高，承包商便能获取较大的利润。所以，总体利润多、损失小、合起来还是赢利。

当然，不平衡报价也有相应的风险，要看投标人的判断和决策是否正确。这就要求投标人具备相当丰富的经验，要对项目进行充分的调研、掌握丰富的资料、把握准确的信息等，这样所做出的判断和决策才是客观的、科学的，才能把风险降至最低。即使投标人的判断和决策是正确的，招标人也可以在履行合同的时候通过一系列的手段来控制。如要求在投标报价文件中增加工程量清单综合单价分析表来分析每条清单的项目的单价构成，发变更令减少施工的工程量，甚至强行取消原有设计等，只要在招标文件中注明相关的条款或在合同中约定，投标人就很难利用不平衡报价法来获得利益。

不平衡报价法运用合理，是企业的投标技巧的一种表现。关键在于把握一个合理的幅度，幅度大了，影响中标的机率，幅度小了，效果又不明显，要在不平衡中寻求幅度的平衡，这样才能够充分利用不平衡报价法的优势。

3. 计日工单价的报价

如果是单纯报计日工单价，而且不计入总价中，可以报高些，以便在业主额外用工或使用施工机械时可多赢利。但如果计日工单价要计入总报价时，则需要具体分析是否报高价，以免抬高总报价。总之，要分析业主在开工后可能使用的计日工数量，再来确定报价方针。

4. 可供选择的项目的报价

有些工程项目的分项工程，业主可能要求按某一方案报价，而后再提供几种可供选择方案的比较报价。但是，“可供选择项目”并非由投标人选择，而是业主才有权进行选择。因此，我们虽然适当提高了可供选择项目报价，并不意味着肯定可以取得较好的利润，只是提供了一种可能性，一旦业主今后选用，投标人即可得到额外加价的利益。

5. 暂定工程量报价

暂定工程量报价有下面三种方式。

(1)业主规定了暂定工程量的分项内容和暂定总价款，并规定所有投标人都必须在总报价中加入这笔固定金额，但由于分项工程量不很准确，允许将来按投标人所报单价和实际完成的工程量付款。

(2)业主列出了暂定工程的项目的数量，但并没有限制这些工程量的估价总价款，要求投标人既列出单价，也应按暂定项目的数量计算总价，当将来结算付款时可按实际完成的工程量和所报单价支付。

(3)只有暂定工程的一笔固定金额，将来这笔金额做什么用，由业主确定。

第一种情况，由于暂定总价款是固定的，对各投标人的总报价水平竞争力没有任何影响。因此，投标时应当将暂定工程量的单价适当提高。这样做，既不会因今后工程量变更而吃亏，也不会削弱投标报价的竞争力。第二种情况，投标人必须慎重考虑。如果单价定得高了，同其他工程量计价一样，将会增大总报价，影响投标报价的竞争力；如果单价定得低了，将来这类工程量增大，会影响收益。一般来说，这类工程量可以采用正常价格。如果投标人估计今后实际工程量肯定会增大，则可适当提高单价，使将来可增加额外收益。第三种情况对投标竞争没有实际意义，按招标文件要求将规定的暂定款列入总报价即可。

6. 多方案报价法

对于一些招标文件，如果发现工程范围不很明确，条款不清楚，或很不公正，或技术规范要求过于苛刻时，则要在充分估计投标风险的基础上，按多方案报价法处理。即按原招标文件报一个价，然后再报一个价，如某某条款作某些变动，报价可降低多少，由此可报出一个较低的价，这样可以降低总价，吸引发包人。

7. 增加建议方案

有时招标文件中规定，可以提一个建议方案，可以修改原设计方案，提出投标者的方案。投标者这时应抓住机会，组织一些有经验的设计工程师和施工工程师，对原招标文件的设计和施工方案仔细研究，提出更为合理的方案以吸引发包人，促成自己的方案中标。这种新建议方案可以降低总造价，或使工期缩短，或使工程运用更为合理，但要注意一定要对原招标方案进行报价。建议方案不要写得太具体，要保留方案的技术关键，防止发包人将此方案交给其他承包商，同时要强调的是，建议方案一定要比较成熟，有良好的可操作性。

8. 分包商报价的采用

由于现代工程的综合性和复杂性，总承包商不可能将全部工程内容完全独家包揽，特别是有些专业性较强的工程内容，需分包给其他专业工程公司施工，还有些招标项目，业主规定某些工程内容必须由他指定的几家分包商承担。因此，总承包商通常应在投标前先取得分包商的报价，并增加总承包商摊入一定的管理费，而后作为自己投标总价的一个组成部分一并列入报价单中。为了避免总承包商中标后与分包商在价格等问题上发生矛盾和纠纷，总承包商在投标前找2～3家分包商分别报价，而后选择其中一家信誉较好、实力较强和报价合理的分包商，签订协议，同意该分包商作为本分包工程的唯一合作者，并将分包商的姓名列到投标文件中，但要求该分包商相应地提交投标保函。这种把分包商的利益同投标人捆在一起的做法，不但可以防止分包商事后反悔和涨价，还可能迫使分包时报出较合理的价格，以便共同争取中标。

9. 无利润报价法

缺乏竞争优势的投标人，在不得已的情况下，只好在投标书中根本不考虑利润去夺标，这种办法一般是处于以下条件时采用：

(1)有可能在中标后，将大部分工程分包给索价较低的一些分包商。

(2)对于分期建设的项目，先以低价获得首期工程，而后赢得机会创造第二期工程中的竞争优势，并在以后的实施中赚得利润。

(3)较长时期内，投标人没有在建的工程项目，如果再不中标，就难以维持生存。因此，虽然本工程无利可图，只要能有一定的管理费维持公司的日常运转，就可设法度过暂时的困难，以图将来东山再起。

总之，投标人要根据招标文件、政治和法律方面、自然条件、市场状况、工程项目方面的情况、业主情况、投标人自身情况、竞争对手资料，选取最适合自己的投标策略，确保投标成功，并获得良好经济效益的目标。

10. 突然降价法

投标报价中各竞争对手往往在报价时采取迷惑对手的方法。即先按一般情况报价或报出较高的价格，以表现出自己对该工程兴趣不大，到投标快截止时，再突然降价。采用这种方法时，一定要在准备投标报价的过程中考虑降价的幅度，在临近投标截止日期前，根据情报信息与分析判断，再做最后决策。

11. 以力求评标分最高为报价策略

有些工程的投标，评标原则明确规定，以最接近业主标底的标价为最合理报价，评分最高。投标企业应对某一地区或某一领域业主的标底进行认真分析，找出规律，弄清业主的指导思想，在投标报价时就能取得与业主标底最接近的标价。

总之，企业如果想在投标工作中提高自己的中标率，就要在充分研究招标文件、详细勘查现场、精心进行施工组织设计的基础上，灵活运用以上所讲的投标策略，才能确立在投标中的优势地位。

第四节 工程量清单投标文件案例

以下为工程量清单投标文件实例——以北京市定额进行计价编制的西安市××山庄别墅工程工程量清单投标文件。

投标文件签署授权委托书

本授权委托书声明：我 马辉 系 北京××建筑工程公司 的法定代表人，现授权委托 北京××建筑工程公司 的 姜四 为我公司签署本工程的投标文件的法定代表人授权委托代理人，我承认代理人全权代表我所签署的本工程的投标文件的内容。

代理人无转委托权，特此委托。

代理人：姜　四　性别：男　年龄：46

身份证号码：×××××　职务：项目经理

投标人：＿＿＿＿＿＿＿＿（盖章）

法定代表人：马辉　（签字或盖章）

授权委托日期：2006　年　11　月　24　日

法定代表人身份证明书

单位名称：北京××建筑工程公司

单位性质：国有施工企业

地　　址：北京市××路西段 7 号××新都大厦

成立时间：1991 年 10 月 11 日

经营期限：25 年

姓名：马辉 性别：男 年龄：50 职务：总经理

系 北京××建筑工程公司 的法定代表人。

特此证明。

投标人：北京××建筑工程公司

日　期：2006 年 11 月 24 日

投 标 书

致：陕西××房地产开发公司

1. 根据你方所发西安市××山庄别墅工程招标文件，遵照《中华人民共和国招标投标法》等有关规定，经踏勘项目现场和研究上述招标文件的投标须知、合同条款、图纸、工程建设标准和工程量清单及其他有关文件后，我方愿以陆拾捌万贰仟叁佰捌拾玖圆整（大写币种，金额，单位），682 389 元（小写），其中措施项目费 80 016 元，并按上述图纸、合同条款、工程建设标准和工程量清单的条件要求承包上述工程的施工，并承担任何质量缺陷保修责任。

2. 我方已详细审核全部招标文件，包括修改文件（如有时）及有关附件。

3. 一旦我方中标，我方保证按合同协议书中规定的工期 180 日历天内完成并移交全部工程。

4. 如果我方中标，我方保证按设计要求和规范规定施工，并达到合格质量等级。

5. 如果我方中标，我方将按照招标文件规定如数转交履约保证金。

6. 我方同意所提交的投标文件在招标文件规定的投标有效期内有效，在此期间内如果中标，我方将受此约束。

7. 除非另外达成协议并生效，你方的中标通知书和本投标文件将成为约束双方的合同文件的组成部分。

投　标　人：＿＿＿＿＿＿＿＿（盖章）

单位地址：北京市××路西段 7 号××新都大厦

法定代表人或其委托代理人：姜四

邮政编码：×××　电话：×××　传真：×××

开户银行名称：×××

开户银行账号：×××

日期：2006 年 11 月 24 日

投标保证金交存凭证复印件

西安市××山庄别墅 工程施工招标

投 标 文 件

项目编号：0617－06010266

项目名称：西安市××山庄别墅

投标文件内容：投标文件商务部分

投标人：（盖章）

法定代表人：马辉

日 期：2006 年 11 月 24 日

投　标　总　价

建设单位：陕西××房地产开发公司

工程名称：西安市××山庄别墅

投标报价(小写)：682 389 元

(大写)：陆拾捌万贰仟叁佰捌拾玖圆整

投标人：北京××建筑工程公司　　(盖章)

法定代表人：马辉　　(签字或盖章)

编制时间：2006 年 11 月 24 日

投标报价汇总表

工程名称：西安市××山庄别墅　　　　　　　　　　　　第1页　共1页

序号	工程项目名称	金额/元	备　注
一	总承包项目	682 389	
1	土建部分	557 611	
2	装饰工程	124 778	
	合计	682 389	
二	暂定金额项目		
	合计		
	总计	682 389	

单位工程费汇总表

工程名称:西安市××山庄别墅建筑工程　　第1页　共1页

序号	单位工程名称	金额/元	备　注
1	分部分项工程量清单计价合计	387 109	
2	措施项目清单计价合计	80 016	
3	其他项目清单计价合计	54 144	
4	规费	18 007	
5	不含税工程造价	539 276	
6	税金	18 335	
7	含税工程总造价	557 611	
	合计	558 004	

分部分项工程量清单计价表

工程名称:西安市××山庄别墅建筑工程　　　　第 1 页　共 6 页

序号	项目编码	项目名称	计量单位	工程数量	金额/元	
					综合单价	合价
		A.1 土石方工程				
1	010101001001	平整场地 三类土 弃土 5 km 土方挖填找平 弃土 5 km	m^2	150.23	0.68	102.16
2	010101003001	挖筏型基础土方 三类土 挖土深度 2.72 m 弃土 5 km	m^3	598.51	30.25	18 103.41
3	010101003002	挖独立基础土方 三类土 深 2.3 m 弃土 5 km 土方开挖 基底钎探	m^3	11.78	37.72	444.40
4	010101003003	挖花架基础土方 三类土 深 2.2 m 弃土 5 km 土方开挖 基底钎探	m^3	13.20	37.72	497.96
5	010103001001	土(石)方回填 原土夯填 夯实度 90% 取回填土 回填 夯实	m^3	137.74	7.13	981.94
		分部小计[土石方工程]				20 129.87
		A.3 砌筑工程				
6	010302001001	实心砖墙 120 mm 厚红机砖 MU5 水泥砂浆 M5	m^3	6.69	193.71	1 295.89
7	010301001002	实心砖墙 180 mm 厚红机砖 MU5 水泥砂浆 M5	m^3	5.22	193.7	11 011.16
8	010302001003	实心砖墙 300 mm 厚加砌混凝土砌块内墙 ±0.000 以上 混合砂浆 M5	m^3	10.59	289.86	3 069.62
9	010302001004	实心砖墙 300 mm 厚加砌混凝土砌块外墙 ±0.000 以上 混合砂浆 M5	m^3	90.82	289.86	263 25.09
10	010302005001	花架用红机砖柱 MU5 300 mm×300 mm 高度 3 m 混合砂浆 M5	m^3	1.62	206.94	335.24
11		砖烟囱 MU5 红机砖 高度 10 m 混合砂浆 M5	m^3	7.02	254.25	1 784.84
		分部小计[砌筑工程]				33 848.46
		A.4 混凝土及钢筋混凝土工程				
12	010401003001	现浇混凝土满堂红基础 C30 碎石粒径 2～4 cm 厚度 450 mm 素混凝土垫层厚度 100 mm C15 (22.004 m^3)	m^3	96.99	382.24	37 073.44

工程名称:西安市××山庄别墅建筑工程　　第2页　共6页

序号	项目编码	项目名称	计量单位	工程数量	金额/元	
					综合单价	合价
13	010401002001	现浇混凝土独立基础　C30　碎石粒径2～4 cm　素混凝土垫层100 mm　C15(0.512 m^3)	m^3	1.98	395.43	782.95
14	010401002002	花架下现浇混凝土独立基础　C30　碎石粒径2～4 cm　素混凝土垫层100 mm　C15(0.6 m^3)	m^3	1.36	444.80	604.93
15	010402001001	现浇混凝土框架柱　高度　－0.1～－3.3 m　截面尺寸:400 mm×300 mm　混凝土强度等级:C30　碎石粒径2～4 cm	m^3	2.30	341.82	786.19
16	010402001002	现浇混凝土框架柱　高度－0.1～－3.3 m　截面尺寸:500 mm×300 mm　混凝土强度等级:C30　碎石粒径2～4 cm	m^3	8.16	341.82	2 784.44
17	010402001003	现浇混凝土框架柱　高度－0.1～－4 m　截面尺寸:500 mm×300 mm　混凝土强度等级:C25　碎石粒径2～4 cm	m^3	10.46	323.57	3 384.54
18	010402001004	现浇混凝土框架柱　高度－0.1～－4 m　截面尺寸:400 mm×300 mm　混凝土强度等级:C25　碎石粒径2～4 cm	m^3	2.95	323.57	954.53
19	010402001005	现浇混凝土框架柱　高度4 m以上　截面尺寸:500 mm×300 mm　混凝土强度等级:C25　碎石粒径2～4 cm	m^3	9.42	323.57	3 048.03
20	010402001006	现浇混凝土框架柱　高度4 m以上　截面尺寸:400 mm×300 mm　混凝土强度等级:C25　碎石粒径2～4 cm	m^3	1.78	323.57	575.95
21	010402001007	现浇混凝土构造柱　300 mm×300 mm　混凝土强度等级:C25　碎石粒径2～4 cm	m^3	3.20	336.97	1 078.30
22	010403002001	现浇混凝土框架梁　底标高:－0.45 m　截面尺寸:250 mm×350 mm　混凝土强度等级:C30　碎石粒径2～4 cm	m^3	0.38	335.21	127.38
23	010403002002	现浇混凝土框架梁　底标高:－0.5 m　截面尺寸:300 mm×400 mm　混凝土强度等级:C30　碎石粒径2～4 cm	m^3	2.58	335.21	864.84
24	010403002003	现浇混凝土框架梁　底标高:－0.6 m　截面尺寸:300 mm×500 mm　混凝土强度等级:C30　碎石粒径2～4 cm	m^3	3.99	335.21	1 337.49

工程名称：西安市××山庄别墅建筑工程　　第 3 页　共 6 页

序号	项目编码	项目名称	计量单位	工程数量	金额/元	
					综合单价	合价
25	010403002004	现浇混凝土框架梁　底标高：3.65 m　截面尺寸：300 mm×350 mm　混凝土强度等级：C25　碎石粒径 2～4 cm	m^3	0.26	317.01	82.42
26	010403002005	现浇混凝土框架梁　底标高：3.6 m　截面尺寸：300 mm×400 mm　混凝土强度等级：C25　碎石粒径 2～4 cm	m^3	9.52	317.01	3 017.94
27	010403002006	现浇混凝土框架梁　底标高：3.5 m　截面尺寸：300 mm×500 mm　混凝土强度等级：C25　碎石粒径 2～4 cm	m^3	0.81	317.01	256.78
28	010403002007	现浇混凝土框架梁　底标高：6.35 m　截面尺寸：200 mm×350 mm　混凝土强度等级：C25　碎石粒径 2～4 cm	m^3	0.13	317.01	41.21
29	010403002008	现浇混凝土框架梁　底标高：6.35 m　截面尺寸：300 mm×350 mm　混凝土强度等级：C25　碎石粒径 2～4 cm	m^3	0.23	317.01	72.91
30	010403002009	现浇混凝土框架梁　底标高：6.3 m　截面尺寸：300 mm×400 mm　混凝土强度等级：C25　碎石粒径 2～4 cm	m^3	1.75	317.01	554.77
31	010403002010	现浇混凝土框架梁　底标高：6.2 m　截面尺寸：300 mm×500 mm　混凝土强度等级：C25　碎石粒径 2～4 cm	m^3	4.69	317.01	1 486.78
32	010403002011	现浇混凝土框架梁　底标高：6.13 m　截面尺寸：300 mm×570 mm　混凝土强度等级：C25　碎石粒径 2～4 cm	m^3	2.54	317.01	805.21
33	010403002012	现浇混凝土屋面梁　底标高：7.7～9.57 m　截面尺寸：300 mm×570 mm　混凝土强度等级：C25　碎石粒径 2～4 cm	m^3	2.54	317.01	805.21
34	010403005001	现浇混凝土过梁　地下层　混凝土强度等级：C25　碎石粒径 2～4 cm	m^3	0.24	338.46	81.23
35	010403005002	现浇混凝土过梁　地下层　混凝土强度等级：C25　碎石粒径 2～4 cm	m^3	3.35	338.46	1 133.84
36	010403004001	现浇混凝土圈梁　240 mm×120 mm　混凝土强度等级：C25　碎石粒径 2～4 cm	m^3	0.65	338.46	220.00
37	010404001001	现浇混凝土直形墙　厚度 300 mm　地下一层　混凝土强度等级：C30 抗渗 S6　碎石粒径 2～4 cm	m^3	56.71	368.43	20 893.67

工程名称:西安市××山庄别墅建筑工程 第 4 页 共 6 页

序号	项目编码	项目名称	计量单位	工程数量	金额/元	
					综合单价	合价
38	010404001002	现浇混凝土直形墙(水池墙) 厚度 240 mm 地下一层 混凝土强度等级:C30 抗渗 P6 碎石粒径 2～4 cm	m^3	7.62	368.43	2 807.44
39	010405001001	现浇混凝土平板 地下一层 底标高:－0.28 m 混凝土强度等级:C30 厚度 180 mm 碎石粒径 2～4 cm	m^3	26.41	332.99	8 794.27
40	010405001002	现浇混凝土平板 首层 底标高:3.9 m 混凝土强度等级:C25 厚度 100 mm 碎石粒径 2～4 cm	m^3	6.97	314.49	2 192.00
41	010405001003	现浇混凝土平板 二层 底标高:6.55 m 混凝土强度等级:C25 厚度 150 mm 碎石粒径 2～4 cm	m^3	8.98	314.49	2 824.12
42	010405001004	现浇混凝土平板 二层 底标高:6.58 m 混凝土强度等级:C25 厚度 120 mm 碎石粒径 2～4 cm	m^3	2.28	314.49	717.04
43	010405001005	现浇混凝土平板 地上部分斜板 混凝土强度等级:C25 厚度 100 mm 碎石粒径 2～4 cm	m^3	8.50	314.49	2 673.17
44	010405001006	现浇混凝土平板 地上部分斜板 混凝土强度等级:C25 厚度 120 mm 碎石粒径 2～4 cm	m^3	21.60	314.49	6 792.98
45	010405006001	现浇混凝土花池栏板 混凝土强度等级:C25 厚度 120 mm 碎石粒径 2～4 cm	m^3	0.26	329.38	85.64
46	010405008001	现浇混凝土阳台板 混凝土强度等级:C25 碎石粒径 2～4 cm	m^3	1.02	350.04	357.04
47	010405008002	现浇混凝土花池 混凝土强度等级:C25 碎石粒径 2～4 cm	m^3	0.44	335.34	147.55
48	010405007001	现浇混凝土挑檐板 混凝土强度等级:C25 厚度 1 530 mm 碎石粒径 2～4 cm	m^3	0.63	335.34	211.27
49	010405007002	现浇混凝土挑檐板 混凝土强度等级:C25 厚度 400 mm 碎石粒径 2～4 cm	m^3	0.24	335.34	80.48
50	010406001001	现浇混凝土直形楼梯 混凝土强度等级:C25 碎石粒径 2～4 cm	m^3	14.26	87.03	1 241.05
51	010407002001	散水 素混凝土:C10 碎石粒径 2～4 cm 厚度 80 cm 1∶1 水泥砂浆压光	m^3	68.51	24.49	1 677.81
52	010416001001	现浇混凝土钢筋 $\phi 6$ 圆钢	t	0.156	3 042.55	474.64

工程名称:西安市××山庄别墅建筑工程　　　　第5页　共6页

序号	项目编码	项目名称	计量单位	工程数量	金额/元	
					综合单价	合价
53	010416001002	现浇混凝土钢筋　$\phi8$　圆钢	t	6.500	3 042.55	19 776.58
54	010416001003	现浇混凝土钢筋　$\phi10$　圆钢	t	4.096	3 042.55	12 462.28
55	010416001004	现浇混凝土钢筋　$\phi12$　圆钢	t	1.320	3 070.32	4 052.82
56	010416001005	现浇混凝土钢筋　$\phi12$　螺纹钢筋	t	3.731	3 070.32	11 455.36
57	010416001006	现浇混凝土钢筋　$\phi14$　螺纹钢筋	t	3.556	3 070.32	10 918.06
58	010416001007	现浇混凝土钢筋　$\phi16$　螺纹钢筋	t	4.088	3 070.32	12 551.47
59	010416001008	现浇混凝土钢筋　$\phi18$　螺纹钢筋	t	0.667	3 070.32	2 047.90
60	010416001009	现浇混凝土钢筋　$\phi20$　螺纹钢筋	t	18.362	3 070.32	56 377.22
61	010416001010	现浇混凝土钢筋　$\phi22$　螺纹钢筋	t	8.054	3 070.32	24 728.36
62	010416001011	现浇混凝土钢筋　$\phi25$　螺纹钢筋	t	5.960	3 070.32	18 299.11
		分部小计[混凝土及钢筋混凝土工程]				286 928.22
		A.5　厂库房大门、特种门、木结构工程				
63	010503002001	花架用木梁　高3 m　截面300 mm×150 mm长2.7 m　红松净光面　清油4遍	m^3	2.00	1 228.59	2 457.18
64	010503002002	花架用木檩　高3 m　截面180 mm×120 mm长2.7 m　红松净光面　清油4遍	m^3	2.00	1 335.55	2 671.10
		分部小计[厂库房大门、特种门、木结构工程]				5 128.28
		A.6　金属结构工程				
65	010606009001	落地窗用不锈钢扶手栏杆 $\phi20$　拉环	t	0.299	5 939.70	1 775.97
66	010606009002	台阶用不锈钢扶手 $\phi75$　栏杆 $\phi20$	t	0.171	5 939.70	1 015.69
67	010606009003	楼梯用不锈钢扶手 $\phi75$　栏杆 $\phi20$	t	0.221	5 938.70	1 312.67
68	010606009004	阳台用不锈钢扶手 $\phi75$　栏杆 $\phi20$	t	0.135	5 939.70	801.86
		分部小计[金属结构工程]				4 906.19
		A.7　屋面及防水工程				
69	010701001001	悬山琉璃瓦屋面　底板厚度120 mm　屋面瓦安装　80 mm聚苯板屋面保温、隔热　SBS改性沥青卷材防水	m^2	187.09	24.60	4 602.41
70	010701001002	悬山琉璃瓦屋面　底板厚度100 mm　进户门外　屋面瓦安装　80 mm聚苯板屋面保温、隔热 SBS　改性沥青卷材防水	m^2	9.57	24.60	235.42
71	010701001003	悬山琉璃瓦屋面　底板厚度100 mm　一层工作间上方　屋面瓦安装　80 mm聚苯板屋面保温、隔热　SBS改性沥青卷材防水	m^2	12.16	24.60	299.14

工程名称:西安市××山庄别墅建筑工程 第6页 共6页

序号	项目编码	项目名称	计量单位	工程数量	金额/元	
					综合单价	合价
72	010701001004	悬山琉璃瓦屋面 底板厚度100 mm 标高6.85 m处 屋面瓦安装 80 mm聚苯板屋面保温、隔热 SBS改性沥青卷材防水	m^2	1.47	24.60	36.16
73	010701002001	砖红色防滑仿古地砖屋面	m^2	6.92	74.10	512.77
74	010702001001	屋面卷材防水 不上人屋面SBS卷材	m^2	10.38	50.35	522.64
75	010703001001	卷材防水 地下室 SBS改性沥青单屋4 mm	m^2	436.30	57.15	24 936.29
		部分小计[屋面及防水工程]				31 144.83
		A.8 防腐、隔热、保温工程				
76	010803001001	保温隔热屋面 聚苯板 厚度80 mm(斜板)	m^2	199.25	25.06	4 992.89
77	010803001003	保温隔热屋面 聚苯板 厚度80 mm(平板)	m^2	10.38	25.06	259.98
78	010803001002	保温隔热屋面 阳台、露台 聚氨酯 厚度40 mm	m^2	7.00	17.90	125.28
		分部小计[防腐、隔热、保温工程]				5 378.15

措施项目清单计价表

工程名称：西安市××山庄别墅建筑工程　　第1页　共1页

序号	项目名称	金额/元	备注
1	通用项目	70 730.61	
1.1	环境保护		
1.2	文明施工		
1.3	安全施工	2 363.45	
1.4	临时设施	11 271.83	
1.5	夜间施工		
1.6	二次搬运		
1.7	大型机械设备进出场及安拆		
1.8	混凝土、钢筋混凝土模板及支架	46 801.24	
1.9	脚手架	10 294.09	
1.10	已完工程及设备保护		
1.11	施工排水、降水		
2	建筑工程	9 285.75	
2.1	垂直运输机械	9 285.75	
	合计	80 016.36	

其他项目清单计价表

工程名称：西安市××山庄别墅建筑工程　　第1页　共1页

序号	名称	金额/元
1	招标人部分	
1.1	预留金	50 000.00
1.2	材料购置费	
	小计	50 000.00
2	投标人部分	
2.1	总承包服务	
2.2	零星工作费	4 143.50
	小计	4 143.50
	其他项目费合计	54 143.50

零星工作项目计价表

工程名称:西安市××山庄别墅建筑工程　　第1页　共1页

序号	名　称	计量单位	数　量	单价/元	合价/元
1	人工				
1.1	高级技术工人	工日	5.00	200.00	1 000.00
1.2	普通技术工人	工日	10.00	120.00	1 200.00
1.3	壮工	工日	20.00	60.00	1 200.00
	小计				3 400.00
2	材料				
2.1	周转材料	kg	100.00	5.00	500.00
2.2	电焊条　结422	kg	3.00	4.50	13.50
2.3	型材	kg	20.00	3.50	70.00
	小计				583.50
3	机械				
3.1	钢筋切断机	台班	2.00	80.00	160.00
	小计				160.00
合计					4 143.50

分部分项工程量清单综合单价分析表

工程名称：西安市××山庄别墅建筑工程　　　　第 1 页　共 16 页

序号	清单项目编号及定额编号	项目名称	单位	数量	人工费/元	材料费/元	机械使用费/元	企业管理费/元	利润/元	综合单价/元
1	010101001001	平整场地　三类土弃土 5 km　土方挖填找平　弃土 5 km	m^2	1	0.61			0.03	0.04	0.68
	1—1	人工土石方场地平整	m^2	150.23	91.6			4.51	6.01	
		合计			91.64			4.51	6.01	
2	010101003001	挖筏型基础土方　三类土　挖土深度 2.72 m　弃土 5 km	m^3	1	12.83		14.79	1.04	1.60	30.25
	1—2	人工土石方　人工挖土　土方	m^3	666.597	6 139.36			253.31	393.29	
	1—15	人工土石方　余(亏)土运输	m^3	509.587	1 243.39		8 851.53	351.62	545.26	
	1—57	打钎拍底	m^2	220.04	292.65			13.20	19.80	
		合计			7 675.40		8 851.53	618.13	958.35	
3	010101003002	挖独立基础土方　三类土深 2.3 m　弃土 5 km　土方开挖　基底钎探 9.24	m^3	1	15.46		18.99	1.29	1.99	37.72
	1—3	人工土石方　人工挖土　基坑	m^3	13.389	143.80			6.03	9.24	
	1—15	人工土石方　余(亏)土运输	m^3	12.877	31.42		223.67	8.89	13.78	
	1—57	打钎拍底	m^3	5.12	6.81			0.31	0.46	
					182.03		223.67	15.23	23.48	

工程名称：西安市××山庄别墅建筑工程　　　　第 2 页　共 16 页

序号	清单项目编号及定额编号	项目名称	单位	数量	人工费 元	材料费 元	机械使用费 元	企业管理费 元	利润 元	综合单价 元
4	010101003003	挖花架基础土方　三类土　深 2.2 m　弃土 5 km 土方开挖基底钎探	m^3	1	15.48		18.96	1.29	1.99	36.72
	1—3	人工土石方　人工挖土　基坑	m^3	15.008	161.19			6.57	10.36	
	1—15	人工土石方　余(亏)土运输	m^3	14.408	35.16		250.27	9.94	15.42	
	1—57	打钎拍底	m^2	6	7.98			0.36	0.54	
		合计			204.33		250.27	17.05	26.32	
5	010103001001	土(石)方回填　原土夯填　夯实度 90%　取回填土　回填　夯实	m^3	1	5.64		0.82	0.27	0.41	7.13
	1—7	人工土石方　回填土　夯填	m^3	156.61	776.79		112.76	36.02	56.38	
		全计			776.79		112.76	36.02	56.38	
6	010302001001	实心砖墙　120 mm 厚红机砖 MU5　水泥砂浆 M5	m^3	1	34.14	139.12	4.42	6.31	9.73	193.71
	14—3	砌砖　砖内墙	m^3	6.69	228.40	930.71	29.57	42.21	65.09	
		合计			228.40	931.71	29.57	42.21	65.09	
7	010302001002	实心砖墙　180 mm 厚红机砖 MU5　水泥砂浆 M5	m^3	134.14	139.12	4.42	6.31	9.73		183.71
	4—3	砌砖　砖内墙	m^3	5.22	178.05	725.79	23.07	32.89	50.74	
		合计			178.05	725.79	23.07	32.89	50.74	
8	010302001003	实心砖墙　300 mm 厚加砌混凝土砌块　内墙±0.000以上混合砂浆 M5	m^3	1	24.84	237.51	4.009	.25	14.26	289.86
	4—35 换	砌块　加气块墙(M5 混合砂浆)	m^3	10.59	263.06	2 515.23	42.36	97.96	151.01	
		合计			263.06	2 515.23	42.36	97.96	151.01	

工程名称：西安市××山庄别墅建筑工程　　　　第3页　共16页

序号	清单项目编号及定额编号	项目名称	单位	数量	人工费/元	材料费/元	机械使用费/元	企业管理费/元	利润/元	综合单价/元
9	010302001004	实心砖墙　300 mm 厚加砌混凝土砌块　外墙±0.000以上混合砂浆 M5	m^3	1	24.84	237.51	4.00	9.25	14.26	289.86
	4—35 换	砌块加气块墙（M5 混合砂浆）	m^3	90.82	2 255.97	21 570.66	363.28	840.09	1 295.09	
		合计			2 255.97	21 570.66	363.28	840.09	1 295.09	
10	010302005001	花架用红机砖柱 MU5 300 mm×300 mm 高度 3 m 混合砂浆 M5	m^3	1	49.44	136.14	3.99	6.84	10.53	206.94
	4—7 换	砌砖　砖方形柱（M5 混合砂浆）	m^3	1.62	80.09	220.55	6.46	11.08	17.06	
		合计			80.09	220.55	6.46	11.08	17.06	
11	010303001001	砖烟囱 MU5 红机砖高度 10 m 混合砂浆 M5	m^3	1						254.25
	4—25	换砌砖　砖烟囱（M5 混合砂浆）	m^3	7.02	464.30	1 134.64	35.38	59.25	91.26	
		合计			464.30	1 134.64	35.38	59.25	91.26	
12	010401003001	现浇混凝土满堂红基础 C30　碎石粒径 2～4 cm 厚度 450 mm 素混凝土垫层厚度 100 mm C15 (22.004 m^3)	m^3	1	25.17	309.68	16.53	12.15	18.72	382.24
	5—2	现浇混凝土构件基础垫层 C15	m^3	22.004	431.72	4 740.98	296.39	189.45	291.77	
	5—4	换现浇混凝土构件满堂基础 C30 普通混凝土	m^3	96.99	2 009.63	25 294.99	1 306.46	988.33	1 523.71	
		合计			2 441.35	30 035.97	1 602.85	1 177.78	1 815.48	
13	010401002001	现浇混凝土独立基础 C30　碎石粒径 2～4 cm 素混凝土垫层 100 mmC15(0.512 m^3)	m^3	1	30.04	316.43	16.95	12.60	19.41	395.43
	5—2	现浇混凝土构件基础垫层 C15	m^3	0.512	10.05	110.32	6.90	4.41	6.79	
	5—8	换现浇混凝土构件独立基础垫层 C30 普通混凝土	m^3	1.98	49.44	516.21	26.67	20.53	31.64	
		合计			59.49	626.53	33.57	24.94	38.43	

工程名称:西安市××山庄别墅建筑工程　　　　第 4 页　共 16 页

序号	清单项目编号及定额编号	项目名称	单位	数量	人工费/元	材料费/元	机械使用费/元	企业管理费/元	利润/元	综合单价/元
14	010401002002	花架下现浇混凝土独立基础 C30　碎石粒径 2～4 cm素混凝土垫层 100 mm C15(0.6 m^3)	m^3	1	33.63	355.77	19.41	14.17	21.83	444.80
	5—2	现浇混凝土构件基础垫层 C15	m^3	0.6	11.77	129.28	8.08	5.17	7.96	
	5—8	换现浇混凝土构件独立基础 C30 普通混凝土	m^3	1.36	33.96	354.57	18.32	14.10	21.73	
		合计			45.73	483.85	26.4	19.27	29.69	
15	010402001001	现浇混凝土框架柱　高度－0.1～－3.3 m　截面尺寸:400 mm×300 m　混凝土强度等级:C30　碎石粒径 2～4 cm	m^3	1	29.32	262.78	22.01	10.91	16.81	341.82
	5—17	现浇混凝土构件柱 C30	m^3	2.304	67.44	604.39	50.62	25.09	38.66	
		合计			67.44	604.39	50.62	25.09	38.66	
16	010402001002	现浇混凝土框架柱　高度－0.1～－3.3 m　截面尺寸:500 mm×300 mm　混凝土强度等级:C30　碎石粒径 2～4 cm	m^3	1	29.32	262.78	22.01	10.91	16.81	341.82
	5—17	现浇混凝土构件柱 C30	m^3	8.16	239.25	2 144.28	179.60	89.03	137.17	
		合计			239.25	2 144.28	179.60	89.03	137.17	
17	010402001003	现浇混凝土框架柱　高度－0.1～4 m　截面尺寸:500 mm×300 m　混凝土强度等级:C25　碎石粒径 2～4 cm	m^3	1	29.27	246.06	21.97	10.34	15.93	323.57
	5—17	换现浇混凝土构件柱 C25 普通混凝土	m^3	10.46	306.16	2 573.79	229.81	108.16	166.63	
		合计			306.16	2 573.78	229.81	108.16	166.63	

工程名称:西安市××山庄别墅建筑工程　　　　第 5 页　共 16 页

序号	清单项目编号及定额编号	项目名称	单位	数量	人工费/元	材料费/元	机械使用费/元	企业管理费/元	利润/元	综合单价/元
18	010402001004	现浇混凝土框架柱　高度−0.1～4m　截面尺寸 400 mm×300 mm　混凝土强度等级:C25　碎石粒径 2～4 cm	m^3	1	29.27	246.06	21.97	10.34	15.93	323.57
	5—17	换现浇混凝土构件柱 C25 普通混凝土	m^3	2.95	86.35	725.88	64.81	30.50	46.99	
		合计			86.35	725.88	64.81	30.50	46.99	
19	010402001005	现浇混凝土框架柱　高度 4 m 以上　截面尺寸 500 mm×300 mm　混凝土强度等级:C25　碎石粒径 2～4 cm	m^3	1	29.27	246.06	21.97	10.34	15.93	323.57
	5—17	换现浇混凝土构件柱　C25 普通混凝土	m^3	9.42	275.72	2 317.89	206.96	97.40	150.06	
		合计			275.72	2 317.89	206.96	97.40	150.06	
20	010402001006	现浇混凝土框架柱　高度 4m 以上　截面尺寸 400 mm×300 mm　混凝土强度等级:C25　碎石粒径 2～4 cm	m^3	1	29.27	246.06	21.97	10.34	15.93	323.57
	5—17	换现浇混凝土构件柱 C25 普通混凝土	m^3	1.78	52.10	437.99	39.11	18.41	28.36	
		合计			52.10	437.99	39.11	18.41	28.36	
21	010402001007	现浇混凝土构造柱 300 mm×300 mm　混凝土强度等级:C25　碎石粒径 2～4 cm	m^3	1	41.42	246.02	21.97	10.85	16.71	336.97
	5—21	现浇混凝土构件构造柱 C25	m^3	3.2	132.54	787.26	70.30	34.72	53.47	
		合计			132.54	787.26	70.30	34.72	53.47	
22	010403002001	现浇混凝土框架梁底标高:−0.45 m　截面尺寸:250 mm×350 mm　混凝土强度等级:C30　碎石粒径 2～4 cm	m^3	1	25.17	261.01	21.90	10.68	16.45	335.21
	5—24	现浇混凝土构件梁 C30	m^3	0.38	9.56	99.18	8.32	4.06	6.25	
		合计			9.56	99.18	8.32	4.06	6.25	

工程名称：西安市××山庄别墅建筑工程　　　　第 6 页　共 16 页

序号	清单项目编号及定额编号	项目名称	单位	数量	人工费/元	材料费/元	机械使用费/元	企业管理费/元	利润/元	综合单价/元
23	010403002002	现浇混凝土框架梁底标高：−0.5 m　截面尺寸：300 mm×400 mm　混凝土强度等级：C30　碎石粒径 2～4 cm	m^3	1	25.17	261.01	21.90	10.68	16.45	335.21
	5—24	现浇混凝土构件梁 C30	m^3	2.58	64.94	673.41	56.50	27.55	42.44	
		合计			64.94	673.41	56.50	27.55	42.44	
24	010403002003	现浇混凝土框架梁底标高：−0.6 m　截面尺寸：300 mm×500 mm　混凝土强度等级：C30　碎石粒径 2～4 cm	m^3	1	25.17	261.01	21.90	10.68	16.45	335.21
	5—24	现浇混凝土构件梁 C30	m^3	3.99	100.43	1 041.43	87.38	42.61	65.64	
		合计			100.43	1 041.43	87.38	42.61	65.64	
25	010403002004	现浇混凝土框架梁底标高：3.65 m　截面尺寸：300 mm×350 mm　混凝土强度等级：C25　碎石粒径 2～4 cm	m^3	1	25.17	244.27	21.90	10.10	15.57	317.01
	5—24	换现浇混凝土构件梁 C25 普通混凝土	m^3	0.26	6.54	63.51	5.69	2.63	4.05	
		合计			6.54	63.51	5.69	2.63	4.05	
26	01040300205	现浇混凝土框架梁底标高：3.6m　截面尺寸：300 mm×400 mm　混凝土强度等级：C25　碎石粒径 2～4 cm	m^3	1	25.17	244.27	21.90	10.10	15.57	317.01
	5—24	换现浇混凝土构件梁 C25 普通混凝土	m^3	9.52	239.62	2 325.45	208.49	96.15	148.23	
		合计			239.62	2 325.45	208.49	96.15	148.23	
27	010403002006	现浇混凝土框架梁底标高：3.5 m　截面尺寸：300 mm×500 mm　混凝土强度等级：C25　碎石粒径 2～4 cm	m^3	1	25.172	44.27	21.90	10.10	15.57	317.01
	5—24 换	现浇混凝土构件梁 C25 普通混凝土	m^3	0.81	20.39	197.86	17.74	8.18	12.61	
		合计			20.39	197.86	17.74	8.18	12.61	

工程名称:西安市××山庄别墅建筑工程　　　　第7页　共16页

序号	清单项目编号及定额编号	项目名称	单位	数量	人工费/元	材料费/元	机械使用费/元	企业管理费/元	利润/元	综合单价/元
28	010403002007	现浇混凝土框架梁底标高:6.35 m　截面尺寸:200 mm×350 mm　混凝土强度等级:C25　碎石粒径 2～4 cm	m^3	1	25.17	244.27	21.90	10.10	15.57	317.01
	5—24 换	现浇混凝土构件梁 C25 普通混凝土	m^3	0.13	3.27	31.76	2.85	1.31	2.02	
		合计			3.27	31.76	2.85	1.31	2.02	
29	010403002008	现浇混凝土框架梁底标高:6.35 m　截面尺寸:300 mm×350 mm　混凝土强度等级:C25　碎石粒径 2～4 cm	m^3	1	25.17	244.27	21.90	10.10	15.57	317.01
	5—24 换	现浇混凝土构件梁 C25 普通混凝土	m^3	0.23	5.79	56.18	5.04	2.32	3.58	
		合计			5.79	56.18	5.04	2.32	3.58	
30	010403002009	现浇混凝土框架梁底标高:6.3 m　截面尺寸:300 mm×400 mm　混凝土强度等级:C25　碎石粒径 2～4 cm	m^3	125.17	244.27	21.90	10.10	15.57		317.01
	5—24 换	现浇混凝土构件梁 C25 普通混凝土	m^3	1.75	44.05	427.47	38.33	17.68	27.25	
		合计			44.05	427.47	38.33	17.68	27.25	
31	010403002010	现浇混凝土框架梁底标高:6.2 m　截面尺寸:300 mm×500 mm　混凝土强度等级:C25　碎石粒径 2～4 cm	m^3	1	25.17	244.27	21.90	10.10	15.57	317.01
	5—24 换	现浇混凝土构件梁 C25 普通混凝土	m^3	4.69	118.05	1 145.63	102.71	47.37	73.02	
		合计			118.05	1 145.63	102.71	47.37	73.02	
32	010403002011	现浇混凝土框架梁底标高:6.13 m　截面尺寸:300 mm×570 mm　混凝土强度等级:C25　碎石粒径 2～4 cm	m^3	1	25.17	244.27	21.90	10.10	15.57	317.01
	5—24 换	现浇混凝土构件梁 C25 普通混凝土	m^3	2.54	63.93	620.45	55.63	25.65	39.55	
		合计			63.93	620.45	55.63	25.65	39.55	

工程名称:西安市××山庄别墅建筑工程　　　　第8页　共16页

序号	清单项目编号及定额编号	项目名称	单位	数量	人工费/元	材料费/元	机械使用费/元	企业管理费/元	利润/元	综合单价/元
33	010403002012	现浇混凝土屋面梁底标高:7.7 m～9.57 m　截面尺寸:300 mm×570 mm　混凝土强度等级:C25　碎石粒径 2～4 cm	m³	1	25.17	244.27	21.90	10.10	15.57	317.01
	5—24 换	现浇混凝土构件梁 C25 普通混凝土	m³	2.54	63.93	620.45	55.63	25.65	39.55	
		合计			63.93	620.45	55.63	25.65	39.55	
34	010403005001	现浇混凝土过梁地下层　混凝土强度等级:C25　碎石粒径 2～4 cm	m³	1	42.95	245.91	21.90	10.90	16.80	338.46
	5—27	现浇混凝土构件过梁、圈梁 C25	m³	0.24	10.31	59.02	5.26	2.62	4.03	
		合计			10.31	59.02	5.26	2.62	4.03	
35	010403005002	现浇混凝土过梁地上层　混凝土强度等级:C25　碎石粒径 2～4 cm	m³	1	42.95	245.91	21.90	10.90	16.80	338.46
	5—27	现浇混凝土构件过梁、圈梁 C25	m³	3.35	143.88	823.80	73.37	36.52	56.28	
		合计			143.88	823.80	73.37	36.52	56.28	
36	010403004001	现浇混凝土圈梁 240 mm×120 mm　混凝土强度等级:C25　碎石粒径 2～4 cm	m³	1	42.95	245.91	21.90	10.90	16.80	338.46
	5—27	现浇混凝土构件过梁、圈梁 C25	m³	0.65	27.92	159.84	14.24	7.09	10.92	
		合计			27.92	159.84	14.24	7.09	10.92	
37	010404001001	现浇混凝土直形墙　厚度 300 mm　地下一层　混凝土强度等级:C30 抗渗 P6　碎石粒径 2～4 cm	m³	1	23.50	293.25	21.95	11.70	18.03	368.43
	5—36	换现浇混凝土构件墙 C30 抗渗混凝土	m³	56.71	1 332.69	16 630.21	1 244.78	663.51	1 022.48	
		合计			1 332.69	16 630.21	1 244.78	663.51	1 022.48	

工程名称:西安市××山庄别墅建筑工程　　第 9 页　共 16 页

序号	清单项目编号及定额编号	项目名称	单位	数量	人工费/元	材料费/元	机械使用费/元	企业管理费/元	利润/元	综合单价/元
38	010404001002	现浇混凝土直形墙(水池墙)　厚度 240 mm　地下一层　混凝土强度等级:C30 抗渗 P6 碎石粒径 2～4 cm	m^3	1	23.50	293.25	21.95	11.70	18.03	368.43
	5—36	换现浇混凝土构件墙 C30 抗渗混凝土	m^3	7.62	179.07	2 234.57	167.26	89.15	137.39	
		合计			179.07	2 234.57	167.26	89.15	137.39	
39	010405001001	现浇混凝土平板　地下一层底标高:−0.28 m　混凝土强度等级:C30　厚度 180 mm　碎石粒径 2～4 cm	m^3	1	21.65	262.57	21.89	10.58	16.30	332.99
	5—29	现浇混凝土构件板 C30	m^3	26.41	571.78	6 934.47	578.11	279.42	430.48	
		合计			571.78	6 934.47	578.11	279.42	430.48	
40	010405001002	现浇混凝土平板首层底标高:3.9 m　混凝土强度等级:C25　厚度 100 mm　碎石粒径 2～4 cm	m^3	1	21.56	245.63	21.89	10.00	15.41	314.49
	5—28	现浇混凝土构件板 C25	m^3	6.97	150.27	1 712.04	152.57	69.70	107.41	
		合计			150.27	1 712.04	152.57	69.70	107.41	
41	010405001003	现浇混凝土平板　二层底标高:6.55 m　混凝土强度等级:C25　厚度 150 mm　碎石粒径 2～4 cm	m^3	1	21.56	245.63	21.89	10.00	15.41	314.49
	5—28	现浇混凝土构件板 C25	m^3	8.98	193.61	2 205.76	196.57	89.80	138.38	
		合计			193.61	2 205.76	196.57	89.80	138.38	
42	010405001004	现浇混凝土平板　二层底标高:6.58 m　混凝土强度等级:C25　厚度 120 m　碎石粒径 2～4 cm	m^3	1	21.56	245.63	21.89	10.00	15.41	314.49
	5—28	现浇混凝土构件板 C25	m^3	2.28	49.16	560.04	49.91	22.80	35.13	
		合计			49.16	560.04	49.91	22.80	35.13	

工程名称：西安市××山庄别墅建筑工程　　　　第 10 页　共 16 页

序号	清单项目编号及定额编号	项目名称	单位	数量	人工费/元	材料费/元	机械使用费/元	企业管理费/元	利润/元	综合单价/元
43	010405001005	现浇混凝土平板　地上部分斜板　混凝土强度等级：C25　厚度 100 mm　碎石粒径 2～4 cm	m^3	1	21.56	245.63	21.89	10.00	15.41	3149
	5—28	现浇混凝土构件板 C25	m^3	8.5	183.26	2 087.86	186.07	85.00	130.99	
		合计			183.26	2 087.86	186.07	85.00	130.99	
44	010405001006	现浇混凝土平板　地上部分斜板　混凝土强度等级：C25　厚度 120 mm　碎石粒径 2～4 cm	m^3	1	21.56	245.63	21.89	10.00	15.41	314.4
	5—28	现浇混凝土构件板 C25	m^3	21.64	65.70	5 305.61	472.82	216.00	332.86	
		合计			465.70	5 305.61	472.82	216.00	332.86	
45	010405006001	现浇混凝土花池栏板混　凝土强度等级：C25　厚度 120 mm　碎石粒径 2～4 cm	m^3	1	45.27	243.91	13.18	10.63	16.39	329.38
	5—51	现浇混凝土构件栏板 C25	m^3	0.26	11.77	63.42	3.43	2.76	4.26	
		合计			11.77	63.42	3.43	2.76	4.26	
46	010405008001	现浇混凝土阳台板　混凝土强度等级：C25　碎石粒径 2～4 cm	m^3	1	41.87	245.27	34.29	11.26	17.35	350.04
	5—44	现浇混凝土构件阳台 C25	m^3	1.02	42.71	250.18	34.98	11.49	17.70	
		合计			42.71	250.18	34.98	11.49	17.70	
47	010405008002	现浇混凝土花池　混凝土强度等级：C25　碎石粒径 2～4 cm	m^3	1	41.11	243.87	22.94	10.80	16.63	335.34
	5—55	现浇混凝土构件其他构件 C25	m^3	0.44	18.09	107.30	10.09	4.75	7.32	
		合计			18.09	107.30	10.09	4.75	7.32	

工程名称：西安市××山庄别墅建筑工程　　　　第11页　共16页

序号	清单项目编号及定额编号	项目名称	单位	数量	人工费/元	材料费/元	机械使用费/元	企业管理费/元	利润/元	综合单价/元
48	010405007001	现浇混凝土挑檐板混　凝土强度等级：C25　宽度 1 530 mm　碎石粒径 2～4 cm	m^3	1	41.11	243.87	22.94	10.80	16.63	335.34
	5—55	现浇混凝土构件其他构件 C25	m^3	0.63	25.90	153.64	14.45	6.80	10.48	
		合计			25.90	153.64	14.45	6.80	10.48	
49	010405007002	现浇混凝土挑檐板　凝土强度等级：C25　宽度 400 mm碎石粒径 2～4 cm	m^3	1	41.11	243.87	22.94	10.80	16.63	335.34
	5—55	现浇混凝土构件其他构件 C25	m^3	0.24	9.87	58.53	5.51	2.59	3.99	
		合计			9.87	58.53	5.51	2.59	3.99	
50	010406001001	现浇混凝土直形楼梯　混凝土强度等级：C25　碎石粒径 2～4 cm	m^3	1	12.44	59.07	8.37	2.81	4.34	87.03
	5—40	现浇混凝土构件楼梯直形 C25	m^3	1	4.26	177.39	842.34	119.36	40.07	
		合计			177.39	842.34	119.36	40.07	61.89	
51	010407002001	散水素混凝土 C10　碎石粒径 2～4 cm　厚度 80 mm 1∶1 水泥砂浆压光	m^2	1	4.30	16.91	1.25	0.80	1.23	24.49
	1—212（借装饰分册）	散水混凝土	m^2	68.51	294.59	1 158.50	85.64	54.81	84.27	
		合计			294.59	1 158.50	85.64	54.81	84.27	
52	010416001001	现浇混凝土钢筋　6 圆钢	t	1	149.51	2 644.59	3.73	96.31	148.41	3 042.55
	8—1	钢筋 ϕ10 以内	t	0.156	23.32	412.56	0.58	15.02	23.15	
		合计			23.32	412.56	0.58	15.02	23.15	

工程名称：西安市××山庄别墅建筑工程　　　　第 12 页　共 16 页

序号	清单项目编号及定额编号	项目名称	单位	数量	人工费/元	材料费/元	机械使用费/元	企业管理费/元	利润/元	综合单价/元
53	010416001002	现浇混凝土钢筋 ϕ8 圆钢	t	1	149.51	2 644.59	3.73	96.31	148.41	3 042.55
	8—1	钢筋 ϕ10 以内	t	6.5	971.82	17 189.84	24.25	626.02	964.67	
		合计			971.82	17 189.84	24.25	626.02	964.67	
54	010416001003	现浇混凝土钢筋 ϕ10 圆钢	t	1	149.51	2 644.59	3.73	96.31	148.41	3 042.55
	8—1	钢筋 ϕ10 以内	t	4.096	612.39	10 832.24	15.28	394.49	607.89	
		合计			612.39	10 832.24	15.28	394.49	607.89	
5	010416001004	现浇混凝土钢筋 ϕ12 圆钢	t	1	139.39	2 680.43	3.76	97.10	149.64	3 070.32
	8—2	钢筋 ϕ10 以外	t	1.32	183.99	3 538.17	4.96	128.17	197.52	
		合计			183.99	3 538.17	4.96	128.17	197.52	
56	010416001005	现浇混凝土钢筋 ϕ12 螺纹钢筋	t	1	139.39	2 680.43	3.76	97.10	149.64	3 070.32
	8—2	钢筋 ϕ10 以外	t	3.731	520.06	10 000.68	14.03	362.28	558.31	
		合计			520.06	10 000.68	14.03	362.28	558.31	
57	010416001006	现浇混凝土钢筋 ϕ14 螺纹钢筋	t	1	139.39	2 680.43	3.76	97.10	149.64	3 070.32
	8—2	钢筋 ϕ10 以外	t	3.556	495.67	9 531.61	13.37	345.29	532.12	
		合计			495.67	9 531.61	13.37	345.29	532.12	
58	010416001007	现浇混凝土钢筋 ϕ16 螺纹钢筋	t	1	139.39	2 680.43	3.76	97.10	149.64	3 070.32
	8—2	钢筋 ϕ10 以外	t	4.088	569.83	10 957.60	15.37	396.94	611.73	
		合计			569.83	10 957.60	15.37	396.94	611.73	

工程名称：西安市××山庄别墅建筑工程　　　　第 13 页　共 16 页

序号	清单项目编号及定额编号	项目名称	单位	数量	人工费 元	材料费 元	机械使用费 元	企业管理费 元	利润 元	综合单价 元
59	010416001008	现浇混凝土钢筋 ϕ18 螺纹钢筋	t	1	139.39	2 680.43	3.76	97.10	149.64	3 070.32
	8—2	钢筋 ϕ10 以外	t	0.667	92.97	1 787.85	2.51	64.77	99.81	
		合计			92.97	1 787.85	2.51	64.77	99.81	
60	010416001009	现浇混凝土钢筋 ϕ20 螺纹钢筋	t	1	139.39	2 680.43	3.76	97.10	149.64	3 070.32
	8—2	钢筋 ϕ10 以外	t	18.362	2 559.48	49 218.06	69.04	1 782.95	2 747.69	
		合计			2 559.48	49 218.06	69.04	1 782.95	2 747.69	
61	010416001010	现浇混凝土钢筋 ϕ22 螺纹钢筋	t	1	139.39	2 680.43	3.76	97.10	148.64	3 070.32
	8—2	钢筋 ϕ10 以外	t	8.054	1 122.65	21 588.18	30.28	782.04	1 205.20	
		合计			1 122.65	21 588.18	30.28	782.04	1 205.20	
62	010416001011	现浇混凝土钢筋 ϕ25 螺纹钢筋	t	1	139.39	2 680.43	3.76	97.10	149.64	3 070.32
	8—2	钢筋 ϕ10 以外	t	5.96	830.76	15 975.36	22.41	578.72	891.85	
		合计			830.76	1 5975.36	22.41	578.72	891.85	
63	10503002001	花架用木梁　高 3 m　截面 300 mm×150 mm 长 2.7 m 红松净光面　清油 4 遍	m^3	1	61.02	1 068.74		38.89	59.94	1 228.59
	10—18	木梁方木	m^3	2	122.04	2 137.48		77.78	119.88	
		合计			122.04	2 137.48		77.78	119.88	
64	010503002002	花架用木檩高 3 m 截面 180 mm×120 mm 长 2.7 m 红松净光面清油 4 遍	m^3	1	113.44	1 113.80		42.62	65.68	1 335.55
	10—8	檩木方木	m^3	2	226.88	2 227.62	85.24	131.36		
		合计			226.88	2 227.62		85.24	131.36	

工程名称：西安市××山庄别墅建筑工程　　　　第 14 页　共 16 页

序号	清单项目编号及定额编号	项目名称	单位	数量	人工费/元	材料费/元	机械使用费/元	企业管理费/元	利润/元	综合单价/元
65	010606009001	落地窗用不锈钢扶手栏杆 ϕ20 拉环	t	1	480.82	4 967.25	10.42	189.38	291.83	5 939.70
	11—23	金属构件制作安装钢栏杆	t	0.299	143.77	1 485.21	3.12	56.62	87.26	
		合计			143.77	1 485.21	3.12	56.62	87.26	
66	010606009002	台阶用不锈钢扶手 ϕ75 栏杆 ϕ20	t	1	480.82	4 967.25	10.42	189.38	291.83	5 939.70
	11—23	金属构件制作安装钢栏杆	t	0.171	82.22	849.40	1.78	32.38	49.90	
		合计			82.22	849.40	1.78	32.38	49.90	
67	010606009003	楼梯用不锈钢扶手 ϕ75 栏杆 ϕ20	t	1	480.82	4 967.25	10.42	189.38	291.83	5 939.70
	11—23	金属构件制作安装钢栏杆	t	0.221	106.26	1 097.76	2.30	41.85	64.49	
		合计			106.26	1 097.76	2.30	41.85	64.49	
68	010606009004	阳台用不锈钢扶手 ϕ75 栏杆 ϕ20	t	1	480.82	4 967.25	10.42	189.38	291.83	5 939.70
	11—23	金属构件制作安装钢栏杆	t	0.135	64.91	670.58	1.41	25.57	39.40	
		合计			64.91	670.58	1.41	25.57	39.40	
69	010701001001	悬山琉璃瓦屋面底板　厚度 120 mm　屋面瓦安装 80 mm聚苯板屋面保温、隔热　SBS 改性沥青卷材防水	m^2	1	14.43	7.62	0.33	0.87	1.35	24.60
	12—45	瓦屋面琉璃型轻质波形瓦	m^2	187.09	2 699.71	1 425.63	61.74	162.77	252.57	
		合计			2 699.71	1 425.63	61.74	162.77	252.57	
70	010701001002	悬山琉璃瓦屋面底板　厚度 100 mm　进户门处屋面瓦安装 80 mm 聚苯板屋面保温、隔热　SBS 改性沥青卷材防水	m^2	1	14.43	7.62	0.33	0.87	1.35	24.60
	12—45	瓦屋面琉璃型轻质波形瓦	m^2	9.57	138.10	72.92	3.16	8.33	12.92	
		合计			138.10	72.92	3.16	8.33	12.92	

工程名称：西安市××山庄别墅建筑工程　　　　第15页　共16页

序号	清单项目编号及定额编号	项目名称	单位	数量	人工费/元	材料费/元	机械使用费/元	企业管理费/元	利润/元	综合单价/元
71	010701001003	悬山琉璃瓦屋面底板　厚度100 mm　一层工作间上方屋面瓦安装 80 mm 聚苯板屋面保温、隔热 SBS改性沥青卷材防水	m²	1	14.43	7.62	0.33	0.87	1.35	24.60
	12—45	瓦屋面琉璃型轻质波形瓦	m²	12.16	175.47	92.66	4.01	10.58	16.42	
		合计			175.47	92.66	4.01	10.58	16.42	
72	010701001004	悬山琉璃瓦屋面底板　厚度100 mm　标高6.85 m处屋面瓦安装 80 mm 聚苯板屋面保温、隔热　SBS改性沥青卷材防水	m²	1	14.43	7.62	0.33	0.87	1.35	24.60
	2—45	瓦屋面琉璃型轻质波形瓦	m²	1.47	21.21	11.20	0.49	1.28	1.98	
		合计			21.21	11.20	0.49	1.28	1.98	
73	010701002001	砖红色防滑仿古地砖屋面	m²	1	5.70	59.98	2.42	2.36	3.64	74.10
	1—57（借装饰分册）	块料面层石塑防滑地砖	m²	6.92	39.44	415.06	16.75	16.33	25.19	
		合计			39.44	415.06	16.75	16.33	25.19	
74	010702001001	屋面卷材防水　不上人屋面 SBS 卷材	m²	1	3.47	42.05	0.76	1.61	2.46	50.35
	13—1	水泥砂浆找平层　厚度20 mm平面	m²	10.38	16.71	54.70	2.60	2.70	4.051	
	3—98	屋面防水 SBS 改性沥青防水卷材厚度3 mm平面	m²	10.38	19.31	381.78	5.29	14.01	21.49	
		合计			36.02	436.48	7.89	16.71	25.54	

工程名称：西安市××山庄别墅建筑工程 第16页 共16页

序号	清单项目编号及定额编号	项目名称	单位	数量	人工费/元	材料费/元	机械使用费/元	企业管理费/元	利润/元	综合单价/元
75	010703001001	卷材防水地下室 SBS 改性沥青　单层 4 mm	m^2	1	3.49	48.36	0.69	1.82	2.80	57.15
	13—61	地下室基础防水 SBS 改性沥青油毡　厚度 4 mm 平面	m^2	267.698	773.65	12 943.20	182.03	479.18	738.85	
	13—62	地下室基础防水 SBS 改性沥青油毡　厚度 4 mm 立面	m^2	168.602	750.28	8 155.28	118.02	313.60	482.20	
		合计			1 523.93	21 098.48	300.05	792.78	1 221.05	
76	010803001001	保温隔热屋面聚苯板　厚度 80 mm(斜板)	m^2	1	1.26	21.49	0.30	0.79	1.22	25.06
	12—15	屋面保温水泥聚苯颗粒板	m^3	15.94	250.10	4 281.32	59.78	158.12	243.56	
		合计			250.10	4 281.32	59.78	158.12	243.56	
77	010803001003	保温隔热屋面聚苯板　厚度 80 mm(平板)	m^2	1	1.26	21.49	0.30	0.79	1.22	25.06
	12—15	屋面保温水泥聚苯颗粒板	m^3	0.83	13.02	222.93	3.11	8.23	12.68	
		合计			13.02	222.93	3.11	8.23	12.68	
78	010803001002	保温隔热屋面阳台、露台聚氨酯　厚度 40 mm	m^2	1	20.66	385.45	5.36	14.15	21.81	447.43
	12—13	屋面保温发泡聚氨脂	m^3	0.28	5.78	107.93	1.50	3.96	6.11	
		合计			5.78	107.93	1.50	3.96	6.11	

措施项目费分析表

工程名称:西安市××山庄别墅建筑工程　　第1页　共1页

序号	措施项目名称	单位	金额/元					
			人工费	材料费	机械使用费	企业管理费	利润	小计
1	费用项目		31 403.22	30 952.38	3 522.67	1 912.83	2 952.00	70 743.10
1.1	环境保护	项						
1.2	文明施工	项						
1.3	安全施工	项	2 365.61					2 365.61
1.4	临时设施	项	11 282.16					11 282.16
1.5	夜间施工	项						
1.6	二次搬运	项						
1.7	大型机械设备进出场及安拆	项						
1.8	混凝土、钢筋混凝土模板及支架	项	16 981.45	22 367.53	3 420.29	1 585.07	2 446.90	46 801.24
1.9	脚手架	项	774.00	8 584.85	102.38	327.76	505.10	10 294.09
1.10	已完工程及设备保护	项						
1.11	施工排水、降水	项						
2	建筑工程				8 548.70	290.81	446.24	9 285.75
2.1	垂直运输机械	项			8 548.70	290.81	446.24	9 285.75

主要材料价格表

工程名称:西安市××山庄别墅建筑工程 第 1 页 共 1 页

序号	材料编码	材料名称	规格型号等特殊说明	单位	单价/元
1	01002	钢筋	ϕ10 以外	kg	2.50
2	02001	水泥综合	kg	0.39	
3	01001	钢筋	ϕ10 以内	kg	2.43
4	02006	加气混凝土块		m^3	203.00
5	04026	石子	综合	kg	0.05
6	04025	砂子	kg	0.06	
7	10056	SBS 改性沥青油毡防水卷材	4 mm	m^2	25.00
8	84004	其他材料费		元	1.00
9	84018	模板租赁费		元	1.00
10	84017	材料费		元	1.00
11	84015	脚手架租赁费		元	1.00
12	84013	钢筋成型加工及运费	ϕ10 以外	kg	0.10
13	08170	预制泡沫水泥聚苯颗粒板		m^3	252.00
14	03053	方木		m^3	958.00
15	38013	钢栏杆	t		4 844.00
16	11298	抗渗剂		kg	1.10
17	10104	嵌缝膏	CSPE	支	17.00
18	04001	红机砖		块	0.18
19	84012	钢筋成型加工及运费	ϕ10 以内	kg	0.14
20	04011	琉璃型轻质波形瓦		块	5.20

单位工程费汇总表

工程名称：西安市××山庄别墅装饰工程　　第1页　共1页

序号	单位工程名称	金　额/元	备　注
1	分部分项工程量清单计价合计	110 549	
2	措施项目清单计价合计	4 167	
3	其他项目清单计价合计	1 310	
4	规费	4 649	
5	不含税工程造价	120 675	
6	税金	4 103	
7	含税工程总造价	124 778	
	合计	124 778	

分部分项工程量清单计价表

工程名称：西安市××山庄别墅装饰工程　　　　第 1 页　共 4 页

序号	项目编码	项目名称	计量单位	工程数量	金额/元	
					综合单价	合价
		B.1　楼地面工程				
1	020101003001	地下室(车库、工作间、空调机房)细石混凝土楼地面　C15 混凝土垫层　厚度 50 mm　1：1 水泥砂浆赶光　素水泥浆结合层	m^2	40.84	22.44	916.45
2	020101003002	地下室(视听室、辅助用房、娱乐室)细石混凝土楼地面　C15 混凝土垫层　厚度40 mm　素水泥浆结合层	m^2	76.48	14.23	1 088.31
3	020101003003	地下室(卫生间)细石混凝土楼地面　C15 混凝土垫层　厚度 40 mm　1.5 mm 聚氨酯防水层 3 遍　素水泥浆结合层　20 mm 厚 1：2.5 水泥砂浆找平层	m^2	5.59	45.56	254.68
4	020101003004	首层(起居室、客厅、餐厅、楼梯间、卧室、书房)细石混凝土楼地面　C15 混凝土垫层　厚度 35 mm　素水泥浆结合层　40 mm 厚聚苯板保温层	m^2	101.89	23.32	2 375.83
5	020101003005	二层(起居室、客厅、餐厅、楼梯间、卧室、书房)细石混凝土楼地面　C15 混凝土垫层　厚度 40 mm　素水泥浆结合层　20 mm 厚聚苯板保温层	m^2	101.35	19.11	1 936.68
6	020105001001	水泥砂浆踢脚线(车库、工作间、空调机房)　高度 120 mm　6 mm 厚 1：2.5 水泥砂浆	m^2	4.91	19.33	94.89
7	020108002001	块料台阶面层　C10 混凝土垫层 100 mm　红色花岗岩面层	m^2	7.25	308.05	2 233.34
	分部小计	[楼地面工程]				179 096.39
		B.2　墙柱面工程				
8	020201001001	内墙现浇混凝土墙面一般抹灰(车库、工作间、空调机房)　8 mm 厚粉刷石膏砂浆	m^2	148.74	10.33	1 536.48
9	020201001002	内墙加气混凝土砌块墙面抹灰(起居室、客厅、餐厅、楼梯间、卧室、书房)　8 mm 厚 1：1：6 水泥石灰膏砂浆　5 mm 厚 1：0.5：2.5 水泥石灰膏砂浆	m^2	609.04	8.18	4 981.95
10	020201001004	外墙加气混凝土砌块墙面抹灰　5 mm 厚 1：0.5：3 水泥石灰膏砂浆　12 mm 厚 1：0.2：2 水泥石灰膏砂浆	m^2	756.14	12.01	9 081.24

工程名称:西安市××山庄别墅装饰工程　　　　第 2 页　共 4 页

序号	项目编码	项目名称	计量单位	工程数量	金额/元	
					综合单价	合价
11	020204003001	内墙块料墙面(地下部分卫生间)　5 mm 厚瓷砖　300 mm×300 mm　5 mm 厚 1∶2 建筑胶水泥砂浆黏结层	m^2	28.52	68.90	1 965.03
12	020204003002	内墙块料墙面(地上部分厨房、卫生间)5 mm 厚　瓷砖 300 mm×300 mm　5 mm 厚 1∶2建筑胶水泥砂浆黏结层	m^2	202.53	68.90	13 954.32
		分部小计[墙住面工程]				31 519.02
		B.3　天棚工程				
13	020301001001	天棚抹灰(车库、工作间、空调机房)　现浇板底　20 mm 厚保温砂浆	m^2	48.94	9.77	478.14
14	020301001002	天棚抹灰(起居室、客厅、餐厅、楼梯间、卧室、书房)　现浇板底　5 mm 厚 1∶0.2∶3 水泥石灰膏砂浆　3 mm 厚 1∶0.2∶2.5 水泥石灰膏砂浆	m^2	284.48	7.25	2 062.48
		分部小计[天棚工程]				2 540.62
		B.4　门窗工程				
15	020401005001	夹板装饰门　800 mm×2 100 mm　1.68 m^2	樘	7.00	1 139.28	7 974.93
16	020401005002	夹板装饰门　900 mm×2 100 mm　1.89 m^2	樘	9.00	1 281.68	11 535.16
17	020402007001	钢质防火门　1 500 mm×2 100 mm　3.15 m^2	樘	1.00	1 517.54	1 517.54
18	020402007002	钢质防火门　900 mm×2 100 mm　1.89 m^2	樘	1.00	910.53	910.53
19	020402006001	防火、防盗、隔声门　1 600 mm×3 200 mm　5.12m^2	樘	1.00	1 075.15	1 075.15
20	020403003001	防火卷帘门 3 300 mm×2 200 mm　7.26 m^2	樘	1.00	2 118.11	2 118.11
21	020406004001	铝合金百叶窗　1 200 mm×2 000 mm　2.4 m^2　铝合金 1.2 mm 厚　90 系列 5 mm 厚白玻璃　表面处理氟碳喷涂	樘	2.00	805.92	1 611.84

工程名称：西安市××山庄别墅装饰工程　　　　第 3 页　共 4 页

序号	项目编码	项目名称	计量单位	工程数量	金额/元	
					综合单价	合价
22	020406002001	铝合金平开窗　900 mm×1 500 mm　1.35 m² 　铝合金 1.2 mm 厚　90 系列 5 mm 厚白玻璃　表面处理氟碳喷涂	樘	8.00	579.26	4 634.06
23	020406002002	铝合金平开窗　700 mm×300 mm　0.21 m² 铝合金 1.2 mm 厚　90 系列 5 mm 厚白玻璃　表面处理氟碳喷涂	樘	1.00	90.11	90.11
24	020406002003	铝合金平开窗　900 mm×300 mm　0.27 m² 铝合金 1.2 mm 厚　90 系列 5 mm 厚白玻璃　表面处理氟碳喷涂	樘	3.00	115.85	347.55
25	020406002004	铝合金平开窗　1 500 mm×300 mm　0.45 m² 铝合金 1.2 mm 厚　90 系列 5 mm 厚白玻璃　表面处理氟碳喷涂	樘	2.00	193.09	386.17
26	020406002005	铝合金平开窗　1 200 mm×1 500 mm　1.8 m² 铝合金 1.2 mm 厚　90 系列 5 mm 厚白玻璃　表面处理氟碳喷涂	樘	5.00	772.34	3 861.72
27	020406002006	铝合金平开窗　1 500 mm×1 500 mm　2.25 m² 铝合金 1.2 mm 厚　90 系列 5 mm 厚白玻璃　表面处理氟碳喷涂	樘	7.00	965.43	6 758.01
28	020406002007	铝合金平开窗　1 600 mm×1 500 mm　2.4 m² 铝合金 1.2 mm 厚　90 系列 5 mm 厚白玻璃　表面处理氟碳喷涂	樘	1.00	1 029.79	1 029.79
29	020406002008	铝合金平开窗　700 mm×1 900 mm　1.33 m² 铝合金 1.2 mm 厚　90 系列 5 mm 厚白玻璃　表面处理氟碳喷涂	樘	1.00	570.68	570.68
30	020406002009	铝合金平开窗　900 mm×800 mm　0.72 m² 铝合金 1.2 mm 厚　90 系列 5 mm 厚白玻璃　表面处理氟碳喷涂	樘	1.00	308.94	308.94
31	020406002010	铝合金平开窗　1 200 mm×800 mm　0.96 m² 铝合金 1.2 mm 厚　90 系列 5 mm 厚白玻璃　表面处理氟碳喷涂	樘	1.00	411.92	411.92

工程名称：西安市××山庄别墅装饰工程　　　　第 4 页　共 4 页

序号	项目编码	项目名称	计量单位	工程数量	金额/元	
					综合单价	合价
32	020406003011	铝合金落地窗　1 500 mm×2 400 mm　3.6 m^2 铝合金 1.2 mm 厚　90 系列 5 mm 厚白玻璃　表面处理氟碳喷涂	樘	4.00	786.57	3 146.26
33	020406003002	铝合金落地窗　1 800 mm×2 400 mm　4.32 m^2 铝合金 1.2 mm 厚　90 系列 5m m 厚白玻璃　表面处理氟碳喷涂	樘	1.00	943.88	943.88
34	020406003003	铝合金落地窗　2 200 mm×2 400 mm　5.28 m^2 铝合金 1.2 mm 厚　90 系列 5 mm 厚白玻璃　表面处理氟碳喷涂	樘	2.00	576.82	1 153.63
35	020406003004	铝合金落地窗　2 500 mm×2 400 mm　6 m^2 铝合金 1.2 mm 厚　90 系列 5 mm 厚白玻璃　表面处理氟碳喷涂	樘	1.00	1 310.94	1 310.94
36	020406003005	铝合金落地窗　1 600 mm×2 400 mm　3.84 m^2 铝合金 1.2 mm 厚　90 系列 5 mm 厚白玻璃　表面处理氟碳喷涂	樘	1.00	839.00	839.00
		分部小计[门窗工程]				52 535.92
		B.5　油漆、涂料、裱糊工程				
37	020506001001	内墙面层(起居室、客厅、餐厅、楼梯间、卧室、书房、视听室、辅助用房、娱乐室)　乳胶漆三遍	m^2	609.04	6.57	4 001.39
38	020507001001	外墙喷丙烯酸弹性高级涂料墙面	m^2	558.51	18.59	10 382.70
39	020507001002	内墙现浇混凝土墙面喷涂大白浆(车库、工作间、空调机房)	m^2	148.74	0.73	108.58
40	020507001003	天棚(车库、工作间、空调机房)喷涂大白浆	m^2	48.94	1.68	82.22
41	020507001004	天棚(起居室、客厅、餐厅、楼梯间、卧室、书房)喷涂大白浆	m^2	284.48	1.68	477.93
		分部小计[油漆、涂料、裱糊工程]				15 052.82

措施项目清单计价表

工程名称:西安市××山庄别墅装饰工程　　　　第 1 页　共 1 页

序号	项目名称	金　额/元
1	通用项目	3 167.47
1.1	环境保护	
1.2	文明施工	
1.3	安全施工	
1.4	临时设施	
1.5	夜间施工	
1.6	二次搬运	
1.7	大型机械设备进出场及安拆	
1.8	混凝土、钢筋混凝土模板及支架	
1.9	脚手架	3 167.47
1.10	已完工程及设备保护	
1.11	施工排水、降水	
3	装饰装修工程	1 000.00
3.1	垂直运输机械	
3.2	室内空气污染测试	1 000.00
	合计	4 167.47

其他项目清单计价表

工程名称:西安市××山庄别墅装饰工程　　　　第 1 页　共 1 页

序号	名　　称	金　额/元
1	招标人部分	
1.1		
预留金		
1.2	材料购置费	
	小计	
2	投标人部分	
2.1	总承包服务费	
2.2	零星工作费	1 310.00
	小计	1 310.00
	合计	1 310.00

零星工作项目计价表

工程名称:西安市××山庄别墅装饰工程　　第 1 页　共 1 页

序号	名　称	计量单位	数量	单价/元	合价/元
1	人工				
1.1	高级技术工人	工日	2.00	200.00	400.00
1.2	普通技术工人	工日	3.00	120.00	360.00
1.3	壮工	工日	5.00	60.00	300.00
	小计				1 060.00
2	材料				
2.1	周转材料	kg	50.00	5.00	250.00
	小计				250.00
3	机械				
3.1					
	小计				
	合计				1 310.00

分部分项工程量清单综合单价分析表

工程名称：西安市××山庄别墅装饰工程　　　　第 1 页　共 9 页

序号	清单项目编码及定额编码	项目名称	单位	数量	人工费/元	材料费/元	机械使用费/元	企业管理费/元	利润/元	综合单价/元
1	020101003001	地下室（车库、工作间、空调机房）细石混凝土楼地面　C15混凝土垫层　厚度 50 mm　1∶1 水泥砂浆压光素水泥浆结合层	m^2	1	6.39	12.58	1.37	0.94	1.16	22.44
	1—21 换	找平层现场搅拌细石混凝土　厚度 50 mm	m^2	40.84	187.86	474.97	37.57	31.86	36.76	
	1—25	整体面层　1∶1 水泥砂浆　厚度 20 mm 有素浆	m^2	40.841	33.14	37.57	18.38	22.46	10.62	
		合计			260.97	162 605.28	55.95	38.39	8 152.08	
2	020101003002	地下室（视听室、辅助用房、娱乐室）细石混凝土楼地面　C15混凝土垫层　厚度 40 mm 素水泥浆结合层	m^2	1	2.92	9.42	0.74	0.43	0.72	14.23
	1—21	找平层　现场搅拌细石混凝土　厚度 40 mm	m^2	76.48	223.32	720.44	56.60	32.89	55.07	
		合计			223.32	720.44	56.60	32.89	55.07	
3	020101003003	地下室（卫生间）细石混凝土楼地面　C15 混凝土垫层　厚度 40 mm　1.5 mm 聚氨酯防水层 3 遍　素水泥浆结合层 20 mm 厚 1∶2.5 水泥砂浆找平层	m^2	1	6.00	34.99	1.42	0.89	2.26	45.56
	1—21 换	找平层 现场搅拌细石混凝土 厚度 20 mm	m^2	5.59	7.16	27.89	2.12	1.06	2.01	
	13—69 换（借土建分册）	厨房、卫生间楼地面防水　聚氨脂防水　厚度 1.5 mm	m^2	5.59	10.29	119.35	1.79	1.51	6.82	
	1—28	换整体面层　现场搅拌混凝土　厚度 40 mm	m^2	5.59	16.10	48.35	4.02	2.40	3.80	
		合计			33.55	195.59	7.93	4.97	12.63	

工程名称：西安市××山庄别墅装饰工程　　　　第 2 页　共 9 页

序号	清单项目编码及定额编码	项目名称	单位	数量	人工费/元	材料费/元	机械使用费/元	企业管理费/元	利润/元	综合单价/元
4	020101003004	首层(起居室、客厅、餐厅、楼梯间、卧室、书房)细石混凝土楼地面　C15 混凝土垫层厚度 35 mm　素水泥浆结合层 40 mm厚聚苯板保温层	m^2	1	3.22	17.70	0.77	0.47	1.16	23.32
	12—16（借土建分册）	屋面保温　聚苯乙烯泡沫板	m^3	4.076	63.58	1 027.46	14.39	9.41	56.65	
	1—28	换整体面层　现场搅拌混凝土　厚度 35 mm	m^2	101.89	263.90	776.40	64.19	38.72	61.13	
		合计			327.48	1 803.86	78.58	48.13	117.78	
5	020101003005	二层(起居室、客厅、餐厅、楼梯间、卧室、书房)细石混凝土楼地面　C15 混凝土垫层厚度 40 mm　素水泥浆结合层 20 mm厚聚苯板保温层	m^2	1	3.19	13.69	0.79	0.48	0.96	19.11
	12—16（借土建分册）	屋面保温　聚苯乙烯泡沫板	m^3	2.027	31.62	511.01	7.16	4.68	28.18	
	1—28	换整体面层　现场搅拌混凝土　厚度 40 mm	m^2	101.35	291.89	876.68	72.97	43.58	68.92	
		合计			323.51	1 387.69	80.13	48.26	97.1	
6	020105001001	水泥砂浆踢脚线(车库、工作间、空调机房)　高度 120 mm　6 mm 厚 1∶2.5 水泥砂浆	m^2	1	10.57	5.33	0.75	1.58	1.08	19.23
	1—164	踢脚　水泥	m	40.9	51.94	26.18	3.68	7.77	5.32	
		合计			51.94	26.18	3.68	7.77	5.32	

工程名称：西安市××山庄别墅装饰工程　　　　第 3 页　共 9 页

序号	清单项目编码及定额编码	项目名称	单位	数量	人工费/元	材料费/元	机械使用费/元	企业管理费/元	利润/元	综合单价/元
7	020108002001	块料台阶面层　C10 混凝土垫层　100 mm　红色花岗岩面层	m^2	1	24.12	254.38	10.98	3.57	15.01	308.05
	1—7	垫层　现场搅拌混凝土	m^3	0.725	19.02	137.72	11.32	2.82	8.82	
	5—46	块料　薄光花岗岩砂浆黏贴　矩形	m^2	7.25	155.80	1 706.51	68.30	23.06	99.98	
		合计			174.82	1 844.23	79.62	25.88	108.8	
8	020201001001	内墙现浇混凝土墙面一般抹灰（车库、工作间、空调机房）　8 mm 厚粉刷石膏砂浆	m^2	1	3.90	4.86	0.44	0.58	0.55	10.33
	3—62	内墙装修　抹灰水泥砂浆　混凝土、砌块	m^2	148.74	580.09	722.88	65.45	86.27	81.81	
		合计			580.09	722.88	65.45	86.27	81.81	
9	020201001002	内墙加气混凝土砌块墙面抹灰（起居室、客厅、餐厅、楼梯间、卧室、书房）　8 mm 厚 1：1：6 水泥石灰膏砂浆　5 mm 厚 1：0.5：2.5 水泥石灰膏砂浆	m^2	1	3.64	3.20	0.36	0.54	0.44	8.18
	3—78	内墙装修　抹灰石灰砂浆　混凝土、砌块	m^2	609.04	2 216.91	1 948.93	219.25	328.88	267.98	
		合计			2 216.91	1 948.93	219.25	328.88	267.98	
10	020201001004	外墙加气混凝土砌块墙面抹灰　5 mm 厚 1：0.5：3 水泥石灰膏砂浆　12 mm 厚 1：0.2：2 水泥石灰膏砂浆	m^2	1	4.32	5.92	0.50	0.64	0.63	12.01
	3—4	外墙装修　一般抹灰装饰抹灰　水泥砂浆　混凝土砌块墙	m^2	756.14	3 266.52	4 476.35	378.07	483.93	476.37	
		合计			3 266.52	4 476.35	378.07	483.93	476.37	

工程名称：西安市××山庄别墅装饰工程 第 4 页 共 9 页

序号	清单项目编码及定额编码	项目名称	单位	数量	人工费/元	材料费/元	机械使用费/元	企业管理费/元	利润/元	综合单价/元
11	020204003001	内墙块料墙面(地下部分卫生间) 5 mm 厚瓷砖 300 mm×300 mm 5 mm 厚 1∶2 建筑胶水泥砂浆黏结层	m^2	1	12.17	49.32	2.15	1.81	3.45	68.90
	3—135	内墙装修 块料面层 釉面砖(砂浆黏贴)面层 每块面积 0.06 m^2 以外 不勾缝	m^2	28.52	347.09	1 406.61	61.32	51.62	98.39	
		合计			347.09	1 406.61	61.32	51.62	98.39	
12	020204003002	内墙块料墙面(地上部分厨房、卫生间) 5 mm 厚瓷砖 300 mm×300 mm 5 mm 厚 1∶2 建筑胶水泥砂浆黏结层	m^2	1	12.17	49.32	2.15	1.81	3.45	68.90
	3—135	内墙装修 块料面层 釉面砖(砂浆黏贴)面层 每块面积 0.06m^2 以外 不勾缝	m^2	202.53	2 464.79	9 988.78	435.44	366.58	698.73	
		合计			2 464.79	9 988.78	435.44	366.58	698.73	
13	020301001001	天棚抹灰(车库、工作间、空调机房) 现浇板底 20 mm 厚保温砂浆	m^2	1	5.21	4.51	0.41	0.77	0.63	11.52
	2—94	天棚面层装饰 混凝土天棚抹灰水泥砂浆 现浇板	m^2	48.94	216.31	186.95	17.13	31.81	25.94	
		合计			216.31	186.95	17.13	31.81	25.94	
14	020301001002	天棚抹灰(起居室、客厅、餐厅、楼梯间、卧室、书房) 现浇板底 5 mm 厚 1∶0.2∶3 水泥石灰膏砂浆 3 mm 厚 1∶0.2∶2.5水泥石灰膏砂浆	m^2	1	3.88	2.15	0.25	0.57	0.40	7.25
	2—91 换	天棚面层装饰 混凝土天棚抹灰 石灰砂浆(现浇板)二遍	m^2	284.48	1 103.78	611.63	71.12	162.15	113.79	
		合计			1 103.78	611.63	71.12	162.15	113.79	

工程名称：西安市××山庄别墅装饰工程　　　　第 5 页　共 9 页

序号	清单项目编码及定额编码	项目名称	单位	数量	人工费/元	材料费/元	机械使用费/元	企业管理费/元	利润/元	综合单价/元
15	020401005001	夹板装饰门　800 mm×2 100 mm　1.68 m²	樘	1	24.77	1 024.01	32.24	3.66	54.60	1 139.28
	6—13	木门窗　贴面装饰门　带门框	m²	11.76	173.34	7 168.07	225.67	25.64	382.20	
		合计			173.34	7 168.07	225.67	25.64	382.20	
16	020401005002	夹板装饰门　900 mm×2 100 mm　1.89 m²	樘	1	27.86	1 152.01	36.27	4.12	27.86	1 281.68
	6—13	木门窗　贴面装饰门　带门框	m²	17.01	250.73	10 368.11	326.42	37.08	552.83	
		合计			250.73	10 368.11	326.42	37.08	552.83	
17	020402007001	钢质防火门　1 500 mm×2 100 mm　3.15 m²	樘	1	29.33	1 371.32	39.88	4.35	72.67	1 517.54
	6—76	冷弯钢板防火门	m²	3.15	29.33	1 371.32	39.88	4.35	72.67	
		合计			29.33	1 371.32	39.88	4.35	72.67	
18	020402007002	钢质防火门　900 mm×2 100 mm　1.89 m²	樘	1	17.60	822.79	23.93	2.61	43.60	1 517.54
	6—76	冷弯钢板防火门	m²	1.89	17.60	822.79	23.93	2.61	43.60	
		合计			17.60	822.79	23.93	2.61	43.60	
19	020402006001	防火防盗隔声门　1 600 mm×3 200 mm　5.12m²	樘	1		1 023.95			51.20	1 075.15
		防盗门	m²	5.12		1 023.95			51.20	
		合计				1 023.95			51.20	
20	020403003001	防火卷帘门　3 300 mm×2 200 mm　7.26 m²	樘	1	56.53	1 756.27	79.13	23.16	103.02	2 118.11
	6—91	卷帘门　铝合金	m²	7.26	156.53	1 756.27	79.13	23.16	103.02	
		合计			156.53	1 756.27	79.13	23.16	103.02	

工程名称：西安市××山庄别墅装饰工程　　　　第 6 页　共 9 页

序号	清单项目编码及定额编码	项目名称	单位	数量	人工费/元	材料费/元	机械使用费/元	企业管理费/元	利润/元	综合单价/元
21	020406004001	铝合金百叶窗　1 200 mm×2 000 mm　2.4 m^2　铝合金1.2 mm厚　90 系列 5 mm 厚　白玻璃表面处理氟碳喷涂	樘	1	24.53	715.94	23.09	3.65	38.71	805.92
	6—36	铝合金门窗　百叶窗	m^2	4.84	9.06	1 431.89	46.18	7.307	7.42	
		合计			49.06	1 431.89	46.18	7.30	77.42	
22	020406002001	铝合金平开窗　900 mm×1 500 mm　1.35 m^2　铝合金 1.2 mm厚　90 系列 5 mm 厚白玻璃　表面处理氟碳喷涂	樘	1	16.20	516.27	16.58	2.40	27.81	579.26
	6—32	铝合金门窗　平开窗　双玻	m^2	10.8	129.60	4 130.14	132.62	19.22	222.48	
		合计			129.60	4 130.14	132.62	19.22	222.48	
23	020406002002	铝合金平开窗　700 mm×300 mm　0.21 m^2 铝合金 1.2 mm厚　90 系列 5 mm 厚白玻璃　表面处理氟碳喷涂	樘	12.52	80.31	2.58	0.37	4.33		90.11
	6—32	铝合金门窗　平开窗　双玻	m^2	0.21	2.52	80.31	2.58	0.37	4.33	
		合计			2.52	80.31	2.58	0.37	4.33	
24	020406002003	铝合金平开窗　900 mm×300 mm　0.27 m^2　铝合金 1.2 mm厚　90 系列 5 mm 厚白玻璃　表面处理氟碳喷涂	樘	1	3.24	103.25	3.32	0.48	5.56	115.85
	6—32	铝合金门窗　平开窗　双玻	m^2	0.81	9.72	309.76	9.95	1.44	16.69	
		合计			9.72	309.76	9.95	1.44	16.69	
25	020406002004	铝合金平开窗　1 500 mm×300 mm　0.45 m^2 铝合金 1.2 mm厚　90 系列 5 mm 厚白玻璃　表面处理氟碳喷涂	樘	1	5.40	172.09	5.53	0.80	9.27	193.09
	6—32	铝合金门窗　平开窗　双玻	m^2	0.9	10.80	344.18	11.05	1.60	18.54	
		合计			10.80	344.18	11.05	1.60	18.54	

工程名称:西安市××山庄别墅装饰工程　　　　第 7 页　共 9 页

序号	清单项目编码及定额编码	项目名称	单位	数量	人工费/元	材料费/元	机械使用费/元	企业管理费/元	利润/元	综合单价/元
26	020406002005	铝合金平开窗　1 200 mm×1 500 mm　1.8 m² 铝合金 1.2 mm厚　90 系列 5 mm 厚白玻璃　表面处理氟碳喷涂	樘	1	21.60	688.36	22.10	3.21	37.08	772.34
	6—32	铝合金门窗　平开窗　双玻	m²	0.910	8.00	3 441.78	110.52	16.02	185.40	
		合计			108.00	3 441.78	110.52	16.02	185.40	
27	020406002006	铝合金平开窗　1 500 mm×1 500 mm　2.25 m² 铝合金 1.2 mm厚　90 系列 5 mm 厚白玻璃　表面处理氟碳喷涂	樘	1	27.00	860.45	27.63	4.01	46.35	965.43
	6—32	铝合金门窗　平开窗　双玻	m²	15.75	189.00	6 023.12	193.41	28.04	324.45	
		合计			189.00	6 023.12	193.41	28.04	324.45	
28	020406002007	铝合金平开窗　1 600 mm×1 500 mm　2.4 m² 铝合金 1.2 mm厚　90 系列 5 mm　厚白玻璃　表面处理氟碳喷涂	樘	1	28.80	917.81	29.47	4.27	49.44	1 029.79
	6—32	铝合金门窗　平开窗　双玻	m²	2.4	28.80	917.81	29.47	4.27	49.44	
		合计			28.80	917.81	29.47	4.27	49.44	
29	020406002008	铝合金平开窗　700 mm×1 900 mm　1.33 m²　铝合金 1.2 mm 厚　90 系列 5 mm 厚白玻璃　表面处理氟碳喷涂	樘	1	15.96	508.62	16.33	2.37	27.40	570.68
	6—32	铝合金门窗　平开窗　双玻	m²	1.33	15.96	508.62	16.33	2.37	27.40	
		合计			15.96	508.62	16.33	2.37	27.40	
30	020406002009	铝合金平开窗　900 mm×800 mm　0.72 m²　铝合金 1.2 mm 厚　90 系列 5 mm 厚白玻璃　表面处理氟碳喷涂	樘	1	8.64	275.34	8.84	1.28	14.83	308.94
	6—32	铝合金门窗　平开窗　双玻	m²	0.72	8.64	275.34	8.84	1.28	14.83	
		合计			8.64	275.34	8.84	1.28	14.83	

工程名称:西安市××山庄别墅装饰工程　　第 8 页　共 9 页

序号	清单项目编码及定额编码	项目名称	单位	数量	人工费/元	材料费/元	机械使用费/元	企业管理费/元	利润/元	综合单价/元
31	1020406002010	铝合金平开窗　1 200 mm×800 mm　0.96 m²　铝合金 1.2 mm 厚　90 系列 5 mm 厚白玻璃　表面处理氟碳喷涂	樘	1	11.52	367.12	11.79	1.71	19.78	411.92
	6—32	铝合金门窗　平开窗　双玻	m²	0.96	11.52	367.12	11.79	1.71	19.78	
		合计			11.52	367.12	11.79	1.71	19.78	
32	020406003001	铝合金落地窗　1 500 mm×2 400 mm　3.6 m²　铝合金1.2 mm 厚　90 系列 5 mm 厚白玻璃　表面处理氟碳喷涂	樘	1	26.67	695.49	22.61	3.96	37.84	86.57
	6—35	铝合金门窗　固定窗	m²	14.4	106.70	2 781.94	90.43	15.84	151.34	
		合计			106.70	2 781.94	90.43	15.84	151.34	
33	020406003002	铝合金落地窗　1 800 mm×2 400 mm　4.32 m²　铝合金 1.2 mm厚　90 系列 5 mm 厚白玻璃　表面处理氟碳喷涂	樘	1	32.01	834.58	27.13	4.76	45.40	943.88
	6—35	铝合金门窗　固定窗	m²	4.32	32.01	834.58	27.13	4.75	45.40	
		合计			32.01	834.58	27.13	4.75	45.40	
34	020406003003	铝合金落地窗　2 200 mm×2 400 mm　5.28 m²　铝合金 1.2 mm厚　90 系列 5 mm 厚白玻璃　表面处理氟碳喷涂	樘	1	19.56	510.02	16.58	2.90	27.75	576.82
	6—35	铝合金门窗　固定窗	m²	5.28	39.12	1 020.04	33.16	5.81	55.49	
		合计			39.12	1 020.04	33.16	5.81	55.49	
35	020406003004	铝合金落地窗　2 500 mm×2 400 mm　6 m²　铝合金 1.2 mm厚　90 系列 5 mm 厚白玻璃　表面处理氟碳喷涂	樘	1	44.46	1 159.14	37.68	6.60	63.06	1 310.94
	6—35	铝合金门窗　固定窗	m²	6	44.46	1 159.14	37.68	6.60	63.06	
		合计			44.46	1 159.14	37.68	6.60	63.06	

工程名称:西安市××山庄别墅装饰工程　　第 9 页　共 9 页

序号	清单项目编码及定额编码	项目名称	单位	数量	人工费/元	材料费/元	机械使用费/元	企业管理费/元	利润/元	综合单价/元
36	020406003005	铝合金落地窗　1 600 mm×2 400 mm　3.84 m² 铝合金1.2 mm厚　90 系列 5 mm 厚白玻璃　表面处理氟碳喷涂	樘	1	28.45	741.85	24.12	4.22	40.36	839.00
	6—35	铝合金门窗　固定窗	m²	3.84	28.45	741.85	24.12	4.22	40.36	
		合计			28.45	741.85	24.12	4.22	40.36]	
37	020506001001	内墙面层(起居室、客厅、餐厅、楼梯间、卧室、书房、视听室、辅助用房、娱乐室)　乳胶漆三遍	m²	1	1.20	4.67	0.19	0.18	0.33	6.57
	3—106	内墙装修　涂料及裱糊面层　乳胶漆高级	m²	609.04	730.85	2 844.22	115.72	109.63	200.98	
		合计			730.85	2 844.22	115.72	109.63	200.98	
38	020507001001	外墙喷丙烯酸弹性高级涂料墙面	m²	1	1.42	15.52	0.53	0.21	0.91	18.59
	3—31	外墙装修 涂料丙烯酸弹性高级涂料面层 三遍	m²	558.51	793.08	8 668.08	296.01	117.29	508.24	
		合计			793.08	8 668.08	296.01	117.29	508.24	
39	020507001002	内墙现浇混凝土墙面喷涂大白浆(车库、工作间、空调机房)	m²	1	0.43	0.18	0.02	0.06	0.04	0.73
	3—101	内墙装修　涂料及裱糊面层　大白浆	m²	148.74	63.96	26.77	2.97	8.92	5.95	
		合计			63.96	26.77	2.97	8.92	5.95	
40	020507001003	天棚(车库、工作间、空调机房)喷涂大白浆	m²	1	0.97	0.43	0.05	0.14	0.09	1.68
	2—108	天棚面层装饰　涂料　喷大白浆	m²	48.94	47.47	21.04	2.45	6.85	4.40	
		合计			47.47	21.04	2.45	6.85	4.40	
41	020507001004	天棚(起居室、客厅、餐厅、楼梯间、卧室、书房)喷涂大白浆	m²	1	0.97	0.43	0.05	0.14	0.09	1.68
	2—108	天棚面层装饰　涂料　喷大白浆	m²	284.48	275.95	122.33	14.22	39.83	25.60	
		合计			275.95	122.33	14.22	39.83	25.60	

措施项目费分析表

工程名称：西安市××山庄别墅装饰工程　　第 1 页　共 1 页

序号	措施项目名称	单位	金额/元					
			人工费	材料费	机械使用费	企业管理费	利润	小计
1	通用项目		983.97	1 685.52	187.67	145.80	164.51	3 167.47
1.1	环境保护	项						
1.2	文明施工	项						
1.3	安全施工	项						
1.4	临时设施	项						
1.5	夜间施工	项						
1.6	二次搬运	项						
1.7	大型机械设备进出场及安拆	项						
1.8	混凝土、钢筋混凝土模板及支架	项						
1.9	脚手架	项	983.97	1 685.52	187.67	145.80	164.51	3 167.47
1.10	已完工程及设备保护	项						
1.11	施工排水、降水	项						
3	装饰装修工程		1 000.00					1 000.00
3.1	垂直运输机械项							
3.2	室内空气污染测试	项	1 000.00					1 000.00

主要材料价格表

工程名称：西安市××山庄别墅装饰工程　　第 1 页　共 1 页

序号	材料编码	材料名称	规格型号等特殊说明	单位	单价/元
1	02001	水泥	综合	kg	0.39
2	04025	砂子		kg	0.06
3	37014	榉木贴面装饰门带门框		m^2	600.00
4	37043－1	铝合金双玻平开窗		m^2	370.00
5	06050	内墙釉面砖 0.06 m^2 以外		m^2	45.00
6	1 1334	丙烯酸弹性高级涂料		kg	13.00
7	37041	铝合金固定窗		m^2	180.00
8	84004	其他材料费		元	1.00
9	11 200	室内乳胶漆		kg	11.40
10	37090	冷弯钢板防火门		m^2	420.00
11	37104	铝合金卷帘门		m^2	230.00
12	06052	磨光花岗石		m^2	220.00
13	13046	聚苯乙烯泡沫塑料板		m^2	235.00
14	37046	铝合金百叶窗		m^2	285.00
15	3770001	防盗门		m^2	200.00
16	09444	镀锌固定件		个	1.00
17	11333	丙烯酸封底漆		kg	9.50
18	04026	石子	综合	kg	0.05
19	04048	白灰		kg	0.13
20	11205	水性封底漆(普通)		kg	5.20

第五章 开标、评标、定标,签订合同协议

第一节 开标、评标与定标

在工程项目招标投标中,开标、评标是招标程序中极为重要的环节。只有做出客观、公正的评标,才能最终正确地选择最优秀最合适的承包商,从而顺利进入到工程实施阶段。我国《招标投标法》规定,开标应当在招标文件规定的提交投标文件截止时间的同一时间公开进行,开标地点应当为招标文件中预先确定的地点。开标由招标人主持,邀请所有投标人参加。开标时,由投标人或者推选的代表检查投标文件的密封情况,也可以由招标人委托的公证机构检查并公证。经确认无误后,由工作人员当众拆封,宣读投标人名称、投标价格和投标文件的其他主要内容。招标人在招标文件要求提交投标文件的截止时间前收到的所有投标文件,开标时都应当众予以拆封、宣读。开标过程应当记录,并存档备查。

一、开标

按照招标文件范本的规定,开标应遵循以下各项:

(1)开标会议宣布开始后,应首先请各投标单位代表确认其投标文件的密封完整性,并签字予以确认。当众宣读评标原则、评标办法。由招标单位依据招标文件的要求,核查投标单位提交的证件和资料,并审查投标文件的完整性、文件的签署、投标担保等,但提交合格“撤回通知”和逾期送达的投标文件不予启封。

(2)唱标顺序应按各投标单位报送投标文件时间先后的顺序进行。当众宣读有效标函的投标单位名称、投标报价、工期、质量、主要材料用量、修改或撤回通知、投标保证金、优惠条件,以及招标单位认为有必要的其他内容。

(3)投标单位法定代表人或授权代表人未参加开标会议的视为自动弃权。投标文件有下列情况之一者将视为无效:

1)投标文件未按规定标志、密封;

2)未经法定代表人签署或未加盖投标单位公章或未加盖法定代表人印鉴;

3)未按规定的格式填写,内容不全或字迹模糊辨认不清;

4) 投标截止时间以后送达的投标文件。

二、设立评标机构

《招标投标法》规定,评标由招标人依法组建的评标委员会负责。依法必须进行招标的项目,其评标委员会由招标人的代表和有关技术、经济等方面的专家组成,成员人数为 5 人以上单数,其中技术、经济等方面的专家不得少于成员总数的 2/3。技术、经济等专家应当从事相关领域工作满 8 年并具有高级职称或者具有同等专业水平,由招标人从国务院有关部门或者

省、自治区、直辖市人民政府有关部门提供的专家名册或者招标代理机构的专家库内的相关专业的专家名单中确定，一般招标项目可以采取随机抽取方式，特殊招标项目可以由招标人直接确定。与投标人有利害关系的人不得进入相关项目的评标委员会，已经进入的应当更换。评标委员会成员的名单在中标结果确定前应当保密。建设部规定评标机构负责人由建设单位法定代表人或授权代理人担任。

三、评标的原则及程序

《招标投标法》明确规定，招标人应当采取必要的措施，保证评标在严格保密的情况下进行，任何单位和个人不得非法干预、影响评标的过程和结果。

评标委员会可以要求投标人对投标文件中含义不明确的内容作必要的澄清或者说明，但是澄清或者说明不得超出投标文件的范围或者改变投标文件的实质性内容。评标委员会应当按照招标文件确定的评标标准和方法，对投标文件进行评审和比较；设有标底的，应当参考标底。评标委员会完成评标后，应当向招标人提出书面评标报告，并推荐合格的中标候选人。招标人根据评标委员会提出的书面评标报告和推荐的中标候选人确定中标人。招标人也可以授权评标委员会直接确定中标人。评标委员会成员应当客观、公正地履行职责，遵守职业道德，对所提出的评审意见承担个人责任。评标委员会成员不得私下接触投标人，不得收受投标人的财物或者其他好处。评标委员会成员和参与评标的有关工作人员不得透露对投标文件的评审和比较、中标候选人的推荐情况以及与评标有关的其他情况。

（一）评标的原则

(1)竞争优选；

(2)公正、公平、科学合理；

(3)质量好、信誉高、价格合理、工期适当、施工方案先进可行；

(4)反不正当竞争；

(5)规范性与灵活性相结合。

（二）评标程序

未经资格预审的投标单位，在评标前须进行资格审查，只有资格审查合格的投标单位，其投标文件才能进行评价与比较。在评标开始前，为了有助于投标文件的评价和比较，评标机构可以个别要求投标单位澄清其投标文件。有关澄清的要求与答复，应以书面形式进行，但不允许更改投标报价或投标的实质性内容。

评标可按两段三审进行。两段指初审和终审；三审指符合性评审、技术性评审和商务性评审。

1. *初审*

(1) 投标文件符合性评审，包括商务符合性和技术符合性的评审。投标文件应实质上响应招标文件的所有条款、条件，无显著的差异或保留。显著差异或保留是指对工程的发包范围、质量标准及运用产生实质性影响；或者对合同中规定的招标单位的权力及投标单位的责任造成实质性限制，而且纠正这种差异或保留，将会对其他实质上响应要求的投标单位的竞争地位产生不公正的影响。如果投标文件实质上不响应招标文件的要求，招标单位将予以拒绝，并且不允许通过修正或撤消其不符合要求的差异或保留，使之成为具有响应性的投标。

(2) 技术性评审，包括方案可行性评审和关键工序评审，劳务、材料、机械设备、质量控制措施评估以及对施工现场周围环境污染的保护措施的评估。具体内容有：

1）施工方案的可行性。包括施工机械的性能和数量选择、施工场地及临时设施的安排，施工顺序及其相互衔接等。特别是对项目的最难点或要害部位的施工方法进行可行性论证。

2）施工进度计划的可靠性。评审施工进度计划能否满足建设单位（业主）对工程竣工时间的要求，计划是否科学、严谨并切实可行，并审查保证施工进度的措施。

3）工程材料和机械设备供应的技术性能符合设计技术要求。评估投标书中关于主要材料和设备的样本、型号、规格和制造厂家名称、地址等，判断其技术性能是否可靠和达到设计要求的标准。

4）施工质量的保证措施。评审质量控制和管理措施，包括质量管理制度的严密性、质量管理人员的配备、质量检验仪器设备的配置等。

5）对提出的技术建议和替代方案做出评审。评审这些建议和替代方案，对工程质量和技术性能的影响，评估其可行性和技术经济价值，考虑是否可全部或部分采纳。

6）对投标书中提出的施工现场的周围环境污染的保护措施进行评估。审查其保护措施的有效性和持续性。

（3）商务性评审，包括投标报价校核，审查全部报价数据计算的正确性，分析报价构成的合理性。具体内容有：

1）投标报价数据计算的正确性。包括报价的范围和内容是否有遗漏或修改，报价中每一单项价格计算是否正确等。

2）报价构成的合理性。通过分析投标报价中有关前期费用、管理费用、主体工程和各专业工程项目价格的比例关系，可以判断投标报价是否合理；对没有名义工程量，只填单价的机械台班费和人工费，进行合理性分析；分析投标书中所附的各阶段的资金需求计划是否与施工进度计划相一致，对预付款要求是否合理；采用调值公式法调价时取用的基价和调价系数的合理性，以及对调价幅度估算的合理性等。

3）对建议方案的商务评审。分析提出的财务或付款方面的建议，估计接受这些建议的利弊及可能导致的风险。

2. 终审

通过初审阶段后，筛选出若干个具备授标资格的投标单位，对他们进行终审。即对筛选出具备授标资格的投标单位进行澄清或答辩，以进一步评审，择优选择中标单位。不实行合理低标价的评标，可不进行终审。

3. 提出评标报告

招标单位根据评标委员会评审情况应编写出评标报告，编写完成后报招标管理机构审查。评标报告应包括以下内容：

（1）招标情况，包括工程说明，工程概况及招标范围等；招标过程，包括资金来源及性质、招标方式，招标文件报招标管理机构时间及招标管理机构的批准时间：刊登招标通告的时间；发放招标文件情况（有几家投标单位）、现场勘察和投标预备会情况（投标单位参加情况）；到投标截止时间递交投标文件情况（有几家投标单位）。

（2）开标情况，包括开标时间及地点；参加开标会议的单位及人员情况；唱标情况。

（3）评标情况，包括评标委员会的组成及评标委员会人员名单，评标工作的依据；评标内容，包括投标文件的符合性鉴定；投标单位的资格审查（未资格预审的采用）；审核报价；投标文件问题的澄清（如有时）；投标文件分析论证内容及评审意见。

(4) 推荐意见。

(5) 附件，包括评标委员会人员名单；投标单位资格审查情况表；投标报价评比表；投标文件符合性鉴定表；投标文件质询澄清的问题。

评标报告被批准后，可确定中标单位。

4. 意外情况的处理

按照建设部招标文件范本中规定，当下述情况之一发生时，经招标管理机构同意可以拒绝所有投标，宣布招标失败。

(1) 最低投标报价高于或低于一定幅度时；

(2) 所有投标单位的投标文件均实质上不符合招标文件要求。

若发生招标失败，招标单位应认真审查招标文件及工程标底，做出合理修改后经招标管理机构同意方可重新办理招标。

四、评标的方法

建设法规规定的评标方法有经评审的最低投标价法和综合评分法，对于简单的小型工程，也可以采用专家评议法。

（一）专家评议法

专家评议法不量化评价指标，通过对投标单位的能力、业绩、财务状况、信誉、投标价格、工期质量、施工方案（或施工组织设计）等内容进行定性的分析和比较，进行评议后，选择投标单位在各指标都较优良者为中标单位，也可以用表决的方式确定中标单位。这种方法是定性的评价方法，由于没有对各投标书的量化比较，评标的科学性较差。其优点是简单易行，在较短时间内即可完成，一般适用于小型工程或规模较小的改扩建项目招标。

（二）最低投标价法

这种方法是以评审价格作为衡量标准，选取最低评标价者作为推荐中标人。评标价并非投标价，它是将一些因素折算为价格，然后再计算其评标价。由于很多因素不能折算成价格，如施工组织机构、管理体系、人员素质等，因此这种方法的采用必须建立在严格的资格预审基础上。只要投标人通过了资格预审，就被认为具备了可靠的承包商条件，投标竞争只是一个价格的比较。评标价的其他构成要素还包括工期的提前量、标书中的优惠、技术建议带来的经济效益等，这些条件都可折算成价格作为评标价的折减因素。对其他可以折算为价格的要素，按照对招标人有利或不利的原则，按规定折算后，在投标报价中增加或扣减。根据国家7部委联合颁布的《评标委员会和评标方法暂行规定》，采用经评审的最低投标价法评审标书的，评标委员会应当根据招标文件中规定的评标价格调整方法，对所有投标人的投标报价及投标文件的商务部分做必要的价格调整。采用经评审的最低投标价法的，中标人的投标应当符合招标文件规定的技术要求和标准，评标委员会无需对投标文件的技术部分进行价格折算。

这种评审方法主要体现为价格的竞争，其通常适用于具有通用技术、性能标准或者招标人对其技术、性能没有特殊要求的招标项目。评审比较原则为：

(1)能够满足招标文件的实质性要求，应当符合招标文件规定的技术要求和标准；

(2)根据招标文件中规定的评标价格调整方法，对所有投标人的投标报价以及投标文件的商务部分作必要的价格调整；

(3)无需对投标文件的技术部分进行价格折算;

(4)经评审的最低评标价的投标,应当推荐为中标候选人。

(三)综合评分法

综合评分法是指将评审内容分类后分别赋予不同权重,评标委员依据评分标准对各类内容细分的小项进行相应的打分,最后计算的累计分值反映投标人的综合水平,以得分最高的投标书为最优。这种方法由于需要评分的涉及面较宽,每一项都要经过评委打分,可以全面地衡量投标人实施招标工程的综合能力。

这种评审方法旨在选择价格功能比最佳者,大型复杂工程及其他不宜采用经评审的最低投标价法的招标项目,一般应当采取综合评分法进行评审。

1. 评审比较原则

(1)采用量化方式比较时,应当对投标文件作必要的调整,将量化指标建立在同一基础或者同一标准上,使各投标文件具有可比性。

(2)对技术部分和商务部分进行量化后,评标委员会应当对这两部分的量化结果进行加权平均,计算出每一投标的综合评估价或者综合评估分。

(3)最大限度地满足招标文件中规定的各项综合评价标准的投标,应当推荐为中标候选人。

2. 评审方法

大型复杂工程的评分标准最好设置几级评分目标,以利于评委控制打分标准,减小随意性。评分的指标体系及权重应根据招标工程项目特点设定。

(1)比较内容和标准的设定。

1) 技术标和商务标标准分值或权重的设定。较为简单的工程项目由于评比要素相对较少,通常采用百分制法评标,但应预先设定技术标和商务标的满分值;大型复杂的工程项目由于评审要素较多,简单的百分制法不能满足要求,需将评审要素划分成几大类并分别给予不同的权重,每一类再采用百分制记分。技术标与商务标分值的分配比例,应按照工程项目的特点和招标人对投标人要求的不同,具体设定。

2) 评审要素的设定。为了能够对各投标书进行客观公正的比较,应合理地选择对招标工程有较大影响的要素进行比较,既不要过于简单使条件不好的投标人中标,也不应过于繁多,导致评审比较的重点不够突出。

3) 为了保证评标委员之间主观评审的差异不致过大,分值的分配范围应有细化标准。

(2)商务标的评分办法。报价部分的比较按照评分基准不同,可以划分为用标底作为衡量基准,用修正标底值作为衡量基准和不用标底而考虑投标人报价水平计算衡量基准三大类。

1) 以标底作为标准值计算报价得分的综合评分法。评标委员会首先用标底作为衡量标准,以预先确定的允许报价浮动范围(例如偏离标底上为5%,下为7%)筛选入围的有效投标,然后按照评标规则计算各项得分,最后以累计得分比较投标书的优劣。应注意,若某投标书的总分不是很低,但其中某一项得分低于该项及格分时,也应充分考虑授标给此投标人在实施过程中可能发生的风险。

案例 某火电站施工采用综合单价合同的邀请招标。

A. 评分标准

评标主要考察四个方面,每一方面再以百分制计分。为了利于评委控制打分标准,设置了三级目标。

第一级评分目标划分为：

(i) 投标单位的业绩、信誉，权重 0.15；

(ii) 施工管理能力，权重 0.1；

(iii) 施工组织设计，权重 0.15；

(iv) 投标报价，权重 0.6。

第二、三级评分目标划分——对第一级设定的目标分别按 100 分制再划分评定内容，见表 5.1、表 5.2、表 5.2、表 5.4。火电工程固定标底报价得分见图 5.1。

表 5.1　业绩和信誉(满分 100)

序号	内容	标准/分	评分标准/分	
1	企业资质等级	30	一级资质	30
			二级资质	20
2	企业信誉、银行信誉	20	好	20
			一般	10
3	同容量主体工程的施工经历	20	有	20
			无	0
4	近 5 年质量回访记录	15	好	15
			不好	0
5	近 3 年重大质量安全事故	15	无	15
			有	−15

表 5.2　施工管理(满分 100)

序号	内容	标准/分	评分标准/分	
1	主要施工机械与劳动力安排计划	50	科学合理、可行	50
			基本科学合理、可行	40
			一般	30
2	安全措施	30	完善可靠	30
			基本完善可靠	20
3	同期工程量	20	当年计划产值 2 亿元以上	10
			当年计划产值 1.5 亿元以上	15
			当年计划产值 1.5 亿元以下	20

表 5.3　施工组织(满分 100)

序号	内容	标准/分	评分标准/分	
1	施工方案	30	合理	30
			一般	10
2	施工组织机构(项目经理情况)	30	强	30
			一般	10
3	施工网络进度计划	20	合理	20
			一般	10
4	质量保证体系	20	强	20
			一般	10

表 5.4　报价分值(满分 100)

序号	内容	标准/分	评分标准/分	
1	$\dfrac{\text{报价}-\text{标底}}{\text{标底}}$	60	－(5～3)%	40
			－(2～1)%	60
			＋(2～1)%	50
			＋(5～3)%	30
2	单价表中人工、材料、机械费组成的合理性	30	合理	30
			一般	15
3	三材用量	10	合理	10
			一般	5

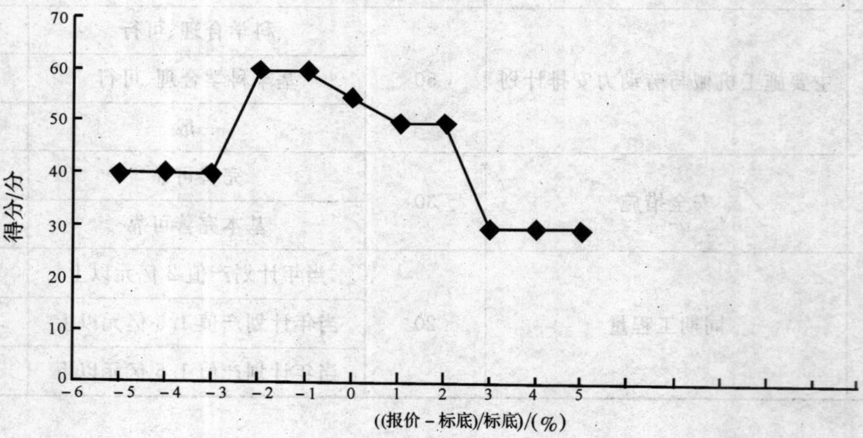

图 5.1　火电工程固定标底的报价得分

承包商的投标报价情况分别为：A＝5 200 万元，B＝4 900 万元，C＝4 800 万元。

B. 评标结果

标底价格为 5 000 万元。评标委员打分的结果如表 5.5 所示。

表 5.5　评标委员打分情况　单位：分

投标	业绩		施工管理		施工组织		报价		总分
单位	评委打分	加权得分	评委打分	加权得分	评委打分	加权得分	评委打分	加权得分	
A	80	12	70	7	70	10.5	70	42	71.5
B	60	9	60	6	60	9	100	60	84
C	70	10.5	80	8	80	12	80	48	78.5

从评标结果可以看出，以标底作为标准值计算报价得分的综合评分对 A,B,C 三家进行评审，承包商 B 应被推荐为中标单位。

2) 以修正标底值作为报价评分衡量标准的综合评分法。以标底作为报价评定标准时，编制的标底有可能没有反映出较为先进的施工技术水平和管理水平，导致报价分的评定不合理。为了弥补这一缺陷，可以采用标底的修正值作为衡量标准。此方法在工程项目管理的有关著作中也称为 $A+B$ 评标法，A 值为反映投标人报价的平均水平，可以是简单算术平均值，也可以是加权平均值；B 值为标底。

第一，淘汰报价不合理的投标书。

(i) 计算经过审查认为可以接受的各投标书报价的算术平均值，以这个平均值考察报价的平均水平。

(ii) 将各标书报价平均值与标底再作算术平均。

(iii) 以算出的值为中心，并以预先确定的允许浮动范围(如：±10)确定入围的有效投标书。此范围作为第一次对报价合理性的判断标准，将所有投标人分成高于和低于此值的两类，超过设定范围的投标书将被认为报价不合理，予以淘汰。

第二，计算报价项的评分基准(或称为最佳分点)。

首先，计算所有入围有效标书报价的平均值 A。低于标底入围报价的平均值为 X，加权系数为 α；高于标底入围报价的平均值为 Y，加权系数为 β，则平均值 A 的表达式为

$$A=AX+\beta Y$$

式中，α 的取值建议在 0.3～0.7 范围内，且应满足 $\alpha+\beta=1$。

然后，以标底为 B，则最佳分点为

$$最佳分点=\xi A+\eta B$$

式中，ξ 的取值建议在 0.35～0.65 范围内，且应满足 $\xi+\eta=1$。

第三，计算有效投标书报价项的得分。

(i) 以评分基准为标准，再将入围标书分成高于和低于此值的两类。

(ii) 依据评标规则确定的计算方法，按报价与标准的偏离度计算各投标书的该项得分。

目前在国内工程的施工招标评审过程中，为了减少评标的计算工作量经常将第一步简化，以标底为基数用某一预定浮动范围(如上为 5%，下为 7%)直接作为入围投标书的衡量标准。

案例 某输变电工程施工招标报价项的评审打分采用 $A+B$ 评标法

在评标方法中规定总分为 100 分，报价项满分为 60 分。标底价格为 5 000 万元。

A. 预先确定评审计算规则

第一，确定投标报价入围的标书。以标底作标准，报价偏离在 ±5% 范围内的投标书为有效报价。

第二，确定报价评分基准。将此值定义为标准值，计算方法为

a. 计算 A

(i) 低于标底入围报价的平均值为 X，加权系数 $\alpha=0.7$；

(ii) 高于标底入围报价的平均值为 Y，加权系数 $\beta=0.3$；

(iii) $A=\alpha X+\beta Y$

b. 以标底为 B

c. 标准值 $=\dfrac{A+B}{2}$

第三，计算各投标书报价分。以标准值确定的得分计算公式为

a. 低于标准值标书得分 $=60-2\times\left|\left(1-\dfrac{\text{报价}}{\text{最佳分点}}\right)\times 100\right|$

b. 高于标准值标书得分 $=60-3\times\left|\left(1-\dfrac{\text{报价}}{\text{最佳分点}}\right)\times 100\right|$

输变电工程浮动标底报价得分见图 5.2 所示。

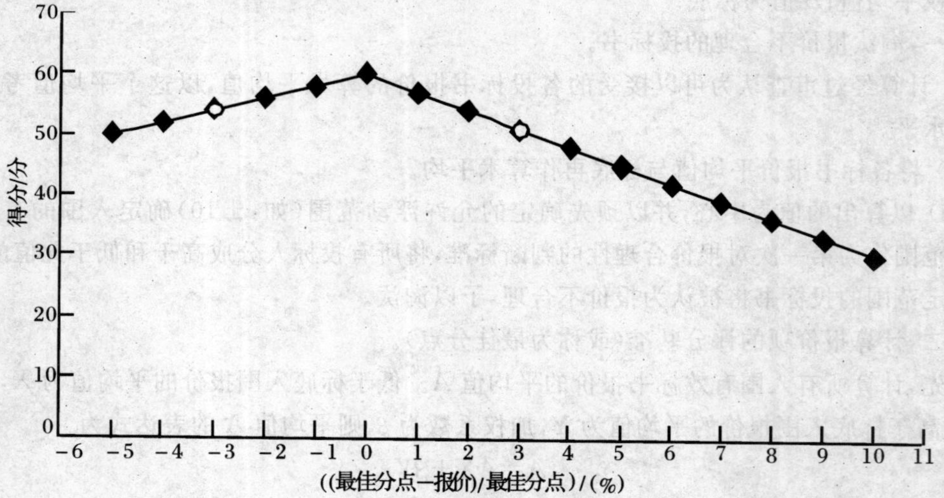

图 5.2 输变电工程浮动标底的报价得分

B. 入围投标人的报价

5 家入围投标人的投标价分别为：$C=5\ 250$ 万元；$D=5\ 050$ 万元；$E=4\ 850$ 万元；$F=4\ 800$ 万元；$G=4\ 750$ 万元。

确定标准值：

$$X=\frac{4\ 850+4\ 800+4\ 750}{3}=4\ 800,\qquad \alpha=0.7$$

$$Y = \frac{5\ 250 + 5\ 050}{2} = 5\ 150, \qquad \beta = 0.3$$

$$A = 4\ 800 \times 0.7 + 5\ 150 \times 0.3 = 4\ 905$$

$$B = 5\ 000$$

$$\text{标准值} = \frac{4\ 905 + 5\ 000}{2} = 4\ 952.5$$

各投标书报价项得分和报价得分对比见表 5.6 所示。

表 5.6 投标书报价项得分和报价得分对比

投标人	C	D	E	F	G
以标准值计算报价项得分/分	41.98	54.09	55.86	53.84	51.82
以标底为标准计算报价项得分/分	45	57	54	52	50

可以看出，以修正标底值作为报价评分衡量标准的综合评分法对承包商进行评审，承包商 E 应作为推荐中标单位。若以标底作为标准值计算报价得分的综合评分法对承包商进行评审，承包商 D 应被推荐为中标单位。

3）不用标底衡量的综合评分法。前两种方法在商务评标过程中对报价部分的评审都以预先设定的标底作为衡量条件，如果标底编制得不够合理，有可能对某些投标书的报价评分不公平。为了鼓励投标人的报价竞争，可以不预先制定标底，用反映投标人报价平均水平某一值作为衡量基准评定各投标书的报价部分得分。但仍然设置一个标准值，视报价与其偏离度的大小确定分值高低。采用较多的方法有以下两种。

(i) 以最低报价为标准值。在所有投标书的报价中以报价最低者为标准（该项满分），其他投标人的报价按预先确定的偏离百分比计算相应得分。但应注意，如果最低的投标报价比次低投标人的报价相差悬殊（例如 20%以上），则应首先考察最低报价者是否有低于其企业成本的竞标，若报价的费用组成合理，才可以作为标准值。

工程量清单计价的招标中经常采用合理低价评分法评标。评审投标报价时不仅注重总价，更注重价格构成，各投标报价工程量相同，价格构成清晰可比，便于进行投标的响应性和报价是否合理的评价，各投标人的优势体现在报价中，使报价结合质量及工期的综合合理低价评价得到有效的保证，同时在一定程度上消除了编标、串标、抬标等不良现象，避免了工程造价被恶意扭曲。所以，工程量清单招标中标底价仅作为市场参考价或业主的栏标价，在评标中只起参考作用。国际惯例中标底也仅仅作为建设单位对工程费用的估测，一般不参与评标，评标中大多采用最低价中标（少数采用中间价中标），但其前提条件是建立有效的建筑市场担保制度。所以，我国也应当逐步建立健全招标投标担保制度，其中包括建设单位支付工程款的担保和中标单位实施工程进度、质量的担保，在此基础上逐步降低标底在评标中的参与力度，直至取消标底的参与。

(ii) 以平均报价为标准值。开标后，首先计算各主要报价项的标准值。可以采用简单的算术平均值或平均值下浮某一预先规定的百分比作为标准值。标准值确定后，再按预先确定的规则，视各投标书的报价与标准值的偏离程度，计算该投标书的该项得分。

案例 以平均报价下浮的无标底评标。

报价分别为：C=4 950 万元；D=4 900 万元；E=4 850 万元；F=4 800 万元；G=4 750

万元。

报价评分标准值 A:以报价平均值为标准值

标准值＝4 850

标准值降 5%为 4 607.5,降 1%为 4 801.5。

$$低于标准值报价得分=60-2\times\frac{评分标准值-报价}{评分标准值}\times 100$$

$$高于标准值报价得分=60-3\times\frac{报价-评分标准值}{评分标准值}\times 100$$

投标书报价得分见表 5.7。

表 5.7 投标书报价得分

投标人		C	D	E	F	G
得分/分	平均值	53.81	56.91	60.00	57.94	55.88
	降 5%	37.70	40.95	44.21	47.67	50.72
	降 1%	50.72	53.85	56.97	59.94	57.85

五、中标

经过评标后,就可确定出中标单位。《招标投标法》明确规定中标人的投标应当符合下列条件之一:

(1)能够最大限度地满足招标文件中规定的各项综合评价标准;

(2)能够满足招标文件的实质性要求,并且经评审的投标价格最低,但是投标价格低于成本的除外。

评标委员会经评审,认为所有投标都不符合招标文件要求的,可以否决所有投标。依法必须进行招标的项目的所有投标被否决的,招标人应当依照本法重新招标。在确定中标人前,招标人不得与投标人就投标价格、投标方案等实质性内容谈判。

《招标投标法》中还规定,中标人确定后,招标人应当向中标人发出中标通知书,并同时将中标结果通知所有未中标的投标人。中标通知书对招标人和中标人具有法律效力。中标通知书发出后,招标人改变中标结果的,或者中标人放弃中标项目的,应当依法承担法律责任。

招标人和中标人应当自中标通知书发出之日起 30 日内,按照招标文件和中标人的投标文件订立书面合同。招标人和中标人不得再行订立背离合同实质性内容的其他协议。招标文件要求中标人提交履约保证金的,中标人应当提交。

依法必须进行招标的项目,招标人应当自确定中标人之日起 15 日内,向有关行政监督部门提交招标投标情况的书面报告。

中标人应当按照合同约定履行义务,完成中标项目。中标人不得向他人转让中标项目,也不得将中标项目肢解后分别向他人转让。中标人按照合同约定或者经招标人同意,可以将中标项目的部分非主体、非关键性工程分包给他人完成。接受分包的人应当具备相应的资格条件,并不得再次分包。中标人应当就分包项目向招标人负责,接受分包的人就分包项目承担连带责任。

第二节　施工合同的签订

一、工程承包合同价格类型及选择

根据《中华人民共和国合同法》《建设工程施工合同管理办法》及《建设工程施工发包与承包计价管理办法》的规定，建筑工程施工合同按付款方式可分为三种：固定价合同、可调价合同及成本加酬金合同。招标单位在招标前，就应根据工程难度、设计深度等因素确定合同形式。

（一）建筑工程合同类型

1. 固定价格合同

合同中确定的工程合同价在实施期间不因价格变化而调整。固定合同价可分为固定合同总价和固定合同单价两种。

(1)固定总价合同。这种合同确定的总价为包死的固定总价。合同总价只有在设计和施工范围变更的情况下才能做相应的调整，除此之外，合同总价是不能变动的。因此，作为合同价格计算依据的图纸和计量规则、规范必须对工程做出详尽的描述。在合同执行过程中，合同双方都不能因工程量、设备、材料价格、工资等因素变动和气候条件恶劣等原因提出对合同总价调整的要求，这就意味着承包商在施工过程中要承担较大的风险，如物价波动、气候条件恶劣、地质地基条件及其他意外因素等，因此合同价款一般会高些。这类合同价可以使建设单位对工程总开支做到大体心中有数，在施工过程中可以更有效地控制资金的使用。

(2)固定单价合同。固定单价合同中确定的各项单价在工程实施期间不因价格变化而调整。这种合同是以工程量表中所列工程量和承包商所报出的单价为依据来计算合同价的。通常招标人在准备此类合同的招标文件时，委托咨询单位按分部分项工程列出工程量表并填入估算的工程量，承包商在投标时在工程量表中填入各项的单价，据之计算出总价作为投标报价之用。但在每月结算时，以实际完成的工程量结算，在工程全部完成时以竣工图进行最终结算。

采用这种合同时，要求实际完成的工程量与原估计的工程量不能有实质性的变化。因为投标人报出的单价是以招标文件给出的工程量为基础计算的，工程量大幅度的增加或减少，会使得投标人按比例分摊到单价中的一些固定费用与实际严重不符，要么使投标人获得超额利润，要么使许多固定费用收不回来。所以有的单价合同规定，如果最终结算时实际工程量与工程量清单中的估算工程量相差超过10%时，允许调整合同单价。

在设计单位来不及提供施工详图，或虽有施工详图但由于某些原因不能准确地计算工程量时，招标文件也可只向投标人提供各分项工程内的工作项目一览表、工程范围及必要的说明，而不提供工程量，承包商只要给出表中各项目的单价即可，将来施工时按实际完成工程量计算。有时也可由业主一方在招标文件中列出单价，而投标一方提出修正意见，双方磋商后确定最后的承包单价。

2. 可调价格合同

可调价是指合同总价或者单价，在合同实施过程中可以按照约定，随资源价格等因素的变化而调整的价格。

(1)可调总价。可调总价合同的总价一般也是以设计图纸及规定、规范为基础，在报价及签约时，按招标文件的要求和当时的物价计算合同总价的。但合同总价是一个相对固定的价格，在合同执行过程中，由于通货膨胀而使投入工程的工料成本增加，可对合同总价进行相应的调整。可调总价合同的合同总价不变，只是在合同条款中增加调价条款，如果出现通货膨胀这一不可预见的费用因素，合同总价就可按约定的调价条款作相应的调整。

可调总价合同列出的有关调价的特定条款，往往是在合同专用条款中列明，调价工作必须按照这些特定的调价条款进行。这种合同与固定总价合同的不同之处在于，它对合同实施过程中出现的风险作了分摊，发包方承担了通货膨胀的风险，而承包方承担了合同实施中工程量、成本和工期因素等其他风险。

可调总价合同适用于工程内容和技术经济指标很明确的项目，由于合同中列有调值条款，所以工期在一年以上的工程项目较适合于采用这种合同计价方式。

(2)可调单价。合同单价的可调，一般是在工程招标文件中规定的。在合同中签订的单价，根据合同约定的条款，如在实施过程中物价发生变化等，可作调值。有的工程在招标或签约时，因某些不确定因素而在合同中暂定某些分部分项工程的单价，在工程结算时，再根据实际情况和合同约定对合同单价进行调整，确定实际结算单价。

3. 成本加酬金合同

合同中确定的工程合同价，其工程成本部分按现行计价依据计算，酬金部分则按工程成本乘以通过竞争确定的费率计算，将两者相加，确定出合同价。一般分为以下几种形式。

(1)成本加固定百分比酬金确定的合同价。这种合同价是发包方对承包方支付的人工、材料和施工机械使用费、其他直接费、施工管理费等按实际直接成本全部据实补偿，同时按照实际直接成本的固定百分比付给承包方一笔酬金，作为承包方的利润。

这种合同价使得建安工程总造价及付给承包方的酬金随工程成本而水涨船高，不利于鼓励承包方降低成本，因此，很少采用。

(2)成本加固定金额确定的合同价。这种合同价与上述成本加固定百分比酬金合同价相似，其不同之处仅在于发包方付给承包方的酬金是一笔固定金额的酬金。

采用上述两种合同价方式时，为了避免承包方企图获得更多的酬金而对工程成本不加控制，往往在承包合同中规定一些“补充条款”，以鼓励承包方节约资金，降低成本。

(3)成本加奖罚确定的合同价。采用这种合同价，首先要确定一个目标成本，这个目标成本是根据粗略估算的工程量和单价表编制出来的。在此基础上，根据目标成本来确定酬金的数额，可以是百分数的形式，也可以是一笔固定酬金。然后，根据工程实际成本支出情况另外确定一笔奖金，当实际成本低于目标成本时，承包方除从发包方获得实际成本、酬金补偿外，还可根据成本降低额得到一笔奖金。当实际成本高于目标成本时，承包方仅能从发包方得到成本和酬金的补偿，此外，视实际成本高出目标成本情况，若超过合同价的限额，还要处以一笔罚金。除此之外，还可设工期奖罚。这种合同价形式可以促使承包商降低成本，缩短工期，而且目标成本随着设计的进展而加以调整，承发包双方都不会承担太大风险，故应用较多。

(4)最高限额成本加固定最大酬金确定的合同价。在这种合同价中，首先要确定限额成本、报价成本和最低成本。当实际成本没有超过最低成本时，承包方花费的成本费用及应得酬金等都可得到发包方的支付，并与发包方分享节约额；如果实际工程成本在最低成本和报价成本之间，承包方只能得到成本和酬金；如果实际工程成本在报价成本与最高限额成本之间，则只能得到全部成本；当实际工程成本超过最高限额成本时，则超过部分发包方不予支付。这种合同价形式有利于控制工程造价，并能鼓励承包方最大限度地降低工程成本。

（二）合同类型的选择

一般说来，选择合同类型时建设单位占有一定的主动权，但也应考虑施工单位的承受能力，选择双方都能认可的合同类型。影响合同类型选择的因素主要有以下几方面。

1. 建筑规模与工期

项目规模小、工期短，建设单位较愿选用总价合同，因为这类工程风险较小。项目规模大、工期长、不可预见因素多，这类项目不宜采用总价合同。

2. 设计深度

若设计详细，工程量明确，则三类合同均可选用；若设计深度可以划分出分部分项工程，但不能准确计算工程量，应优先选用单价合同。

3. 项目准备时间的长短

建筑工程招标投标及签订合同，招标单位与投标单位都要做准备工作，不同的合同类型需要不同的准备时间与费用。总价合同需要的准备时间和准备费用最高，成本加酬金合同需要的准备时间和费用最低。对抢险救灾等十分急迫的任务，给予招标投标双方的准备时间都很少，因此只能采用成本加酬金的合同形式。反之，可采用单价或总价合同形式。

4. 项目的施工难度及竞争情况

项目施工难度大，则对施工单位技术要求高，风险也较大，选择总价合同的可能性较小；项目施工难度小，且愿意施工的单位多，竞争激烈，建设单位拥有较大的主动权，可按总价合同、单价合同、成本加酬金合同的顺序选择。

此外，选择合同类型时，还应考虑外部环境因素。若外部环境恶劣，如通货膨胀率高、气候条件差等，则施工成本高、风险大，投标单位很难接受总价合同。

二、施工合同格式的选择

合同是招标投标双方对招标成果的认可，是招标之后、开工之前双方签订的工程施工、付款和结算的凭证。合同的形式应在招标文件中确定，投标人应在投标文件中作出响应。目前的建筑工程施工合同格式一般采用以下几种方式。

1. 参照 FIDIC 合同格式订立的合同

FIDIC 合同是国际通用的规范合同文本，一般用于大型的国家投资项目和世界银行贷款项目。采用这种合同格式，可以避免工程竣工结算时的经济纠纷，但因其使用条件较严格，因而在一般中小型项目中较少采用。

2.《建设工程施工合同示范文本》（简称《示范文本合同》）

按照国家工商部和建设部推荐的《建设工程施工合同示范文本》格式订立的合同比较规范，也是公开招标的中小型工程项目采用最多的一种合同格式。该合同由 4 部分组成：协议书、通用条款、专用条款、附件。《协议书》明确了双方最主要的权利义务，经当事人签字盖章，具有最高的法律效力；《通用条款》具有通用性，基本适用于各类建筑施工和设备安装；《专用条款》是对《通用条款》必要的修改与补充，其与《通用条款》相对应，多为空格形式，需双方协商完成，更好地针对工程的实际情况，体现了双方的统一意志；附件对双方的某项义务以确定格式予以明确,便于实际工作中的执行与管理。

整个示范文本合同是招标文件的延续,故一些项目在招标文件中就拟定了补充条款内容以表明招标人的意向;投标人若对此有异议时,可在招标答疑(澄清)会上提出,并在投标函中提出施工单位能接受的补充条款;双方对补充条款再有异议时可在询标时得到最终统一。但是,也有项目虽然在招标中采用了示范文本合同,并没有在协议书中写明工程造价,或者协议书中写明的造价与中标通知书上的中标价不相一致,或者在补充条款中未对招标文件内容有实质性响应,甚至在补充条款中提出与招标文件内容相矛盾的款项,那么一方面不能体现招标对所有潜在中标人的公平和公正;另一方面使最终的工程审价工作难以开展,导致双方利益(大多情况下是建设单位利益)的损失。

3. 自由格式合同

自由格式合同是由建设单位和施工单位协商订立的合同,它一般适用于通过邀请招标或议标发包而定的工程项目。这种合同是一种非正规的合同形式,往往由于一方(主要是建设单位)对建筑工程的复杂性、特殊性等方面考虑不周,从而使其在工程实施阶段陷于被动。

三、施工合同签订过程中的注意事项

1. 关于合同文件部分

招标投标过程中形成的补遗、修改、书面答疑、各种协议等均应作为合同文件的组成部分。特别应注意作为付款和结算依据的工程量和价格清单,应根据评标阶段作出的修正稿重新整理、审定,并且应标明按完成的工程量测算付款和按总价付款的内容。

2. 关于合同条款的约定

在编制合同条款时,应注重有关风险和责任的约定,将项目管理的理念融入合同条款中,尽量将风险量化,责任明确,公正地维护双方的利益。其中主要重视以下几类条款。

(1)程序性条款。目的在于规范工程价款结算依据的形成,预防不必要的纠纷。程序性条款贯穿于合同行为的始终,包括信息往来程序、计量程序、工程变更程序、索赔处理程序、价款支付程序、争议处理程序等。编写时注意明确具体步骤,约定时间期限。

(2)有关工程计量条款。注重计算方法的约定,应严格确定计量内容(一般按净值计量),加强隐蔽工程计量的约定。计量方法一般按工程部位和工程特性确定,以便于核定工程量及便于计算工程价款为原则。

(3)有关估价的条款。应特别注意价格调整条款,如对未标明价格或无单独标价的工程,是采用重新报价方法,还是采用定额及取费方法,或者协商解决,在合同中应约定相应的计价方法。对于工程量变化的价格调整,应约定费用调整公式;对工程延期的价格调整、材料价格上涨等因素造成的价格调整,是采用补偿方式,还是变更合同价,应在合同中约定。

(4)有关双方职责的条款。为进一步划清双方责任,量化风险,应对双方的职责进行恰当的描述。对那些未来很可能发生并影响工作、增加合同价格及延误工期的事件和情况加以明确,防止索赔、争议的发生。

(5)工程变更的条款。适当规定工程变更和增减总量的限额及时间期限。如在 FIDIC 合同条款中规定,单位工程的增减量超过原工程量 15%应相应调整该项的综合单价。

第三节　施工合同案例

本节以西安市××山庄别墅工程施工合同为例，介绍施工合同的具体条款及其内容，该中标单位为北京××建筑工程公司。

本案例工程施工合同选用示范文本合同中适用本工程的相关条款制订。专用条款序号可不连续。

西安市××山庄别墅
工程施工合同

第一部分　协　议　书

发包人（全称）：陕西××房地产开发公司（以下简称甲方）

承包人（全称）：北京××建筑工程公司（以下简称乙方）

依照《中华人民共和国合同法》《中华人民共和国建筑法》及其他有关法律、行政法规，遵循平等、自愿、公平和诚实信用的原则，双方就本建设工程施工项目协商一致，订立本合同。

第一条　工程概况

工程名称：西安市××山庄别墅

工程地点：西安市××路中段

资金来源：　　自筹

第二条　工程承包范围

承包范围：施工图纸及工程量清单包括的所有内容

第三条　合同工期

开工日期：　2006年12月20日

竣工日期：　2007年6月17日

合同工期总日历天数　180　天

第四条　质量标准

工程质量标准：　合格

第五条　合同价款

金额（大写）：陆拾捌万贰仟叁佰捌拾玖圆整　（人民币）￥：682 389元

第六条　组成合同的文件

组成本合同的文件包括：

1. 本合同协议书

2. 中标通知书

3. 投标书及其附件

4. 本合同专用条款

5. 本合同通用条款

6. 标准、规范及有关技术文件

7. 图纸

8. 工程量清单

9. 工程报价单或预算书

双方有关工程的洽商、变更等书面协议或文件视为本合同的组成部分。

第七条　本协议书中有关词语含义与本合同第二部分《通用条款》中分别赋予它们的定义相同。

第八条　承包人向发包人承诺按照合同约定进行施工、竣工并在质量保修期内承担工程质量保修责任。

第九条 发包人向承包人承诺按照合同约定的期限和方式支付合同价款及其他应当支付的款项。

第十条 合同生效

合同订立时间：2006 年 12 月 15 日

合同订立地点：西安市

本合同双方约定 双方签字盖章 后生效。

发 包 人：(公章)：×××	承包人：(公章)×××
住 所：×××	住 所：×××
法定代表人：×××	法定代表人：×××
委托代表人：×××	委托代表人：×××
电 话：×××	电 话：×××
传 真：×××	传 真：×××
开户银行：×××	开户银行：×××
账 号：×××	账 号：×××
邮政编码：×××	邮政编码：×××

第二部分　通用条款

详见附录《建设工程施工合同示范文本》中通用条款部分，此处略。

第三部分　专用条款

一、词语定义及合同文件

2. 合同文件及解释顺序

合同文件组成及解释顺序：见通用条款 2.1 及 2.2 条

3. 语言文字和适用法律、标准及规范

3.1　本合同除使用汉语外，还使用　/　语言文字。

3.2　适用法律和法规

需要明示的法律、行政法规：《中华人民共和国建筑法》《中华人民共和国合同法》

3.3　适用标准、规范

适用标准、规范的名称：国家现行标准和规范

4. 图纸

4.1　发包人向承包人提供图纸日期和套数：2006 年 12 月 17 日，4 套

发包人对图纸的保密要求：保密

二、双方一般权利和义务

5. 工程师

5.2　监理单位委派的工程师

姓名：×××　职务：总监理工程师

发包人委托的职权：负责工程施工质量、进度、投资控制，合同管理及协调工作

5.3　发包人派驻的工程师

姓名：×××　职务：甲方代表　职权：全权负责该工程的一切建设管理工作

7. 项目经理

姓名：姜四　职务：项目经理

8. 发包人工作

8.1　发包人应按约定的时间和要求完成以下工作：

(1)施工场地具备施工条件的要求及完成的时间：2006 年 12 月 20 日完成三通一平工作

(2)将施工所需的水、电、电信线路接至施工场地的时间、地点和供应要求：2006 年 12 月 20 日将水、电、电信线路接至施工现场

(3)施工场地与公共道路的通道开通时间和要求：2006 年 12 月 20 日完成路

通

(4)工程地质和地下管线资料的提供时间：2006年12月17日提供地质勘查报告及地下管线的埋设资料情况

(5)由发包人办理的施工所需证件、批件的名称和完成时间：2006年12月17日提供施工许可证及相关资料

(6)水准点与坐标控制点交验要求：2006年12月17日提供该别墅的±0.000绝对高程和坐标控制点

(7)图纸会审和设计交底时间：2006年12月25日

(8)协调处理施工场地周围地下管线和邻近建筑物、构筑物(含文物保护建筑)、古树名木的保护工作：此工作由甲方委托乙方负责实施，费用由甲方承担

(9)双方约定发包人应做的其他工作：/

8.2 发包人委托承包人办理的工作：/

9. 承包人工作

9.1 承包人应按约定时间和要求，完成以下工作：

(1)需由设计资质等级和业务范围允许的承包人完成的设计文件提交时间：见通用条款9.1条

(2)应提供计划、报表的名称及完成时间：见通用条款9.1条

(3)承担施工安全保卫工作及非夜间施工照明的责任和要求：见通用条款9.1条

(4)向发包人提供的办公和生活房屋及设施的要求：见通用条款9.1条

(5)需承包人办理的有关施工场地交通、环卫和施工噪声管理等手续：见通用条款9.1条

(6)已完工程成品保护的特殊要求及费用承担：/

(7)施工场地周围地下管线和邻近建筑物、构筑物(含文物保护建筑)、古树名木的保护要求及费用承担：此工作由甲方委托乙方负责实施，费用由甲方承担

(8)施工场地清洁卫生的要求：省级文明工地标准

(9)双方约定承包人应做的其他工作：/

三、施工组织设计和工期

10. 进度计划

10.1 承包人提供施工组织设计(施工方案)和进度计划的时间：2006年12月23日

工程师确认的时间：2006年12月30日

10.2 群体工程中有关进度计划的要求：/

13. 工期延误

13.1 双方约定工期顺延的其他情况：/

四、质量与验收

17. 隐蔽工程和中间验收

17.1　双方约定中间验收部位：基础完成±0.000 以下完成和主体封顶

19. 工程试车

19.5　试车费用的承担：由发包方承担

五、安全施工

六、合同价款与支付

23. 合同价款及调整

23.2　本合同价款采用 第(2)种 方式确定。

(1)采用固定价格合同，合同价款中包括的风险范围：/

风险费用的计算方法：/

风险范围以外合同价款调整方法：/

(2)采用可调价格合同，合同价款调整方法：设计变更加签证，发包方认质认价材料价差

(3)采用成本加酬金合同，有关成本和酬金的约定：/

23.3　双方约定合同价款的其他调整因素：/

24. 工程预付款

发包人向承包人预付工程款的时间和金额或占合同价款总额的比例：无预付款

扣回工程款的时间、比例：/

25. 工程量确认

25.1　承包人向工程师提交已完工程量报告的时间：每月 25 日

26. 工程款(进度款)支付

双方约定的工程款(进度款)支付的方式和时间：见通用条款第 26 条

七、材料设备供应

27. 发包人供应

27.4　发包人供应的材料设备与一览表不符时，双方约定发包人承担责任如下：

(1)材料设备单价与一览表不符：见通用条款第 27.4 条

(2)材料设备的品种、规格、型号、质量等级与一览表不符：见通用条款第 27.4 条

(3)承包人可代为调剂串换的材料：见通用条款第 27.4 条

(4)到货地点与一览表不符：见通用条款第 27.4 条

(5)供应数量与一览表不符：见通用条款第 27.4 条

(6)到货时间与一览表不符：见通用条款第 27.4 条

27.6　发包人供应材料设备的结算方法：按供应单价乘以供应数量扣

除________

28. 承包人采购材料设备

28.1 承包人采购材料设备的约定： 本工程所使用材料均由承包人采购，并符合国家或行业相应标准

八、工程变更

九、竣工验收与结算

32. 竣工验收

32.1 承包人提供竣工图的约定： 工程竣工由承包人提供竣工图纸两套

32.6 中间交工工程的范围和竣工时间： /

十、违约、索赔和争议

35. 违约

35.1 本合同中关于发包人违约的具体责任如下：

本合同通用条款第24条约定发包人违约应承担的违约责任： /

本合同通用条款第26.4款约定发包人违约应承担的违约责任： 见通用条款第26.4条

本合同通用条款第33.3款约定发包人违约应承担的违约责任： 见通用条款第33.3条

双方约定的发包人其他违约责任： /

35.2 本合同中关于承包人违约的具体责任如下：

本合同通用条款第14.2款约定承包人违约承担的违约责任： 见通用条款第14.2条

本合同通用条款第15.1款约定承包人违约应承担的违约责任： 见通用条款第15.1条

双方约定的承包人其他违约责任： /

37. 争议

37.1 本合同在履行过程中发生争议时，由双发当事人协商解决，协商不成的，按下列第(2)种方式解决：

(1)提交 / 仲裁委员会仲裁；

(2)依法向工程所在地人民法院起诉。

十一、其他

38. 工程分包

38.1 本工程发包人同意承包人分包的工程： 无

39. 不可抗力

39.1 双方关于不可抗力的约定： 见通用条款第39.1条

46. 合同份数

46.1 双方约定合同副本份数：<u>本合同副本陆份，双方各执叁份</u>

47. 补充条款

<u>无</u>

附件 1：

承包人承揽工程项目一览表

单位工程名称	建设规模	建筑面积 m^2	结构	层数	跨度 m	设备安装内容	工程造价 元	开工日期	竣工日期

附件 2:

发包人供应材料设备一览表

序号	材料设备品种	规格型号	单位	数量	单价	质量等级	供应时间	送达地点	备注

附件 3：

房屋建筑工程质量保修书

发包人(全称)：陕西××房地产开发公司

承包人(全称)：北京××建筑工程公司

发包人、承包人根据《中华人民共和国建筑法》《建设工程质量管理条例》和《房屋建筑工程质量保修办法》，经协商一致，对 西安市××山庄别墅 (工程全称)签定工程质量保修书。

第一条 工程质量保修范围和内容

承包人在质量保修期内，按照有关法律、法规、规章的管理规定和双方约定，承担本工程质量保修责任。

质量保修范围包括地基基础工程，主体结构工程，屋面防水工程、有防水要求的卫生间、房间和外墙面的防渗漏，供热与供冷系统，电气管线、给排水管道、设备安装和装修工程，以及双方约定的其他项目。具体保修的内容，双方约定如下：

参见《房屋建筑工程质量保修办法》。

第二条 质量保修期

双方根据《建设工程质量管理条例》及有关规定，约定本工程的质量保修期如下：

1. 地基基础工程和主体结构工程为设计文件规定的该工程合理使用年限；
2. 屋面防水工程、有防水要求的卫生间、房间和外墙面的防渗漏为 5 年；
3. 装修工程为 2 年；
4. 电气管线、给排水管道、设备安装工程为 2 年；
5. 供热与供冷系统为 两 个采暖期、供冷期。

质量保修期自工程竣工验收合格之日起计算。

第三条 质量保修责任

1. 属于保修范围、内容的项目，承包人应当在接到保修通知之日起 7 天内派人保修。承包人不在约定期限内派人保修的，发包人可以委托他人修理。
2. 发生紧急抢修事故的，承包人在接到事故通知后，应当立即到达事故现场抢修。
3. 对于涉及结构安全的质量问题，应当按照《房屋建筑工程质量保修办法》的规定，立即向当地建设行政主管部门报告，采取安全防范措施；由原设计单位或者具有相应资质等级的设计单位提出保修方案，承包人实施保修。
4. 质量保修完成后，由发包人组织验收。

第四条 保修费用

保修费用由造成质量缺陷的责任方承担。

第五条　其他

双方约定的其他工程质量保修事项：＿＿＿＿无＿＿＿＿。

本工程质量保修书，由施工合同发包人、承包人双方在竣工验收前共同签署，作为施工合同附件，其有效期限至保修期满。

发　包　人（公章）：　　　　　　　　　　承　包　人（公章）：

法定代表人（签字）：×××　　　　　　　法定代表人（签字）：×××

××年××月××日　　　　　　　　　　　××年××月××日

第六章 招标投标模拟课程设计

工程管理专业招标投标模拟实习指导书

一、目的

通过让学生亲自参与招标投标模拟工作，使之熟悉建设工程招标投标程序，了解投标申请人资格预审文件、招标文件及施工合同格式，培养其编制投标标书进行投标报价的能力。

二、要求

要求学生在招标投标模拟过程中做以下工作：

(1)提交招标方要求的投标申请人资格预审资料；

(2)编制标书(只做商务标)；

(3)参加开标、评标。

三、过程

将学生分成七组，作为七家投标单位(乙方)，可各自起单位名称。招标投标模拟共两周，具体安排如下：

(1) 第一周周一：教师向各投标方发放投标申请人资格预审要求文件。

(2) 第一周周一～周三：各投标方准备资格预审所需资料，并于规定时间(周三下午四点前)提交相关资料，迟交者取消投标资格。

(3) 第一周周四：教师宣布资格预审结果，向各投标方发放招标文件及图纸。

(4) 第一周周五：教师组织各投标方参加投标预备会(答疑会)，解决各投标方提出的有关招标文件和图纸中的不明确之处。

(5) 第一周周五～第二周周四：各投标方编制商务标书。

(6) 第二周周四下午四点前(此时间在招标文件中说明)，各投标方提交标书，迟交者为无效标书。

(7) 第二周周五上午 9 点准时开标(在招标文件中说明)、评标，宣布中标单位。

以下为招标投标模拟资料。

西安市××接待室工程　项目

投标申请人资格预审
申请书

项目编号：　0718－07010355　号

标投申请人:(盖章)____________

法定代表人或委托代理人:(签字和盖章)____________

地址：____________邮　编：____________

日期：________年________月________日

目　录

第一章　投标申请人资格预审须知

一、工程项目概况
二、投标申请人须知前附表
三、投标申请人须知
四、资格条件：表 1. 必要条件
表 2. 参考条件

第二章　投标申请人资格预审申请书格式

一、资格预审申请书封面
二、资格预审申请函
三、法定代表人授权委托书
四、资格预审申请书附表
1. 投标申请人一般情况
2. 近三年工程营业额数据表
3. 近三年已完工程一览表
4. 目前在建工程一览表
5. 近三年类似工程一览表
6. 公司人员及拟派往本招标工程项目的人员情况
7. 拟派往本招标工程项目经理简历
8. 拟派往本招标工程项目技术负责人简历
9. 拟用于本招标工程项目的主要生产及施工机械设备情况
10. 现场组织机构情况
11. 财务状况表
12. 资格条件响应表

第一章 投标申请人资格预审须知

一、工程项目概况

序号	类 别	说 明
1	项目名称	西安市××接待室工程
2	业主/招标人	陕西××公司
3	项目设计单位	××市建筑规划设计院
4	项目性质	基本建设
5	资金来源	自筹,已落实
6	工程地址	西安市××路中段
7	建设规模	建筑面积 95.96 平方米
8	标段	1 个标段
9	招标发包范围	施工图纸及工程量清单包括的所有内容
10	合同计价方式	固定综合单价
11	合同承包方式	包工、包料
12	工期	30 天
13	质量标准	合格
14	其他	/

二、投标申请人须知前附表

序号	类别	说明
1	项目名称	西安市××接待室工程
2	项目编号	0718－07010355
3	业主/招标人	陕西××公司
4	招标机构	西安科技大学招标代理公司
5	招标方式	国内公开
6	资格审查方式	资格预审
7	筛选单位数量	7 家
8	资格预审报名文件份数	正本 1 份,副本 2 份
9	资格预审文件售价	300 元/套

续 表

序号	类别	说 明
10	获取资格预审文件的时间	20 年 月 日～20 年 月 日，9:00～17:00时(节假日休息)
11	资格预审报名文件提交截止时间	至20 年 月 日10时00分
12	证明资料(原件)	以下资料须提供原件并另袋密封： 1. 企业法人营业执照(副本)； 2. 资质等级证书(副本)； 3. 项目经理资质证书； 4. 项目经理职称证书； 5. 申请人近3年类似工程业绩(不少于3项。附：能够反映类似工程业绩的下述证明材料中的一项或多项：中标通知书、合同、工程竣工验收证书等)； 6. 项目经理近3年类似工程业绩(至少担当过一个类似工程项目经理。附：能够反映类似工程业绩的下述证明材料中的一项或多项：中标通知书、合同、工程竣工验收证书等)； 7. 技术负责人近3年类似工程业绩(至少担当过一个类似工程项目经理。附：能够反映类似工程业绩的下述证明材料中的一项或多项：中标通知书、合同、工程竣工验收证书等)。
13	证明资料提交时间	至20 年 月 日 时 分
14	资格预审报名文件提交地点	西安科技大学管理学院工程管理系 联系人：尚 梅 史玉芳
15	联合体投标	不接受
16	定义	1. 近三年：20 年以后； 2. 类似工程业绩：单位工程建筑面积300 m^2 以上
17	补充要求	《资审申请书》允许分册装订
18	联系方式	招标机构：西安科技大学招标代理机构 地 址：西安市雁塔中路58号 邮 编：710054 联 系 人：尚 梅 史玉芳 电子信箱：shiyufangguoguo@163.com

三、投标申请人须知

1．总　则

1－1　招标条件

鉴于招标申请人须知前附表(以下简称前附表)所述项目的招标人，已按照有关法律、法规、规章等规定完成了下述工作，项目已具备招标条件，现委托前附表所述的招标机构组织国内公开招标。

1－1－1　项目批准、核准、备案等手续；

1－1－2　项目资金已经落实。

1－2　资格预审

招标机构将组织对本项目投标申请人进行资格预审。投标申请人可对本次招标的工程项目提出资格预审申请。

1－3　投标申请人资格预审文件

1－3－1　招标机构编制的投标申请人资格预审文件(以下简称资审文件)售后不退。

1－3－2　资审文件盖有招标机构的公章。

1－3－3　发售资审文件过程中，若出现2家或多于2家单位购买或拟购买资审文件，则招标机构有权要求上述投标申请人提供法人代表授权书，以确定最终的合格购买人。

1－3－4　招标机构发出的补充通知将作为资审文件的必要组成部分。

1－3－5　资审文件的解释权归招标机构。

2．资格预审申请及资格预审申请书

2－1　申请人范围

资格预审将面向全国，邀请符合资审文件规定条件的单位报名。

2－2　真实性

投标申请人资格预审申请书(以下简称资审申请书)及所有证明材料、提交的澄清或补充材料均须真实、有效。否则，投标申请人将承担全部法律责任。

2－3　格式

投标申请人应按资审文件要求的格式编制资审申请书。任何缺项将可能导致其申请被拒绝。

2－4　编制

2－4－1　资审申请书应使用不褪色的黑色墨水书写或打印，字迹、图迹不允许有涂改，若确实需要更改，须在涂改处加盖申请人公章。

2－4－2　由于资审申请书及证明材料字迹、印章不清，导致评审人员无法评审，所引起的不利后果由申请人自负。

2－4－3　资审申请书应由投标申请人的法定代表人或其委托代理人签字或盖章。

2－5　正、副本份数

资审申请书必须按前附表规定的正、副本份数提交；正、副本内容不一致时，以正本为准。副本可为正本的复印件。

2-6 密封

2-6-1 投标申请人的资审申请书及有关资料必须密封提交。招标机构不接受未经密封的资审申请书。

2-6-2 密封袋的封面上应加盖投标申请人公章,并由投标申请人的法定代表人(或委托代理人)签字或盖章。

2-6-3 建议密封信袋封皮上注明下述标志:

"(招标编号)资审申请书,评审前不得启封","(投标申请单位名称)"。

2-6-4 如没有按上述要求签字、盖章或注明标志,招标机构将不承担资审申请书保存错误或提前被启封的责任,由此造成提前被启封的资审申请书将被拒绝。

2-7 提交

2-7-1 资审申请书。申请人必须按前附表规定的时间送达资审申请书,迟到的资审申请书将被拒绝。

2-7-2 每家单位只允许提交1套资审申请书。否则,招标人有权取消其投标资格。

2-7-3 证明资料。证明资料是指所提供的资审申请书中有关证件、资料等复印件的原件。申请人必须按前附表规定的内容提供证明资料。

2-7-4 证明资料的密封。证明资料须单独密封提交。密封袋的封面标注要求同资审申请书,且需另外注明:"证明资料原件,验后退还"。

2-7-5 证明资料提交截止时间。申请人应按前附表规定的时间送达证明资料。迟到的证明资料导致资格预审被拒绝,招标机构将不负责任。

2-8 补充或修改

申请材料递交后,允许申请人对申请材料进行补充或修改,但必须在规定的递交截止时间前送达。

2-9 其他

2-9-1 招标人和招标机构不承担核查申请资料真实性的义务。由于申请人提供虚假的材料,导致招标项目无法顺利进行或者失败,由此造成的后果及经济损失,由申请人承担全部法律责任。

2-9-2 除证明资料外,无论投标申请人是否通过资格预审,其资审申请书及提交的资料不予退还。但招标人及招标机构对投标申请人所提交的上述资料给予保密。

2-9-3 除非招标文件另有规定或招标人允许其改进,申请人资审申请书应与正式投标时的招标文件有关内容相一致,否则,即使招标文件没有规定,其正式投标也将有可能废标。

2-9-4 资审申请书与证明资料中的相关内容必须保持一致。否则,由此引起对投标申请人的不利后果由投标申请人自负。

2-9-5 资审申请书使用语言:汉语语言文字。

3. 评审

3-1 评审委员会组成

由招标人、招标机构(或其委托的专家)共同组成评审委员会,负责对各投标申请人进行资格评审。

3-2　评审依据

3-2-1　招标机构发售的资审文件；

3-2-2　投标申请人提交的资审申请书；

3-2-3　证明资料；

3-2-4　有关法律、法规、规章的规定；

3-2-5　其他：考察情况（如果招标人安排的情况下）；能够反映投标申请人能力的其他材料（如果招标人另外要求的情况下）。

3-3　合格条件

3-3-1　全部满足资格预审必要条件。

3-3-2　未曾与本项目的招标机构有任何隶属关系或者其他利害关系。

3-3-3　未曾参与过本项目的技术规范、资格预审或招标文件的编制工作。

3-3-4　其他：考察情况（如果招标人安排的情况下）；能够反映投标申请人能力的其他材料（如果招标人另外要求的情况下）。

3-4　数量限制

3-4-1　如果合格单位数量太多，招标人有权进一步筛选不少于前附表规定的单位数量入围。

3-4-2　如果合格单位数量太少，为确保投标竞争的充分性，招标人可以降低资格条件；如果合格单位数量小于或等于 3 家时，招标人必须降低资格条件，以确保投标时不少于 3 家单位投标。

3-5　资格预审评审报告的编制

评审结束后，由评审委员会编制资格预审评审报告，报业主审核。

3-6　意外情况

经评审，如果合格单位的数量和质量无法令招标人满意，招标人有权采取以下任一措施：

3-6-1　保证招标项目按期顺利进行的可行方法；

3-6-2　重新组织报名。

4. 通知与确认

4-1　合格投标人的确认

只有经招标人确认的合格投标申请人才能参加本招标工程项目的投标。

4-2　修改权利

招标人有权保留修改招标工程项目的规模及总投资权利，且上述情况发生时，投标申请人只有达到修改后的资格预审条件要求且资格预审合格，才能参与该工程的投标。

4-3　结果通知

资格预审工作结束后，招标机构向合格的投标申请人发送资格预审合格通知书；向不合格的投标申请人传真资格预审结果通知书，告知资格预审结果。

5. 补充要求

详见前附表中的补充要求。

四、资格条件

表1 必要条件

序号	类别	说明	备注
1	企业法人营业执照（副本）	招标人的任何不具独立法人资格的附属机构（单位），或者为招标项目的前期准备或者监理工作提供设计、咨询服务的任何法人及其任何附属机构（单位），都无资格参加该招标项目的投标；年审合格。	加盖单位公章的复印件
2	资质等级证书（副本）	房屋建筑工程施工总承包二级及以上	
3	项目经理资质	具有房屋建筑工程或相关专业二级项目经理或建造师资质	
4	项目经理业绩	近三年内具有类似工程施工业绩一项。附：能够反映类似工程业绩的下述证明材料中的一项或多项：中标通知书、合同、工程竣工验收证书等。	
5	法人代表授权书	符合给定格式	原件

表 2　参考条件

<table>
<tr><th>序号</th><th>类别</th><th>说明</th><th>备注</th></tr>
<tr><td>1</td><td>申请人业绩</td><td>近 3 年具有类似工程施工业绩不少于 3 项。附:能够反映类似工程业绩的下述证明材料中的一项或多项:中标通知书、合同、工程竣工验收证书等。</td><td rowspan="3">加盖单位公章的复印件</td></tr>
<tr><td>2</td><td>项目经理职称</td><td>具有房屋建筑工程或相关专业中级及以上职称</td></tr>
<tr><td>3</td><td>技术负责人职称和类似工程业绩</td><td>1. 具有房屋建筑工程或相关专业高级工程师职称;
2. 至少担当过一个类似工程施工项目的技术负责人。附:能够反映类似工程业绩的下述证明材料中的一项或多项:中标通知书、合同、工程竣工验收证书等。</td></tr>
<tr><td>4</td><td>资信证明</td><td>投标报名截至日期前 3 个月内由银行出具</td><td>原件</td></tr>
<tr><td>5</td><td>近三年财务报表</td><td>经审计的资产负债表、损益表、现金流量表</td><td>加盖单位公章的复印件</td></tr>
<tr><td>6</td><td>拟用技术管理人员结构</td><td>人员数量和搭配</td><td>书面阐述</td></tr>
<tr><td>7</td><td>机械设备</td><td>满足本工程施工所需</td><td>书面阐述</td></tr>
<tr><td>8</td><td>安全文明施工</td><td>安全施工许可证</td><td rowspan="4">加盖单位公章的复印件</td></tr>
<tr><td>9</td><td>质量管理体系</td><td>ISO9001 质量管理体系认证证书</td></tr>
<tr><td>10</td><td>环境管理体系</td><td>ISO14000 环境管理体系认证证书</td></tr>
<tr><td>11</td><td>职业安全健康管理体系</td><td>GB/T28001－2001 职业安全健康管理体系认证证书</td></tr>
</table>

第二章 投标申请人资格预审申请书格式

一、资格预审申请书封面

西安市××接待室工程项目

投标申请人资格预审申请书

项目编号：0718－07010355号

标投申请人：(盖章)________________

法定代表人或委托代理人：(签字和盖章)________________

地址：________________　邮　编：________

日期：________年________月________日

二、资格预审申请函

致：＿＿＿＿＿＿＿＿＿＿＿＿

1. 我方在阅读并完全充分理解投标申请人资格预审须知的基础上，本申请函签字人在此以＿＿（招标工程项目名称）＿＿工程申请人的身份，向你方提出资格预审申请。

2. 本申请书附有下列内容资料：

2.1 投标申请人的法人营业执照副本原件的复印件（含年审，加该单位公章）；

2.2 投标申请人的设计、施工资质等级证书副本原件的复印件（含年检，加盖单位公章）；

2.3 投标申请人组织机构代码证原件及复印件（加盖单位公章）和法定代表人授权书原件；

2.4 拟派项目经理资质等级、职称证书和身份证的复印件（加盖单位公章）；

2.5 投标申请人企业资信证明、近三年财务报表、质量认证证书等其他资料的复印件；

2.6 投标申请人认为必要的其他资料。

3. 你方授权代表可通过我方联系人调查审核澄清或质询我方提交的与本申请书相关的声明、文件和其他资料。

4. 我们在此承诺：一旦中标，本申请书所申报人员一定按时进入施工现场。

5. 我们在此声明：作为投标申请单位，对以下填写的申请资料负责，并保证所有填写申报资料的真实性。如出现不真实的情况，我（我们）愿按本资格预审须知有关规定，在本工程招标或合同达成后的任何时候，接受招标人（业主）终止投标资格、终止合同的处理。

6. 本申请充分理解下列情况：

(1)你方保留如下的权力：

①修改招标公告中任何项目（包括招标范围及总金额），在种种情形下，投标申请人只有达到修改后投标要求且资格预审合格，才能参与该工程的投标。

②废除或接受任何申请，取消资格预审和废除全部申请。

(2)你方将不对上述行为承担责任，亦无义务向投标申请人解释其原因。

投标申请人：（盖章）＿＿＿＿＿＿＿＿＿＿＿＿＿＿＿＿＿＿＿＿

法定代表人或其委托代理人：（签字或盖章）＿＿＿＿＿＿＿＿＿＿

年　　月　　日

三、法定代表人授权委托书

本授权委托书声明：我__（姓名）__系__（投标人名称）__的法定代表人，现授权委托__（单位名称）__的__（姓名）__为我公司签署______工程的投标活动所涉及文件的法定代表人授权委托代理人，我承认代理人全权代表我所签署的________工程的投标文件的内容。

代理人无转委托权，特此委托。

代理人：__（签字）__性别：____年龄：____

身份证号码：__________职务：____

投　标　人：__________（盖章）

法定代表人：__________（签字或盖章）

授权委托日期：______年____月____日

四、资格预审申请书附表

1. 投标申请人一般情况

1	企业名称：	
2	总部地址：	
3	当地代表处地址：	
4	法人代表：	所有制性质：
5	法人代码证编号：	联系人：　　　　电话：
6	注册地： 注册年份：　年　月　日	年审止　　　　年　　　月
7	公司资质等级证书号：	
8	公司______（是否通过，何种）______质量管理体系认证（如通过请附相关证件复印件，并提供认证机构年审监督报告）	
9	主营范围：	
10	省外建筑企业进陕施工登记证编号：　　　　年检记录：	
11	作为承包人经历年数：　　年	
12	其他需要说明的情况：	

2. 近三年工程营业额数据表

投标申请人名称：________________

近三年工程营业额		
财务年度	营业额/万元	备　注
____年度		
____年度		
____年度		

3. 近三年已完工程一览表

投标申请人名称：________________

序号	工程名称	建设单位	合同金额/万元	结算金额/万元	竣工质量标准	竣工日期
1						
2						
3						
4						
5						
6						
7						

4. 目前在建工程一览表

投标申请人名称：________________

序号	工程名称	建设单位	合同金额 万元	已完工程价值 万元	竣工质量标准	计划竣工日期
1						
2						
3						
4						
5						
6						
7						
8						

5. 近三年类似工程经验

投标申请人名称：________________

1	合同号：
	合同名称：
	工程地址：
2	发包人名称：
3	发包人地址（请详细说明发包人联系电话及联系人）：
4	与投标申请人所申请的合同相类似的工程性质和特点：
5	合同身份（注明其中之一） □独立承包人 □分包人 □联合体成员
6	合同总价： 万元
7	合同授予时间： 年 月 日
8	完工时间： 年 月 日
9	合同工期： 天
10	其他要求：（如技术措施、管理经验、安全措施等）

6. 公司人员及拟派往本招标工程项目的人员情况

投标申请人名称：______________

1. 公司人员				
人员类别 / 数量	管理人员	技术人员	工人	其他
总数				
拟为本工程提供的人员总数				

2. 拟派往本招标工程项目的管理人员和技术人员			
经历 / 数量 / 人员类别	从事本专业工作时间		
	10 年以上	5 年至 10 年	5 年以下
管理人员			
项目经理			
技术负责人			
一般管理人员			
技术人员			
项目工程师			
质检人员			
其他技术人员			
工人			
技术工人			

7. 拟派往本招标工程的项目经理简历

投标申请人名称：____________________

<table>
<tr><td colspan="2">职位：</td><td>候选人：
□主要　□替补</td></tr>
<tr><td rowspan="4">候选人资料</td><td>候选人姓名：</td><td>出生年月：　年　月</td></tr>
<tr><td colspan="2">执业或职业资格：</td></tr>
<tr><td>学力：</td><td>职称：</td></tr>
<tr><td>职务：</td><td>工作年限</td></tr>
</table>

自	至	公司/项目/职务/有关技术及管理经验

8. 拟派往本招标工程的技术负责人简历

投标申请人名称：____________________

<table>
<tr><td colspan="3">职位：</td><td colspan="2">候选人：
□主要 □替补</td></tr>
<tr><td colspan="2" rowspan="4">候选人资料</td><td>候选人姓名：</td><td colspan="2">出生年月： 年 月</td></tr>
<tr><td colspan="3">执业或职业资格：</td></tr>
<tr><td>学力：</td><td colspan="2">职称：</td></tr>
<tr><td>职务：</td><td colspan="2">工作年限</td></tr>
<tr><td>自</td><td colspan="2">至</td><td colspan="2">公司/项目/职务/有关技术及管理经验</td></tr>
<tr><td></td><td colspan="2"></td><td colspan="2"></td></tr>
<tr><td></td><td colspan="2"></td><td colspan="2"></td></tr>
<tr><td></td><td colspan="2"></td><td colspan="2"></td></tr>
<tr><td></td><td colspan="2"></td><td colspan="2"></td></tr>
<tr><td></td><td colspan="2"></td><td colspan="2"></td></tr>
</table>

9. 拟用于本招标工程项目的主要生产及施工机械设备情况

投标申请人名称：＿＿＿＿＿＿＿＿

<table>
<tr><td colspan="3">设备名称：</td></tr>
<tr><td rowspan="2">设备资料</td><td>1. 制造商名称：</td><td>2. 型号及额定功率：</td></tr>
<tr><td>3. 生产能力：</td><td>4. 制造年代：</td></tr>
<tr><td rowspan="2">目前状况</td><td colspan="2">5. 目前位置：</td></tr>
<tr><td colspan="2">6. 目前及未来工程拟参与情况详述：</td></tr>
<tr><td>来源</td><td colspan="2">7. 注明设备来源
☐ 自有　☐ 购买　☐ 租赁　☐ 专门生产</td></tr>
<tr><td rowspan="4">所有者</td><td colspan="2">8. 所有者名称</td></tr>
<tr><td colspan="2">9. 所有者地址</td></tr>
<tr><td>电话</td><td>联系人及职务</td></tr>
<tr><td>传真</td><td>电传</td></tr>
<tr><td>协　议</td><td colspan="2">特为本项目所签的购买/租赁/制造协议详述</td></tr>
</table>

10. 现场组织机构情况

A. 现场组织机构框图

B. 现场组织机构框图文字详述

C. 总部与现场管理部门之间的关系详述

11. 财务状况表

1. 开户银行情况

开户银行	名称：	
	地址：	
	电话：	联系人级职务：
	传真：	电传：

2. 近三年每年的资产负债情况

财务状况（单位：　万元）	近三年（应分别明确公元纪年）		
	第一年（公元　　年）	第二年（公元　　年）	第三年（公元　　年）
1. 总资产			
2. 流动资产			
3. 总负债			
4. 流动负债			
5. 税前利润			
6. 税后利润			

投标申请人最近三年经过的审计的财务报表详见后附表4，附件1：200×年度审计报告（资产负债表、损益表和现金流量表）；附件2：200×年度审计报告（资产负债表、损益表和现金流量表）；附件3：200×年度审计报告（资产负债表、损益表和现金流量表）。

3. 为达到本项目现金流量需要提出的信贷计划（投标申请人在其他合同上投入的资金不在此范围内）

信贷来源	信贷金额/万元
1	
2	
3	
4	

12. 资格条件响应表

表 1 必要条件响应表

资格条件要求				响应情况
序号	类别	说明	备注	

投标申请人(公章):

必要条件材料提供如下：

资格条件响应表

表 2　参考条件响应表

资格条件要求				响应情况
序号	类别	说明	备注	

投标申请人(公章):

参考条件材料提供如下:

西安市××接待室工程 项目施工

招 标 文 件

建 设 单 位：陕西××公司

招标代理单位：西安科技大学招标代理公司

招 标 编 号：0718－07010355

招 标 时 间：20××年××月

目　录

第一章　投标须知、投标须知前附表

第二章　合同文件格式及合同条款

第三章　工程建设标准及技术规范

第四章　投标文件商务部分格式

第五章　工程量清单

第六章　图纸

第一章 投标须知、投标须知前附表

一、投标须知前附表

项号	内　容	说明与要求
1	工程名称	西安市××接待室工程
2	招标人	陕西××公司
3	设计单位	××市建筑规划设计院
4	招标代理机构	西安科技大学招标代理公司
5	建设地点	西安市××路中段
6	建设规模	建筑面积 95.96 m^2
7	承包方式	包工包料
8	质量标准	达到国家现行验收规范“合格”标准
9	招标范围	施工图纸及工程量清单包括的所有内容
10	工期要求	开工之日起 30 天
11	资金来源	自筹
12	投标人资质等级要求	建筑二级及以上等级施工企业，项目经理资质等级二级及以上等级资质
13	资格审查方式	实行资格预审(已审)
14	发标及踏勘现场	时间：__20__年__月__日下午__时__分 集合地点：西安科技大学教学主楼门前
15	答　疑	时间：__20__年__月__日上午__时__分 地点：陕西××公司基建处办公室
16	工程计价方式	工程量清单，综合单价法。按(2004)《陕西省建筑工程工程量清单计价规则》计价
17	投标有效期	60 日历天(从投标截止之日算起)
18	投标保证金金额	5 万元人民币
19	投标人的替代方案	本工程不允许提交替代方案
20	投标文件份数	商务标一份正本
21	投标文件提交地点及截止时间	地点：西安市科技大学管理学院工程管理系 时间：__20__年__月__日上午__时__分前
22	开　标	开标时间：__20__年__月__日上午__时整 地点：西安市科技大学管理学院工程管理系
23	评标方法	详见评标办法

二、投标须知

(一)总则

1. 工程说明

1.1　本招标工程说明详见本须知前附表。

1.2　本工程业主为陕西××公司,通过招标方式选定承包人。

2. 招标范围

2.1 本工程招标范围详见本须知前附表第 9 项。

2.2　本工程质量要求详见本须知前附表第 8 项。

2.3　本工程工期要求详见本须知前附表第 10 项。

3. 资金来源

3.1　资金来源详见本须知前附表第 11 项。

4. 合格的投标人

4.1　投标人资质等级要求详见本须知前附表第 12 项。

4.2　投标申请人只有获得投标申请人资格预审合格通知书后,才能参加本招标工程的投标。请投标人携带投标人资格预审合格通知书参加发标会并购买招标文件。

4.3　本工程不接受联合体投标。

5. 踏勘现场

5.1　招标人于 20 __年__月__日发标完后,组织投标人对工程现场及周围环境进行踏勘,以便投标人获取有关编制投标文件和签署合同所涉及现场的资料。

5.2　招标人向投标人提供的有关现场的数据和资料,是招标人现有的能被投标人利用的资料,招标人对投标人做出的任何推论、理解和结论均不负责任。

5.3　经招标人允许,投标人以踏勘目的进入招标人的项目现场,但投标人不得因此使招标人承担有关的责任和蒙受损失,投标人应承担踏勘现场的责任和风险。

6. 投标费用

6.1　投标人应承担其参加本招标活动自身所发生的一切费用。

(二)招标文件

7. 招标文件的组成

7.1　招标文件包括下列内容:

第一章　招标须知、投标须知前附表

第二章　合同文件格式及合同条款

第三章　工程建设标准及技术规范

第四章　图纸

第五章　投标文件商务部分格式

第六章　工程量清单

7.2　招标人以书面形式发出的对招标文件的澄清、修改及补充内容,也是招标文件的组成部分,对投标人起约束作用。

7.3 投标人获取招标文件后,应仔细检查招标文件的所有内容,如有残缺等问题应在获得招标文件2日内向招标人提出，否则，由此引起的损失由投标人自己承担。投标人同时应认真审阅招标文件中所有事项、格式、条款和规范要求等，若投标人的投标文件没有按招标文件要求提交全部资料，或投标文件没有对招标文件做出实质性响应，其风险由投标人自行承担，并根据有关条款规定，该投标有可能被拒绝或被判定为无效标书。

7.4 投标人领取图纸时，应向招标人交存3 000元图纸押金，当投标人退回图纸时，图纸押金将同时退还给投标人(无息)，若图纸出现修改、缺损、丢失等情况时，投标人应予等价赔偿。

7.5 发标时，随招标文件一并发给各投标人“招标文件电子版”一套。投标人领取招标文件时，应向招标代理人交纳1 000元购买招标文件费用，各投标人应无条件的使用招标文件电子版中工程量清单的全部内容，包括招标人提供的清单数量及表格，否则，该投标将被拒绝。

8. 招标文件的澄清

8.1 兹定于<u> 20 </u>年__月__日上午__时在<u> 陕西××公司基建处办公室 </u>澄清。

8.2 投标人若对招标文件及图纸(包括清单及工程量)有疑问，请于<u> 20 </u>年__月__日下午__时__分前以书面的形式向招标代理单位提出澄清要求。

8.3 招标人将于投标截止时间3日前以书面形式予以澄清，同时将书面澄清文件向所有投标人发送。投标人在收到该澄清文件后应于当日内，以书面形式给予确认，该澄清作为招标文件的组成部分，具有约束作用。

注：(1)若采取由投标人来领取澄清文件时，应由授权代理人签收以示确认。

(2)若采取传真将澄清文件发给各投标人时，传真文件附有回执，投标人在回执上加盖公章后传真给招标单位以示确认。

9. 招标文件的修改

9.1 招标文件发出后，在提交投标文件截止时间3日前，招标人可对招标文件进行必要的澄清或修改。

9.2 招标文件的澄清或修改将以书面形式发送给所有投标人，投标人应于收到该修改文件后当日内以书面形式给予确认。

9.3 招标文件的澄清、修改、补充等内容均以书面形式明确的内容为准。当招标文件与招标文件的澄清、修改、补充等在同一内容的表述上不一致时，以最后发出的文件或电子版为准。

(三)投标文件的编制

10. 投标文件的语言及度量衡单位

10.1 投标文件和与投标有关的所有文件均应使用汉语言简化文字。

10.2 除工程规范另有规定外，投标文件使用的度量衡单位，均采用中华人民共和国法定计量单位。

11. 投标文件的组成

11.1 投标文件仅做商务标，商务部分主要包括下列内容：

(1)法定代表人身份证明书；

(2)投标文件签署授权委托书；

(3)投标书(函)；

(4)投标保证金交存凭证复印件(由建设单位出具)；

(5)工程量清单封面及投标报价说明；

(6)投标总价表；

(7)工程造价汇总表；

(8)单位工程造价汇总表；

(9)分部分项工程清单计价表；

(10)措施项目清单计价表；

(11)其他项目清单计价表；

(12)主要材料价格表；

(13)对招标文件及合同条款的承诺及补充意见。

11.2　本工程不允许提交替代方案。

12. 投标文件格式

12.1　投标文件包括本须知第11条中规定的内容，投标人提交的投标文件应当使用招标文件所提供的投标文件全部格式(表格可以按同样格式扩展)。

12.2 本投标文件必须使用广联达 GBQ V3.0 版组价软件编制。

13. 投标报价

13.1　本工程的投标价采用综合单价法，按《陕西省建筑工程工程量清单计价规则》(2004)计价。

13.2　投标报价为投标人充分考虑招标文件的各项条款和所掌握的市场情况及本工程的实际，根据自身情况的自主报价。

13.3　投标人的投标报价，应是完成本招标文件有关条款所列招标工程范围全部工程的总造价。

13.4　投标人投标报价汇总表中的价格均包括完成该工程项目的成本、利润、税金、技术措施费、风险费、保险费等政策性文件规定费用和投标单位必须的其他费用以及合同明示或暗示的所有风险、责任和义务等全部费用。

13.5　凡因投标人对招标文件阅读疏忽或误解，或因对施工现场、施工环境、市场行情等了解不清而造成的后果和风险，由投标人负责。

13.6　凡本招标文件要求及投标人认为需要进行报价的各项费用项目，若投标时未报或未在投标书中予以说明，招标人将按这些费用投标人已取，并已包含在投标报价中对待。

13.7　施工现场水电费计取。水表、电表由承包人负责安装，投标人按照西安市现行的水电费价格自主报价，施工过程中调价风险由承包人承担。

13.8　在投标文件中，投标人要完全响应招标文件的各项要求，对投机报价的企业，自行承担相应后果。

14. 投标货币

14.1　本工程投标报价采用的币种为人民币。

15. 投标担保

15.1　投标人应在领取施工图纸前，向招标人交存投标保证金5万元，交存凭证复印件作为其投标文件的一部分。

15.2 对于未能按要求提交投标保证金的投标，招标代理单位将视为不响应招标文件而予以拒绝。

15.3 未中标的投标人的投标保证金将在中标人与业主签订合同后5个工作日内无息退回。

15.4 如投标人发生下列情况之一时，投标保证金将被没收：

15.4.1 中标通知发出后中标人放弃中标的。

15.4.2 无正当理由不与招标人签订合同的。

15.4.3 签订合同时向招标人提出附加条件或者更改合同实质性内容的。

16. 投标文件的份数和签署

16.1 投标文件商务标正本一份，用A4纸打印。

16.2 投标文件封面、投标函均应加盖投标人印章及法定代表人或其委托代理人印章。

16.3 除投标人对错误处须修改处，全套投标文件应无涂改或行间插字和增删。如有修改，修改处应加盖投标人的法定代表人或委托代理人的印章。

(四)投标文件的提交

17. 投标文件的装订、密封和标记

17.1 投标文件的包装，采用招标单位所发招标投标文件专用袋。包装袋用专用封条密封，加盖骑缝章(单位公章和法人代表章或授权代理人印鉴)，密封必须完整，未密封的投标文件将不予接收。

17.2 标袋正面上应写明投标人的全称，并加盖单位公章和法人代表章或授权代理人印章。

17.3 开标注意事项。各投标单位参加开标会时，应携带下列证件原件：

17.3.1 项目经理资质等级证书；

17.3.2 法人授权委托书和被委托人的身份证原件。

18. 投标文件的提交地点

18.1 投标文件提交地点详见本须知前附表第21项。

19. 投标文件的截止时间

19.1 投标文件提交的截止时间__20__年__月__日__时__分前。

19.2 到投标截止时间止，招标人收到的投标文件少于3个的，招标人将依法重新组织招标。

20、迟交的投标文件

20.1 投标单位在本须知第21条规定的投标截止时间以后递交的投标文件，将被拒收。

(五)开标

21. 开标

21.1 开标地点：西安科技大学管理学院工程管理系

21.2 开标时间：__20__年__月__日__时整。

21.3 开标程序

21.3.1　开标由招标代理单位主持。

21.3.2　开标时由评标委员会共同审验投标人法人代表或法人代表委托代理人的委托证明书及身份证原件、拟建工程项目经理证书原件。

21.3.3　由评标委员会指定的监标人检查投标文件的密封情况。

21.3.4　由开标有关工作人员当众拆封，宣读投标人名称、投标价格和投标文件的其他主要内容，投标人应对唱标结果确认。

21.4　招标单位在招标文件要求提交投标文件的截止时间前收到的投标文件，开标时都应当众予以拆封、宣读。

22. 投标文件的有效性

开标时，投标文件出现下列情形之一的，应当视为无效投标文件，不得进入评标：

22.1　投标文件未按照本须知第 17 条的要求装订、密封和标记的；

22.2　投标文件的关键内容字迹模糊、无法辩认的；

22.3　投标人未按照招标文件的要求提供投标保证金的；

22.4　投标人对工程量清单中的各项内容擅自修改的；

22.5　投标文件中单价合计与合价不符，合价合计与总价不符的；

22.6　未按投标须知要求提交有效证件的；

22.7　不符合招标文件要求格式的；

22.8　投标人对招标人所给指定价进行擅自修改的；

22.9　投标人名称或组织机构与资格预审时不一致的；

22.10　在措施项目清单中的“安全文明施工”一项费用必须单独列出，作为不可竞争费用，否则视为废标。

(六)评标

23. 评标委员会与评标

23.1　评标委员会由招标人依法组建，负责评标活动。

23.2　评标采用保密方式进行。

24. 评标过程的保密

24.1　开标后，直至授予中标人合同为止，凡属于对投标文件的审查、澄清、评价和比较的有关资料以及中标候选人的推荐情况及与评标有关的其他任何情况均严格保密。

24.2　在投标文件的评审和比较、中标候选人推荐以及授予合同的过程中，投标人向招标人和评标委员会施加影响的任何行为，都将会导致其投标被拒绝及取消中标资格。

24.3　中标人确定后，招标人不对未中标人就评标过程以及未能中标原因作出任何解释，亦不退回投标文件。未中标人不得向评标委员会组成人员和招标单位或其他有关人员索问评标过程的情况和材料。

25. 投标文件的澄清

25.1　为有助于投标文件的审查、评价和比较，评标委员会可以以书面形式要求投标人对投标文件含义不明确的内容作必要的澄清或说明，投标人应采用书面形式进行澄清或说明，但不得超出投标文件的范围或更改投标文件的实质性内容。

26. 投标文件的评审

26.1 评标委员会仅对实质上响应招标文件要求的投标文件进行评估和比较。

26.2 在评标过程中，评标委员会可以以书面形式要求投标人就投标文件中含义不明确的内容进行书面说明并提供相关材料。

26.3 评标委员会依据本须知前附表第23项规定的评标标准和方法，对投标文件进行评审和比较，向招标人提出书面评标报告，并推荐合格的中标候选人。招标人根据评标委员会提出的书面评标报告和推荐的中标候选人确定中标人，也可以授权评标委员会直接确定中标人。中标候选人确定后招标人应将其公示10天，若没有异议则确定中标人。

26.4 评标方法和标准

26.4.1 商务标评审

(1)投标总价75分

①投标总价上限为招标人标底A(标底在开标前3日公布)，下限为低于A所有投标人投标报价算术平均值的0.90倍，在限值以内的投标报价为有效报价。

②将投标人有效报价去掉一个最高价和一个最低价后的平均值作为基准价C。

有效投标报价等于$0.95C$得75分。与此相比，每多1%扣3分，每低1%扣1分，扣完为止。

(2)措施项目费5分

按合计值计算，将报价有效的投标人措施项目费的算术平均值作为基准价D，有效投标人的措施项目费在基准价D的[0.95～1.00]之内计5分，超出$1.00D$，每增加1%扣0.02分，超出$0.95D$，每减1%扣0.01分，扣完为止。若投标人措施项目费高于标底措施项目费1.05(含1.05)的，该投标人此项得0分。

(3)主要分部分项工程清单项目综合单价20分

按评标委员会随机确定的评审项目进行评审，一般抽取20项，将报价有效的各投标人所对应的20个分部分项单价分别进行累加，对各投标人的单价集合进行综合评审，评审办法同总价评审办法。

26.4.2 确定中标人

将投标人以上四项得分进行合计，按照总分由高到低排序，则第1～3名为中标候选人，评标委员会应按照排序确定中标人。

若出现得分相等时，由招标人投票确定投标人排名。

26.4.3 其他事项

(1)投标人私自改动业主提供的清单量视为废标；单价与合价、合价与汇总价及总报价某项不符时，该标书视为废标。

(2)各项得分计算采用插入法，结果均保留小数点后两位。

(3)因废标导致有效投标人不足3家时，招标人应重新组织招标。

(4)评标过程中，若出现本办法规定以外的特殊情况，将暂停评标，有关情况及处理意见经评标委员会研究后，再行评定。

(5)未尽事宜按有关规定执行。

(6)本办法招标人拥有解释权。

26.5　经评标委员会评审，合格投标单位少于3个的，招标人应当依法重新招标。

27. 确定中标候选人

27.1　评标委员汇总入评单位商务标得分，并按由高到低的顺序排出名次向招标人推荐或确定1～3名为中标候选人。

27.2　当商务标得分出现并列第一、二、三名时，比较投标总价，投标总价低者排名在前；若总价一致，由招标人投票确定排名。

27.3　招标人在评标委员会推荐的有排序的1～3名中标候选人中确定中标人。

（七）合同的授予

28. 合同的授予标准

28.1　本招标工程的施工合同将授予本须知第26，27款所确定的中标人。

29. 中标通知书

29.1　中标人确定后，招标人将向西安市招标投标管理办公室提交招标情况的书面报告，招标人将评定结果公示10天并无异议后，招标人将向中标人发出中标通知书。

29.2　招标人在发出中标通知书的同时，将中标结果通知未中标的投标人。

29.3 若某一中标人放弃中标时，则第二名中标候选人为中标人（依次增补）。如果中标人全部放弃中标时，重新招标。放弃中标者将失去其招标保证金。

30. 合同协议书的签定

30.1　招标人与中标人将于中标通知书发出之日起30日内，按照招标文件和中标人的投标文件订立书面工程施工合同。

30.2　中标人如不按本投标须知第30.1款的规定与招标人订立合同，则招标人可取消其中标资格将废除其授标，投标保证金不予退还，给招标人造成的损失超过投标保证金数额的，还应当对超过部分予以赔偿，同时依法承担相应法律责任。

30.3　中标人应当按照合同约定履行义务，完成中标项目施工，不得将中标项目施工转让（转包）给他人。

31. 履约保证金

31.1　合同协议书签署后，中标人缴纳40万元作为本工程履约保证金，待工程竣工验收合格后10日内，如数退还履约保证金（无息）。

31.2　招标人应在办理施工许可证之前，办理等额的支付担保。

（八）承包方式、结算方法及付款办法

32. 承包方式

32.1　本工程承包方式为：包工包料（甲方特别约定材料除外）。

33. 结算办法

33.1　以施工合同中有关工程结算条款为依据支付工程进度款。

33.2　工程竣工验收后，进行结算。结算以施工合同中有关工程结算条款为依据进行，结算后除预留结算审定总价的3%作为工程质量保证金外，其余款项一次结清。

33.3　工程量清单中的设计变更及各类签证的结算处理：套用中标单位相同或相近子目综合单价；无法套用相应子目综合单价的，依据施工图、设计变更、《陕西省建设工程工程量清单计价规则》、《陕西省建筑装饰工程消耗量定额》、《陕西省建筑装饰工程价目表》及经建设单位认可的材料价格，编制综合单价提交建设单位认可。

33.4　工程量清单中的分部分项工程，是按照《陕西省建设工程工程量清单计价规则》编制的。各投标人在确定综合单价时，必须按照设计图纸和施工验收规范的要求进行测算。在施工过程中不能以工程量清单中对工程项目特征描述简单等任何理由增加施工签证。

33.5　工程量清单中的漏项、错项及工程量误差结算处理：对于工程量清单中的漏项、错项及工程量误差超出±3%的项目，中标人依据招标文件、投标用施工图、《陕西省建设工程工程量清单计价规则》编制工程量清单，在评标结束10天后，提交招标代理机构审核认可，作为结算依据。除此之外，中标价一次性包死，除变更签证外不予调整。

34. 付款方式

34.1　本工程按竣工验收一次性计价拨付工程款，待竣工结算资料齐备后扣3%工程质量保证金，工程竣工后12个月不计息返还工程质量保证金。

34.2　按时发放民工工资，建设单位有权监督施工单位按月足额发放农民工工资，如有拖欠行为发生时，建设单位有权从工程款中扣除代发，并按违约行为处理。

(九)材料、构件、设备供应

35. 材料、构件、设备采供范围及要求

35.1　本工程发包范围内的主要材料(除特别约定外)全部由中标人采购，但须经招标人确认质量。

35.2　中标单位所购材料必须符合设计要求和国家有关标准规范，并具有出厂合格证和技术资料，经监理工程师审查认可后方可使用。

(十)罚则

36. 工期

36.1　按照中标工期及合同有关条款，工期每提前或推后1天按中标价的万分之一对等奖罚。

37. 工程质量

37.1　工程质量未达到中标质量等级，承包人除按合同价2%承担违约金外，另按国务院2000年第279号令"建设工程质量管理条例"有关规定处理，且返工必须达到符合标准为止。

(十一) 合同主要条款

38. 本工程使用合同文本，补充重申如下

38.1　本工程使用国家建设部和国家工商局联合监制的《建设工程施工合同》示范文本。

38.2　中标单位未经招标单位同意，不得擅自更换招标人在招标时认定的本工程施工负责人(项目经理)和技术负责人。

38.3　中标单位必须自行施工，不得转包，确需分包时，须征得建设单位同意。

38.4　在施工执行过程中，若工程质量和管理方面达不到招标文件的要求及投标承诺，或对上述38.2,38.3有违反，招标人有权终止合同，由此造成的经济损失由承建方承担。

38.5　中标人负责现场内及所有工人的管理及安全，工人如有规外行动(如治安及安全事故)概由中标人负全责。

38.6　由于招标人原因连续停水停电3天以上(不含3天),可经监理工程师和招标人代表认可顺延工期,但不计窝工费。

38.7　对于招标人单独发包项目的工程,中标人应予全力协调配合,合理预估该项目施工所需工作时间,并依工程进度需要,提早3天通知该项目承包商,以确保其进场施工,否则,因此延误所造成损失由中标人自行负责。

(十二)附　则

39. 本招标文件解释权

39.1　本招标文件由招标人负责解释。

39.2　未尽事宜按有关规定执行。

第二章　合同文件格式及合同条款(略)

第三章　工程建设标准及技术规范(略)

第四章　投标文件商务部分格式(略)

第五章　工程量清单

西安市××接待室工程 工程

工 程 量 清 单

业主(建设单位)：陕西××公司 (单位签字盖章)

法定代表人：××× (签字盖章)

编制单位法定代表人：××× (签字盖章)

×××

造价工程师及注册证号：123456 (签字盖执业专用章)

编制时间：×××

一、概况

本建筑物为单层框架结构，层高为 3.6m，建筑面积为 95.96m^2，设计室内外高差为 30cm。防火等级：二级。工程位于西安市，建设单位提供 15％的备料款，材料全部由承包人采购，但全部为合格产品，并符合国家及地方政府的有关规范要求。

二、结构部分

1. 土方开挖为地坑和条基，土质为一、二类土，地下水位为－2.5m 处，土方按现场堆放计算。

2. ±0.00 以下采用机制黏土实心砖，M5 水泥砂浆，±0.00 以上采用承重多孔砖、M5 混合砂浆，图中未注明的墙厚均为 240 mm，砌体加固筋按规范设置，(总重量为 108 kg)，120 厚(半砖)墙无基础。

3. 砼：柱为 C30 砾石砼(425＃水泥)，其余均为 C20 砾石砼(425＃水泥)，现浇钢筋砼构件钢筋按设计要求配置(其中 ϕ10 内圆钢 3.21T、ϕ10 外圆钢 0.96T、ϕ 外螺纹钢 5.5T)。

4. 门窗过梁(现场预制)：KGL24091 3 根，KGL24101 1 根。

三、建筑部分

工程做法：

项目	适用范围	类别	做法编号	附注
墙身砌体	全部	墙身砌体		
散水	全部	砼散水	散 3	
台阶	全部	水泥台阶	台 2	
外墙饰面	全部	面砖墙面	外 21 外 22	白色 60 mm×240 mm×5 mm 密缝
内墙饰面	全部	水泥砂浆墙面	内 3 外 4	涂料改为白色乳胶漆
地面	全部	水泥砂浆墙面	地 4	
顶棚	全部	乳胶漆顶棚	棚 6	白色
踢脚板	全部	水泥踢脚	踢 2	
油漆	全部	普通调和漆	油 5	乳白色
屋面	全部	卷材防水	屋Ⅲ4(A200)	卷材：SBS 卷材(热黏法)

门窗表：

名称	洞口尺寸/mm×mm	类别	数量
LC—1	1 800×1 800	塑钢窗、带纱	2
LC—2	1 500×1 800	塑钢窗、无纱	2
M—1	900×2 100	无亮全板门、无纱	2
M—2	1 000×2 400	有亮全夹板门、无纱	2

填 表 须 知

1. 工程量清单及其计价格式中所有要求签字、盖章的地方，必须由规定的单位和人员签字、盖章。

2. 工程量清单及其计价格式中的任何内容不得随意删除或涂改。

3. 工程量清单计价格式中列明的所有需要填报的单价和合价，投标人均应填报，未填报的单价和合价，视为此项费用已包含在工程量清单的其他单价和合价中。

4. 金额(价格)均应以 人民 币表示。

总 说 明

1. 工程概况：由陕西××公司投资兴建的西安市××接待室工程，座落于西安市。
建筑面积：95.96 m^2；
建筑总高度：3.6 m；
层数1层，其中主体高度：3.6 m；
结构形式：框架结构；
基础类型：独立基础；
本期工程范围包括：建筑工程、装饰工程等。

2. 编制依据：本工程依据《陕西省建设工程工程量清单计价规则》中工程量清单编制方法，根据××市建筑规划设计院的西安市××接待室工程施工设计图计算实物工程量。

3. 材料价格按照参考价目表的材料单价计入。

4. 特殊材料、设备情况说明。

5. 其他需特殊说明的问题。

分部分项工程量清单

工程名称:西安市××接待室工程　　　　第1页　共5页

序号	项目编码	项目名称	计量单位	工程数量
		1.1　土(石)方工程		
1	010101001001	平整场地(包括钻探及回填孔)	m^2	95.962
2	010101003001	J—1基础挖土方 [项目特征] 1. 基础类型:独立基础 2. 垫层底面积:基础面积2.25 m^2 3. 挖土深度:—1.8 m 4. 弃土运距:200 m	m^3	16.2
3	010101003002	J—2础挖土方 [项目特征] 1. 基础类型:独立基础 2. 垫层底面积:基础面积2.1 m^2 3. 挖土深度:—1.8 m 4. 弃土运距:200 m	m^3	15.138
4	010101003003	JL—1梁挖土方 [项目特征] 1. 基础类型:条基 2. 底宽:0.24 m 3. 挖土深度:—1.5 m 4. 弃土运距:200 m	m^3	10.57
		1.3　砌筑工程		
5	010301001001	砖基础 [项目特征] 1. 实心砖、强度等级:MU10 2. 水泥砂浆:M5.0砌砖基础	m^3	16.612
6	010304001001120	空心砖墙、砌块墙 [项目特征] 1. 墙体类弄:内墙 2. 墙体厚度:120 mm 3. KP1空心砖:MU10 4. 混合砂浆强度等级:M5.0	m^3	1.778
7	010304001002	空心砖墙、砌块墙 [项目特征] 1. 墙体类型:外墙 2. 墙体厚度:240 mm 3. KP1空心砖:MU10 4. 混合砂浆强度等级:M5.0	m^3	23.178
8	010304001003	空心砖墙、砌块墙 [项目特征] 1. 墙体类型:内墙 2. 墙体厚度:240 mm 3. KP1空心砖:MU10 4. 混合砂浆强度等级:M5.0	m^3	7.913

工程名称：西安市××接待室工程 第2页 共5页

序号	项目编码	项目名称	计量单位	工程数量
		1.4 混凝土及钢筋混凝土工程		
9	010401002001	独立基础 [项目特征] 1. C10 砾石垫层、厚度：100 m 2. 混凝土强度等级：C20 3. 混凝土拌和料要求：普通	m^3	4.854
10	010402001001	Z—1 矩形柱 [项目特征] 1. 柱高度：3.6 m 2. 柱截面尺寸：400 mm×400 mm 3. 混凝土强度等级：C30 4. 混凝土拌和料要求：普通	m^3	3.2
11	010402001002	Z—2 矩形柱 [项目特征] 1. 柱高度：3.6 m 2. 柱截面尺寸：350 mm×350 mm 3. 混凝土等级：C30 4. 混凝土拌和料要求：普通	m^3	2.45
12	010403001001	基础梁 [项目特征] 1. 梁底标高：—1.80 m 2. 梁截面尺寸：240 mm×400 mm 3. 混凝土强度等级：C20 4. 混凝土拌和料要求：普通	m^3	4.314
13	010403002001	KL—1 矩形梁 [项目特征] 1. 梁截面：250 mm×650 mm 250 mm×500 mm 250 mm×400 mm 2. 混凝土等级：C20 3. 混凝土拌和料要求：普通	m^3	3.289
14	010403002002	KL—2 矩形梁 [项目特征] 1. 梁底标高：3 m 2. 梁截面尺寸：250 mm×600 mm 3. 混凝土等级：C20 4. 混凝土拌和料要求：普通	m^3	3.834
15	010405001001	B—1 有梁板 [项目特征] 1. 板底标高：3.48 m 2. 板厚度：120 mm 3. 混凝土强度等级：C20 4. 混凝土拌和料要求：普通	m^3	5.119
16	010405001002	B—3 4 有梁板 [项目特征] 1. 板底标高：3.52 m 2. 板厚度：80 mm 3. 混凝土等级：C20 4. 混凝土拌和料要求：普通	m^3	2.657

工程名称：西安市××接待室工程　　　　　　　　　　第3页　共5页

序号	项目编码	项目名称	计量单位	工程数量
17	010405003001	B—2平板 ［项目特征］ 1. 板底标高：3.52 m 2. 板厚度：80 mm 3. 混凝土等级：C20 4. 混凝土：普通	m^3	0.992
18	010405007001	挑檐板 ［项目特征］ 1. 混凝土强度等级：C20 2. 混凝土要求：普通	m^3	2.26
19	010405008001	雨蓬 ［项目特征］ 1. 混凝土强度等级：C20 2. 混凝土要求：普通	m^3	0.304
20	010410003001	过梁 ［项目特征］ 1. 混凝土强度等级：C20 2. 混凝土制作、运输、浇捣、养护 3. 过梁场内运输、归堆 4. 过梁安装、灌缝	m^3	0.122
21	010416001001	现浇混凝土钢筋 ［项目特征］ 钢筋种类、规格：ϕ10以上圆钢	t	0.96
22	010416001002	现浇混凝土钢筋 ［项目特征］ 钢筋种类、规格：ϕ10以内圆钢	t	3.21
23	010416001003	现浇混凝土钢筋 ［项目特征］ 钢筋种类、规格：ϕ10以上螺纹钢	t	5.5
24	010416001004	钢筋种类、规格：加固筋	t	0.108
25	010416002001	预制构件钢筋 ［项目特征］ 1. 钢筋种类、规格：ϕ10以内 2. 钢筋制作、运输 3. 钢筋安装	t	0.003
		1.7　屋面及防水工程		
26	010702001001	屋面防水层//3 mm厚SBS改性沥青卷材　热熔法　25厚1：3水泥砂浆找平层　2厚纸筋灰隔离层	m^2	137.14
		1.8　防腐、隔热、保温工程		
27	010803001001	憎水膨胀珍珠岩板保温层　厚250 mm	m^2	95.962
28	010803001002	1：6水泥焦渣找坡　最薄处30 mm	m^2	118.9

工程名称：西安市××接待室工程　　　　　　　　　　第 4 页　共 5 页

序号	项目编码	项目名称	计量单位	工程数量
		2.1　楼地面工程		
29	020101001001	20 mm 厚 1∶2 水泥砂浆楼地面　水泥浆一道　60 mm 厚 C15 砼垫层　150 mm 厚 3∶7 灰土	m^2	84.197
30	020105003001	块料踢脚线 [项目特征] 1. 踢脚线高度：0.15 m 2. 底层厚度：10 mm 厚 1∶3 水泥砂浆打底 3. 面层材料品种、规格、品牌、颜色：8 mm 厚 1∶2.5水泥砂浆压实赶光	m^2	11.07
31	020108003001	水泥砂浆台阶面　陕 02J01　台 2　工程做法 [项目特征] 1. 整体面层，水泥砂浆台阶 2. C20 砾石混凝土(普通)	m^2	2.52
32	020108003002	散水　60 mm 厚 C15 砼撒 1∶1 水泥砂子压实赶光　150 mm 厚 3∶7 灰土垫层　宽出面层 300 mm	m^2	26.136
		2.2　墙、柱面工程		
33	020201001001	内墙面一般抹灰 [项目特征] 1. 底层厚度、砂浆配合比：10mm 厚 1∶3 水泥砂浆 2. 面层厚度、砂浆配合比：6 mm 厚 1∶2.5 水泥砂浆抹面	m^2	153.796
34	020201001002	内墙面　梁柱面抹灰 [项目特征] 1. 底层厚度、砂浆配合比：12 mm 厚 1∶3 水泥砂浆 2. 面层厚度、砂浆配合比：8 mm 厚水泥砂浆1∶2.5	m^2	29.92
35	020203001001	零星项目一般抹灰 [项目特征] 1. 底层厚度、砂浆配合比：10 mm 厚 1∶3 水泥砂浆 2. 面层厚度、砂浆配合比：6 mm 厚 1∶2.5 水泥砂浆	m^2	10.442
36	020204003001	外墙面贴 60 mm×240 mm 面砖　做法：陕 02J01　外 21　外 22	m^2	142.553
37	020206003001	门窗套贴面砖 60 mm×240 mm	m^2	3.34
38	020206003002	挑檐贴面砖 60 mm×240 mm	m^2	13.548
		2.3　天棚工程		
39	020301001001	天棚抹灰　做法：陕 02J01　棚 6(不包括刷乳胶漆部分)	m^2	111.172

工程名称：西安市××接待室工程　　第5页　共5页

序号	项目编码	项目名称	计量单位	工程数量
2.4　门窗工程				
40	020401001001	0.9 m×2.1 m无亮镶板木门制安　油漆做法：陕02J01油5 [项目特征] 1. 木门框(无亮)制作 2. 木门框(无亮)安装 3. 木材面油漆，底油一遍、刮腻子、调合漆二遍单层木门 4. 普通平开门、木门扇安装	樘	3
41	020401004001	1 m×2.4 m有亮胶合板门制安　油漆做法：陕02J01油5 [项目特征] 1. 木门框(有亮)制作 2. 木门框(有亮)安装 3. 门窗工程，装饰、门扇制作安装，装饰门扇安装玻璃 4. 木材面油漆，底油一遍、刮腻子、调合漆二遍单层木门 5. 门窗工程，装饰、门扇制作安装，高级装饰木门安装 6. 普通平开门、木门扇安装	樘	1
42	020406001001	1.8 m×1.8 m　LC－1　塑钢窗安装 [项目特征] 1. 门窗工程，塑钢门窗安装，塑钢窗 2. 门窗工程，纱窗附在彩板塑料塑钢，推拉窗上门窗工程，塑钢门窗安装，塑钢窗	樘	2
43	020406001002	1.5 m×1.8 m　LC－2　塑钢窗安装	樘	2
2.5　油漆、涂料、裱糊工程				
44	020506001001	内墙面、天棚面刷乳胶漆三遍	m^2	273.308

措施项目清单

工程名称:西安市××接待室工程 第1页 共1页

序号	项目名称	计量单位	工程数量
1	安全及文明施工	项	1
2	检测试验、测量放线、定位复测、工程交点、场地清理	项	1
3	临时设施	项	1
4	冬雨季、夜间施工	项	1
5	二次搬运及不利施工环境	项	1
6	大型机械安拆及进出场	项	1
7	脚手架	项	1
8	砼模板及支撑	项	1

其他项目清单

工程名称：西安市××接待室工程　　　第 1 页　共 1 页

序号	项目名称	计量单位	工程数量
1.1	预留金	元	1 000
1.2	工程分包和材料购置费	元	200
1.3	总承包服务费	项	1
1.4	零星工作项目费	项	1

零星工作项目表

工程名称:西安市××接待室工程　　第1页　共1页

序号	项目名称	计量单位	工程数量
1	可暂估工程量项目		
1.1	外运土方	m^3	35
1.2	外购黄土	m^3	15
2	以人工列项		
2.1	综合工日	工日	10
3	以材料列项		
3.1	红砖	块	250
3.2	净砂	m^3	5
3.3	2～4砾石	m^3	10
4	以机械列项		
4.1	翻斗车　1T	台班	1

指定主要材料表

工程名称:西安市××接待室工程　　　　第1页　共1页

序号	材料编码	材料名称	型号规格	单位	指定价格
1		生石灰		t	
2		标准砖		千块	
3		水泥32.5		kg	
4		中砂		m^3	
5		镀锌铁皮0.55 mm		m^2	
6		净砂		m^3	
7		规格料(模板用)		m^3	
8		非承重黏土多孔砖240 mm×180 mm×115 mm		千块	
9		石灰膏		kg	
10		炉渣		m^3	
11		憎水膨胀珍珠岩板		m^3	
12		砾石2～4 cm		m^3	
13		改性沥青卷材		m^2	
14		氯丁胶乳沥青		kg	
15		面砖周长800 mm以内		m^2	
16		白水泥		kg	
17		陶瓷地面砖(周长)1 200 mm以内		m^2	
18		松厚板		m^3	2 300
19		规格料		m^3	2 300
20		水泥(综合)		kg	0.32
21		调合漆		kg	
22		石膏粉		kg	
23		塑钢窗		m^2	
24		圆钢筋(综合)		t	4 000
25		螺纹钢筋(综合)		t	4 100
26		塑料窗纱		m^2	
27	TC0200001－1	采购木门扇1 m×2.1 m		樘	
28		钢管ϕ48×3.5		kg	
29		防腐漆		kg	
30		防锈漆		kg	
31	TC0200003	采购木门扇1 m×2.4 m		樘	
32		卡具插销		kg	

第六章 图纸

西安市××接待室工程设计图见本书后插页图1。

参考文献

[1] 建设部标准定额研究所建设工程工程量清单计价规范[M]. 北京:中国计划出版社,2003.

[2] 北京广联达慧中软件技术有限公司专家顾问委员会. 建设工程招标投标实战操作案例[M]. 北京:中国建材工业出版社,2004.

[3] 刘富勤,陈德万. 工程量清单的编制与投标报价[M]. 北京:北京大学出版社,2006.

[4] 全国造价工程师执业资格考试培训教材编审委员会. 工程造价计价与控制[M]. 北京:中国计划出版社,2006.

[5] 黄景瑗. 土木工程施工招标投标与合同管理[M]. 北京:知识产权出版社,2002.

[6] 梅阳春,邹辉霞. 建设工程招标投标及合同管理[M]. 武汉:武汉大学出版社,2004.

[7] 王平,李克坚. 招标投标·合同管理·索赔[M]. 北京:中国电力出版社,2006.

[8] 刘钟莹. 工程估价[M]. 南京:东南大学出版社,2004.

[9] 郭婧娟. 工程造价管理[M]. 北京:清华大学出版社,北京交通大学出版社,2005.

[10] 王李平. 建设工程招标投标的创新模式[J]. 建筑经济,2007(7):55-58.

[11] 谢建锋. 对招标投标机构全面市场化的思考[J]. 商场现代化,2007(9):217-218.

[12] 付亚坤,杨凡. 工程量清单计价模式[J]. 水利水电技术,2007(7):16-28.

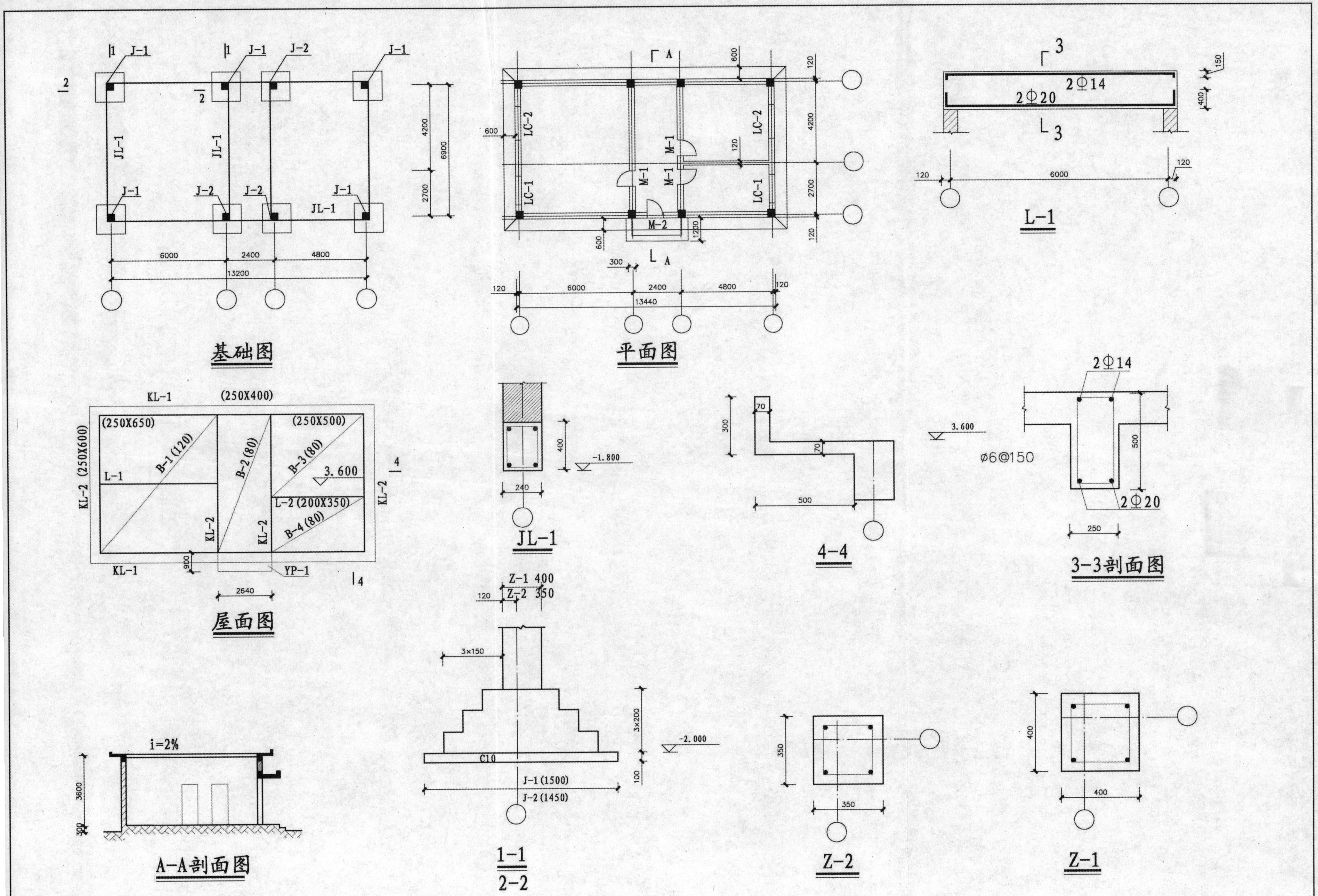

基础图
J-1
J-2
JL-1
6000
2400
4800
13200
平面图
LC-1
LC-2
M-1
M-2
600
120
4200
2700
6900
1200
300
6000
2400
4800
13440
L-1
2Φ14
2Φ20
150
400
6000
屋面图
KL-1
KL-2
(250X400)
(250X650)
(250X600)
(250X500)
B-1(120)
B-2(80)
B-3(80)
B-4(80)
L-2(200X350)
3.600
YP-1
900
2640
JL-1
400
240
-1.800
4-4
70
300
500
3-3剖面图
3.600
Φ6@150
2Φ14
2Φ20
500
250
A-A剖面图
i=2%
3600
300
1-1
2-2
Z-1 400
Z-2 350
120
3×150
3×200
100
C10
-2.000
J-1(1500)
J-2(1450)
Z-2
350
Z-1
400

图1 工程设计图

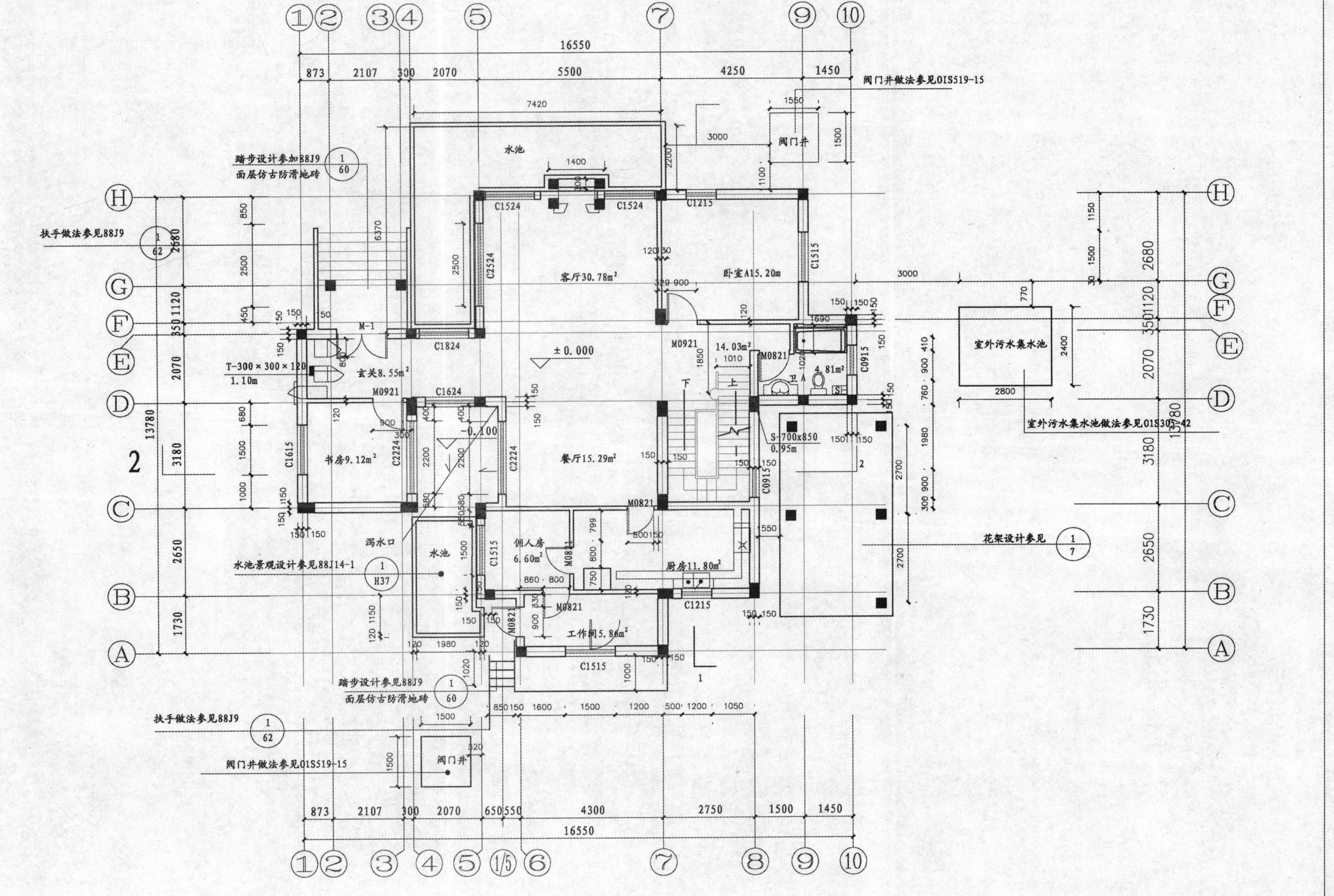

图2 一层平面图 1: 100

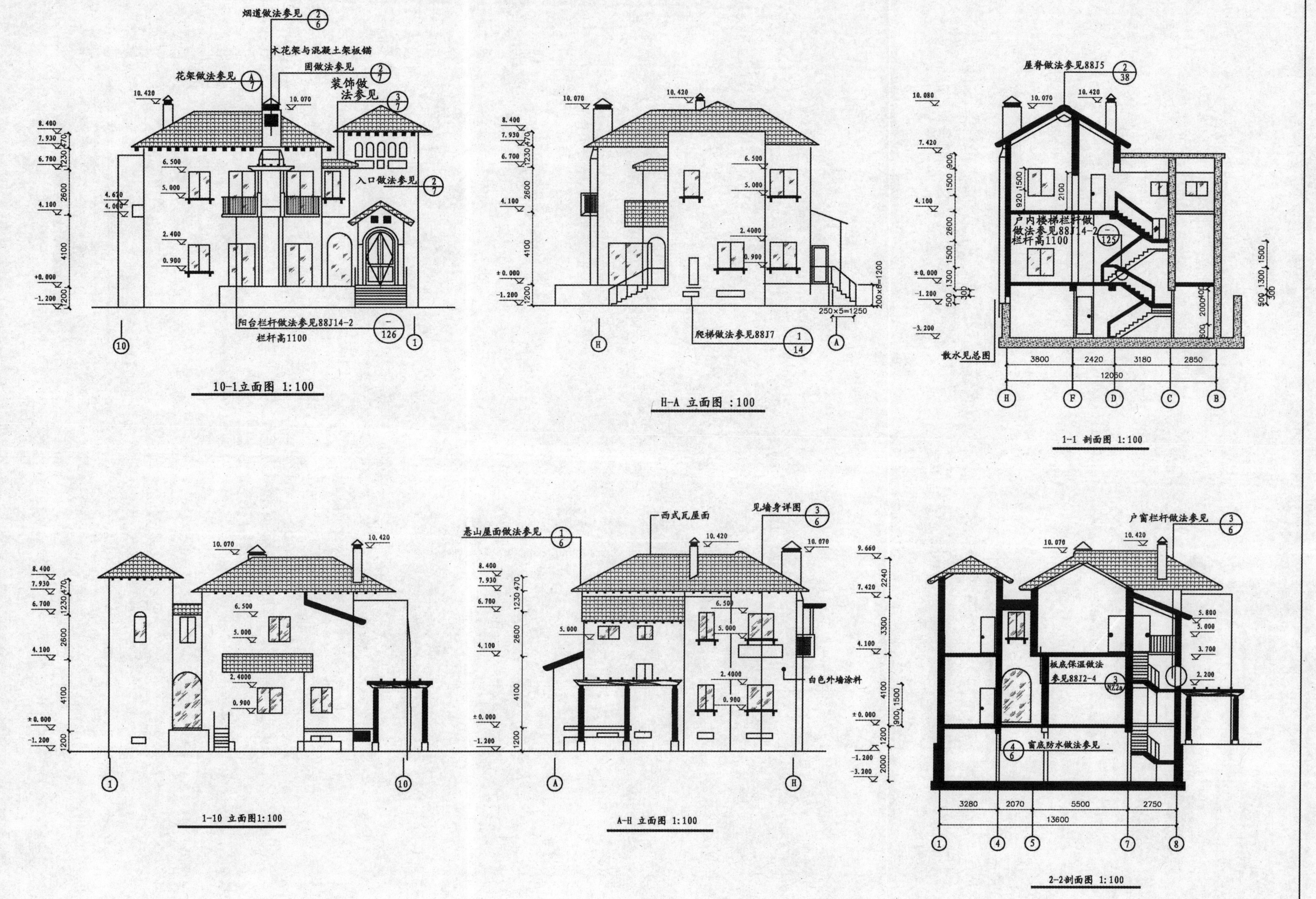

烟道做法参见
木花架与混凝土架板锚
固做法参见
花架做法参见
装饰做法参见
入口做法参见
阳台栏杆做法参见88J14-2
栏杆高1100
10-1立面图 1:100
爬梯做法参见88J7
H-A 立面图 :100
屋脊做法参见88J5
户内楼梯栏杆做
做法参见88J14-2
栏杆高1100
散水见总图
1-1 剖面图 1:100
1-10 立面图1:100
悬山屋面做法参见
西式瓦屋面
见墙身详图
白色外墙涂料
A-H 立面图 1:100
户窗栏杆做法参见
板底保温做法
参见88J2-4
窗底防水做法参见
2-2剖面图 1:100

图 3 立面图和剖面图

门窗表（H型）

序号	类别	编号	名称	洞口尺寸（宽×高）	樘数 地下一层	樘数 一层	樘数 二层	小计	备注
1	防火卷帘	JFM甲3322	特级防火卷帘门	3300×2200	1	0	0	1	需消防部门认可的市售成品
2	防火门	FM甲1521	甲级防火门	1500×2100	1	0	0	1	需消防部门认可的市售成品
3		FM甲0921	甲级防火门	900×2100	1	0	0	1	需消防部门认可的市售成品
4	户门	M-1	防火、防盗、隔声门	1600×3200	0	1	0	1	市售成品
5	木内门	M0821	夹板门	800×2100	1	4	2	7	参见88J13-3、0821、M1厕所参见M3
6		M0921	夹板门	900×2100	3	3	3	9	参见88J13-3、1021、M1
7	铝合金窗	C0915	铝合金窗	900×1500	0	2	6	8	
8		C0703	铝合金窗	700×300	1	0	0	1	
9		C0903	铝合金窗	900×300	3	0	0	3	
10		BC1220	铝合金百叶窗	1200×2000	2	0	0	2	
11		C1503	铝合金窗	1500×300	2	0	0	2	
12		C1215	铝合金窗	1200×1500	0	2	3	5	
13		C1515	铝合金窗	1500×1500	0	3	4	7	
14		C1615	铝合金窗	1600×1500	0	1	0	1	
15		C0719	铝合金窗	700×1900	0	0	1	1	
16		C0908	铝合金窗	900×800	0	0	1	1	
17		C1208	铝合金窗	1200×800	0	0	1	1	
18	落地窗	C1524	铝合金落地窗	1500×2400	0	2	2	4	
19		C1824	铝合金落地窗	1800×2400	0	1	0	1	
20		C2224	铝合金落地窗	2200×2400	0	2	0	2	
21		TM2524	铝合金落地窗	2500×2400	0	1	0	1	
22		C1624	铝合金落地窗	1600×2400	0	1	0	1	

注：1.本门窗材质、要求、制作安装及五金配件，参见8813-3木门图集。

2.铝合金门窗用90系列1.2厚，表面处理氟碳喷涂，本工程仅表示门窗洞口尺寸、分格及开启方式。

建设单位应委托有生产许可证的生产厂家完成详细设计、制作及安装，必须严格执行国家及省、市相关规范、规程。

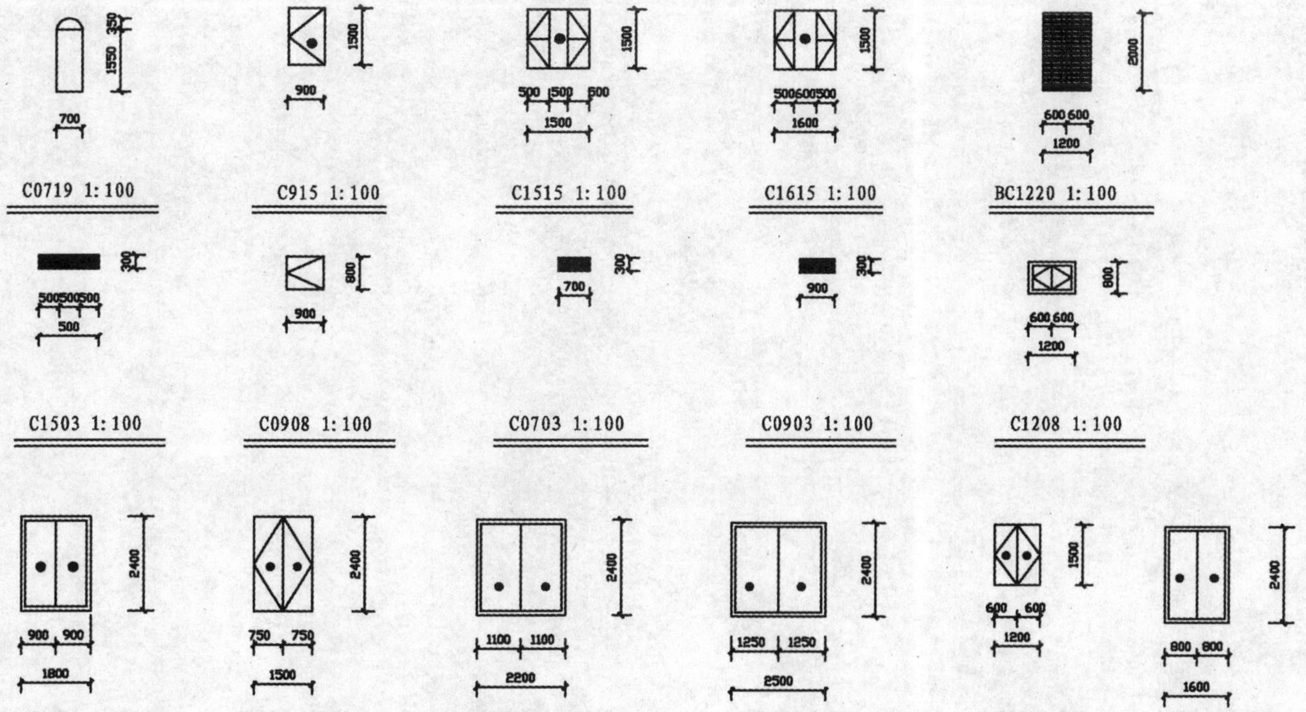

C0719 1:100　C915 1:100　C1515 1:100　C1615 1:100　BC1220 1:100

C1503 1:100　C0908 1:100　C0703 1:100　C0903 1:100　C1208 1:100

C1824 1:100　C1524 1:100　C2224 1:100　TM2524 1:100　C1215 1:100　C1624 1:100

楼1（地下室地面）

- 上撒1:1水泥砂子压实赶光
- 最薄处50厚C15混凝土，从最高处找坡，坡向明沟或地漏（坡向见平面图，坡度0.5%
- 素水泥浆一道（内掺建筑胶）
- 地下室钢筋混凝土底板

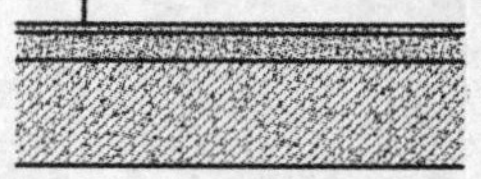

注：面积过大时应分仓跳格浇筑，每仓不大于6000×6000

楼2（用户内一般房间处）

- 面层材料、结合层 } 精装修40厚（首层为25厚）
- 40厚C15细石混凝土（首层为35厚），保护层随打随抹（内铺设管道）
- 20厚聚苯乙烯泡沫塑料（首层为40厚挤塑型聚苯板）保温层
- 素水泥浆一道（内掺建筑胶）
- 钢筋混凝土楼板

楼3（用于浴厕、厨房有防水要求楼面）

- 面层及结合层40厚精装修向地漏找坡完工后门口处地面比走道低10）
- 40厚C15细石混凝土，保护层随打随抹（内铺设管道）
- 1.5厚单组份聚氨脂涂膜防水层三遍
- 21厚1：2.5水泥砂浆找平层，四周及竖管根部抹小八字角
- 素水泥砂浆一道（内掺建筑胶）
- 钢筋混凝土楼板

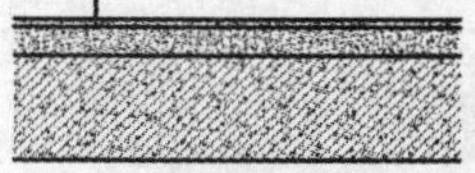

屋2（用于阳台、露台处）

- 贴砖红色防滑仿古地砖（1：2干硬性水泥砂浆，并做找坡0.5%，坡向排水口，最薄处30厚）
- 40厚硬泡聚氨脂保温防水层（当板下为室内时，增设<1.5厚单组份聚氨脂防水层三遍）
- 钢筋混凝土平台板，表面修补平整

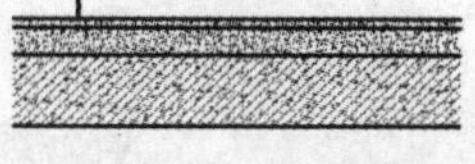

装修表

位置		房间名称	地、楼面	踢脚墙裙	内墙	顶棚	备注
位置	地下室	车库	1楼	水泥踢脚 88J1-1、踢2c	刮腻子喷涂 88J1-1、内墙4	参88J1-1、棚3 其中5厚砂浆改为20厚保温砂浆	
		工作间					
		空调机房					
		视听室	楼2（取消保温层）		乳胶漆88J1-1 内墙6		仅做到出装修
		辅助用房					
		娱乐室					
		卫生间	楼3		瓷砖88J1-1内墙38		仅做到出装修
	地上层	起居室、客厅、餐厅、楼梯间、卧室、书房	楼2		乳胶漆88J1-1 内墙6	乳胶漆88J1-1 棚8	仅做到出装修
		厨房、卫生间	楼3		瓷砖88J1-1内墙38		仅做到出装修

注：1.外墙面装饰见88J-1，外墙26C，喷丙烯酸弹性高级涂料墙面，颜色现场确定。

2.外墙钢筋混凝土框架梁柱外侧抹20mm保温砂浆，做法参见88J2-4，保温材料厂家需先行提供有效的抗裂技术措施，并做样板，经确认后方可用大面积施工。

图4　门窗表　门窗大样　装修表

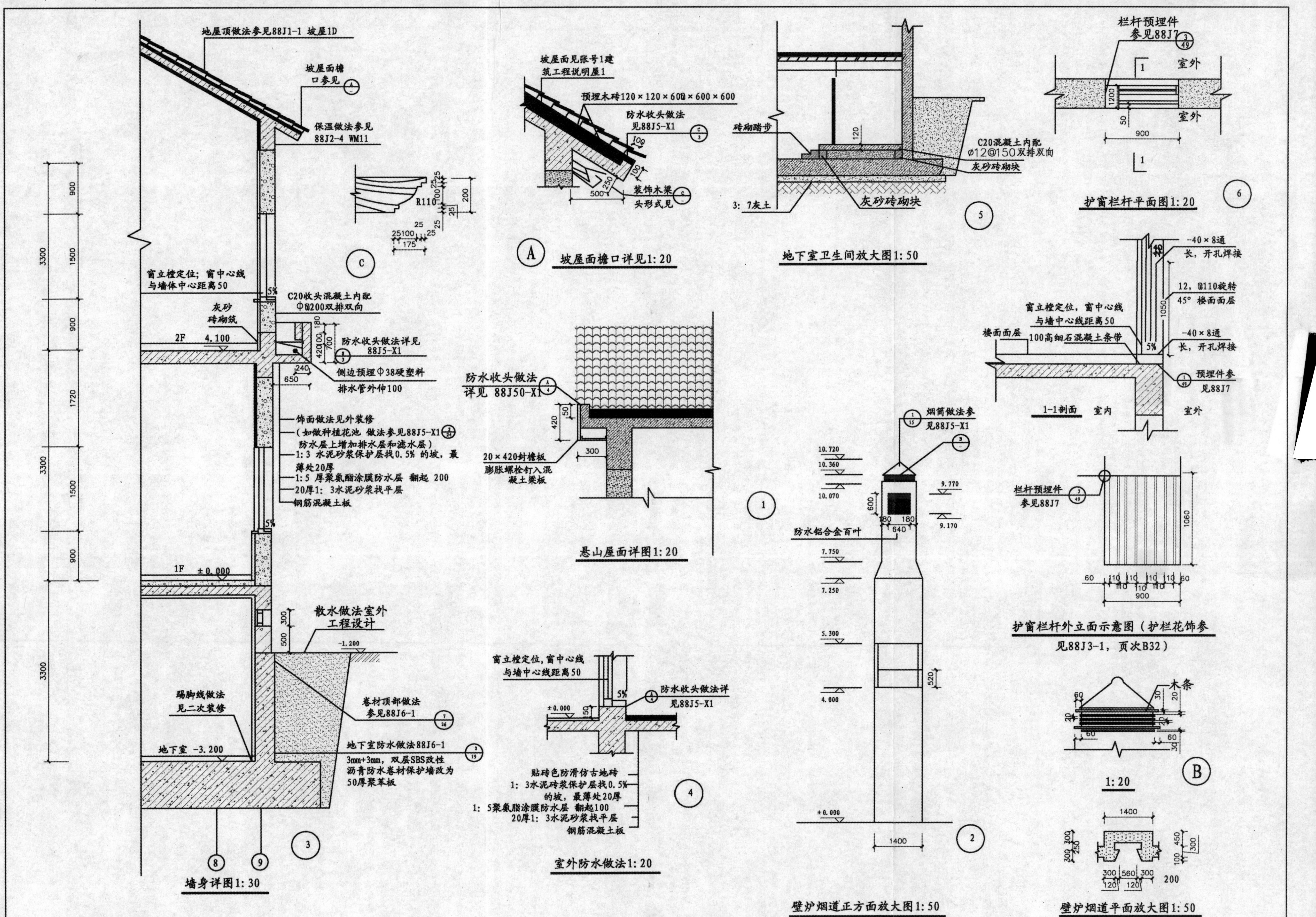

地屋顶做法参见88J1-1 坡屋1D
坡屋面檐口参见 A
保温做法参见88J2-4 WM11
窗立樘定位；窗中心线与墙体中心距离50
C20收头混凝土内配Φ@200双排双向
灰砂砖砌筑
2F 4.100
防水收头做法详见88J5-X1
侧边预埋Φ38硬塑料排水管外伸100
饰面做法见外装修
（如做种植花池 做法参见88J5-X1 防水层上增加排水层和滤水层）
1:3 水泥砂浆保护层找0.5% 的坡，最薄处20厚
1:5 厚聚氨酯涂膜防水层 翻起 200
20厚1:3水泥砂浆找平层
钢筋混凝土板
1F ±0.000
散水做法室外工程设计
-1.200
踢脚线做法见二次装修
卷材顶部做法参见88J6-1
地下室 -3.200
地下室防水做法88J6-1
3mm+3mm，双层SBS改性沥青防水卷材保护墙改为50厚聚苯板
墙身详图1:30
坡屋面见张号1建筑工程说明屋1
预埋木砖120×120×60@600×600
防水收头做法见88J5-X1
装饰木梁头形式见
坡屋面檐口详见1:20
砖砌踏步
C20混凝土内配Ø12@150双排双向
灰砂砖砌块
3:7灰土
地下室卫生间放大图1:50
栏杆预埋件参见88J7
室外
护窗栏杆平面图1:20
-40×8通长，开孔焊接
12，Ø110旋转45° 楼面面层
窗立樘定位，窗中心线与墙中心线距离50
楼面面层
100高细石混凝土条带
预埋件参见88J7
1-1剖面 室内 室外
防水收头做法详见 88J50-X1
20×420封檐板
膨胀螺栓钉入混凝土梁板
悬山屋面详图1:20
烟筒做法参见88J5-X1
防水铝合金百叶
壁炉烟道正方面放大图1:50
栏杆预埋件参见88J7
护窗栏杆外立面示意图（护栏花饰参见88J3-1，页次B32）
木条
1:20
壁炉烟道平面放大图1:50
窗立樘定位,窗中心线与墙中心线距离50
防水收头做法详见88J5-X1
贴砖色防滑仿古地砖
1:3水泥砂浆保护层找0.5%的坡，最薄处20厚
1:5聚氨脂涂膜防水层 翻起100
20厚1:3水泥砂浆找平层
钢筋混凝土板
室外防水做法1:20

图 5 墙身详图

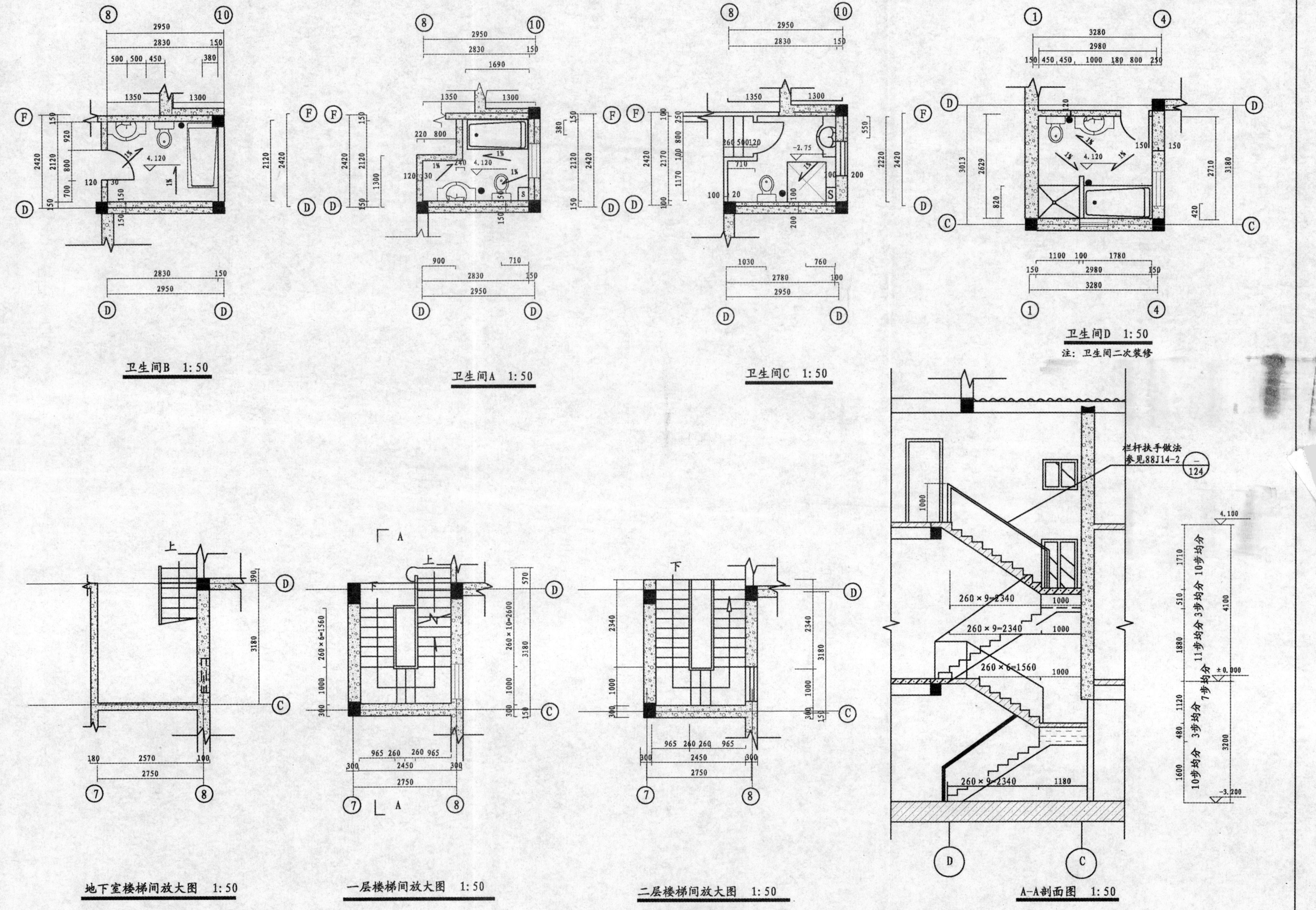
卫生间B 1:50
卫生间A 1:50
卫生间C 1:50
卫生间D 1:50
注：卫生间二次装修
栏杆扶手做法
参见88J14-2
地下室楼梯间放大图 1:50
一层楼梯间放大图 1:50
二层楼梯间放大图 1:50
A-A剖面图 1:50

图 6 卫生间和楼梯详图

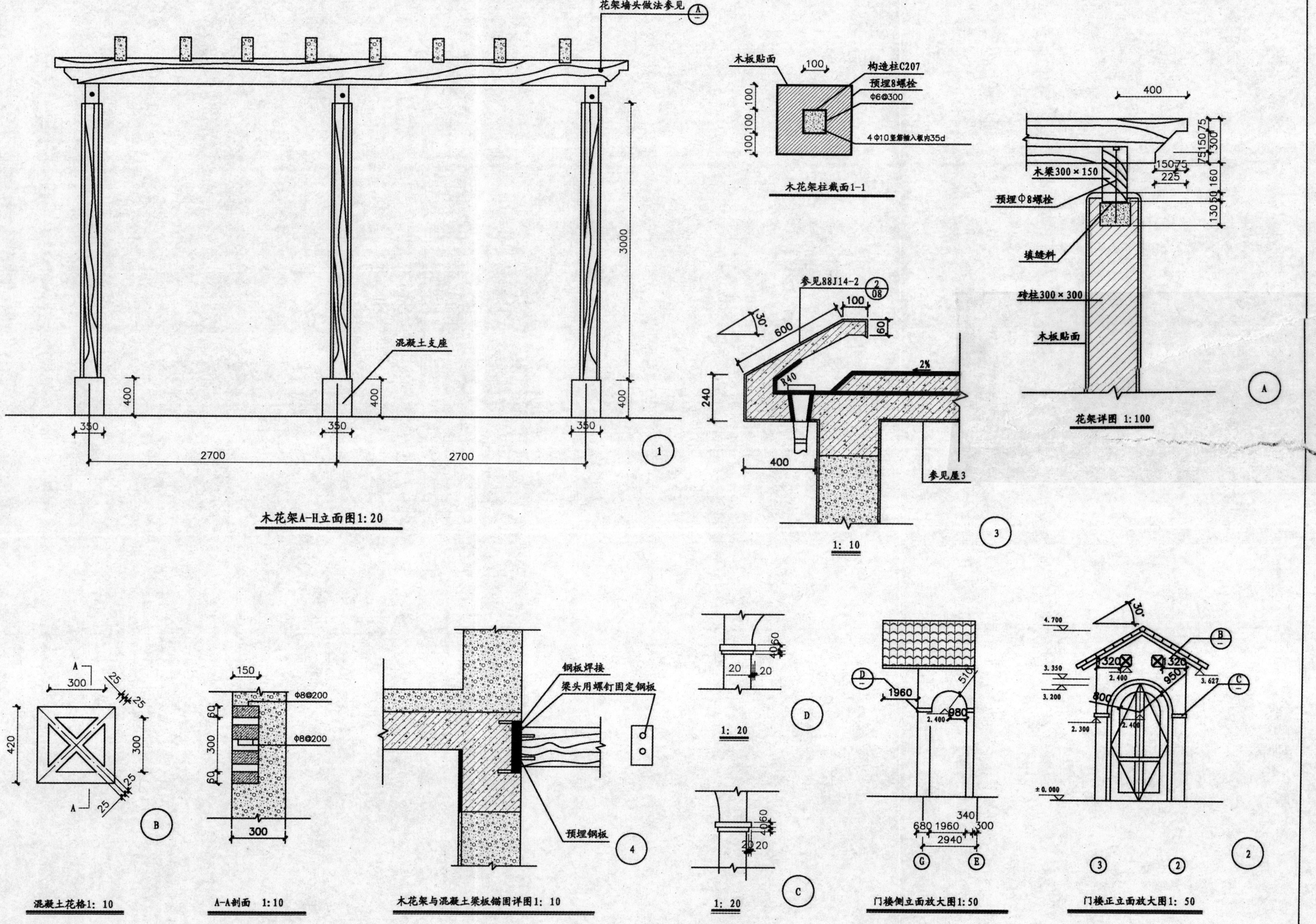
花架墙头做法参见 A
混凝土支座
木花架A-H立面图1:20
木板贴面
构造柱C207
预埋8螺栓
Φ6@300
4Φ10竖筋插入板内35d
木花架柱截面1-1
木梁300×150
预埋Φ8螺栓
填缝料
砖柱300×300
木板贴面
花架详图 1:100
参见88J14-2
R40
2%
参见屋3
1: 10
钢板焊接
梁头用螺钉固定钢板
预埋钢板
混凝土花格1: 10
A-A剖面 1:10
Φ8@200
木花架与混凝土梁板锚固详图1: 10
1: 20
1: 20
门楼侧立面放大图1:50
门楼正立面放大图1: 50

图7 节点大样图

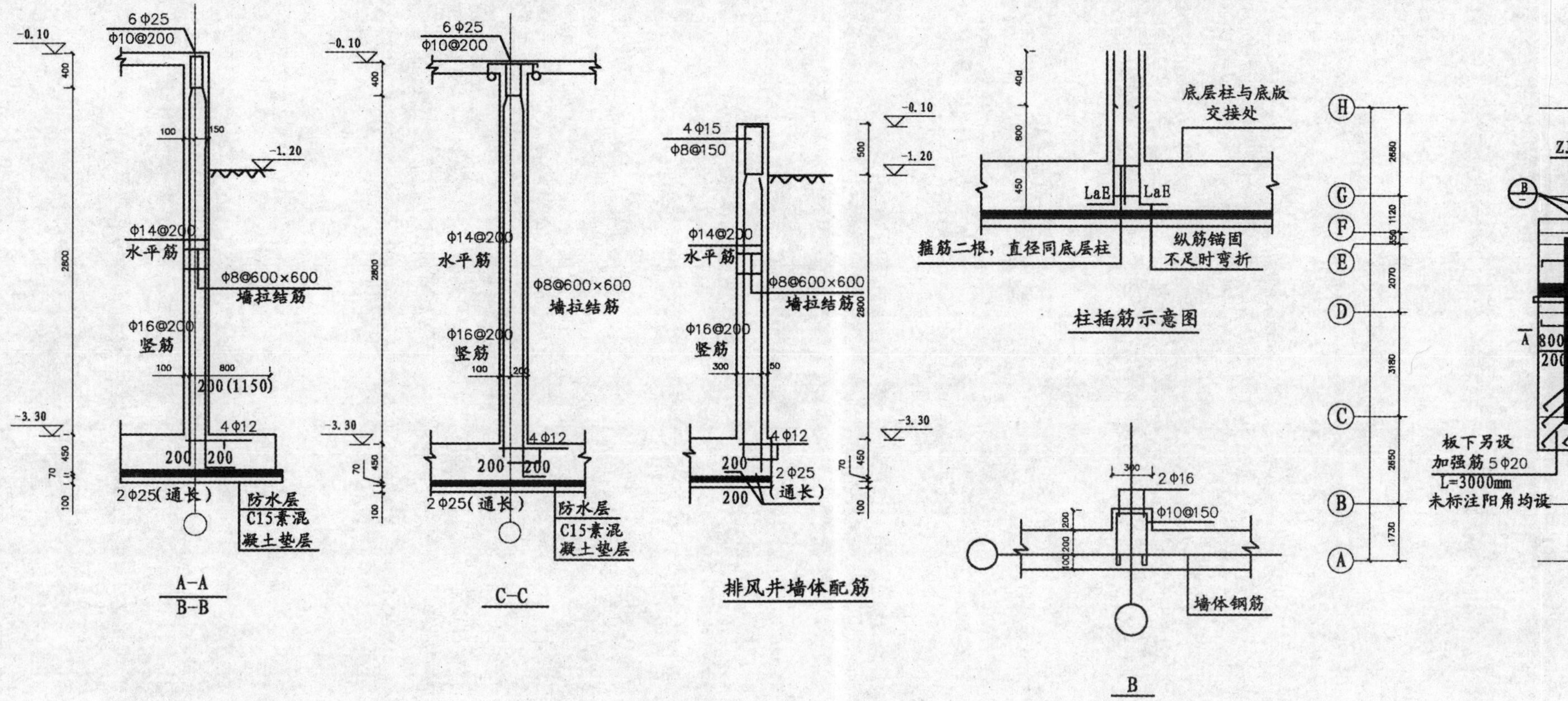

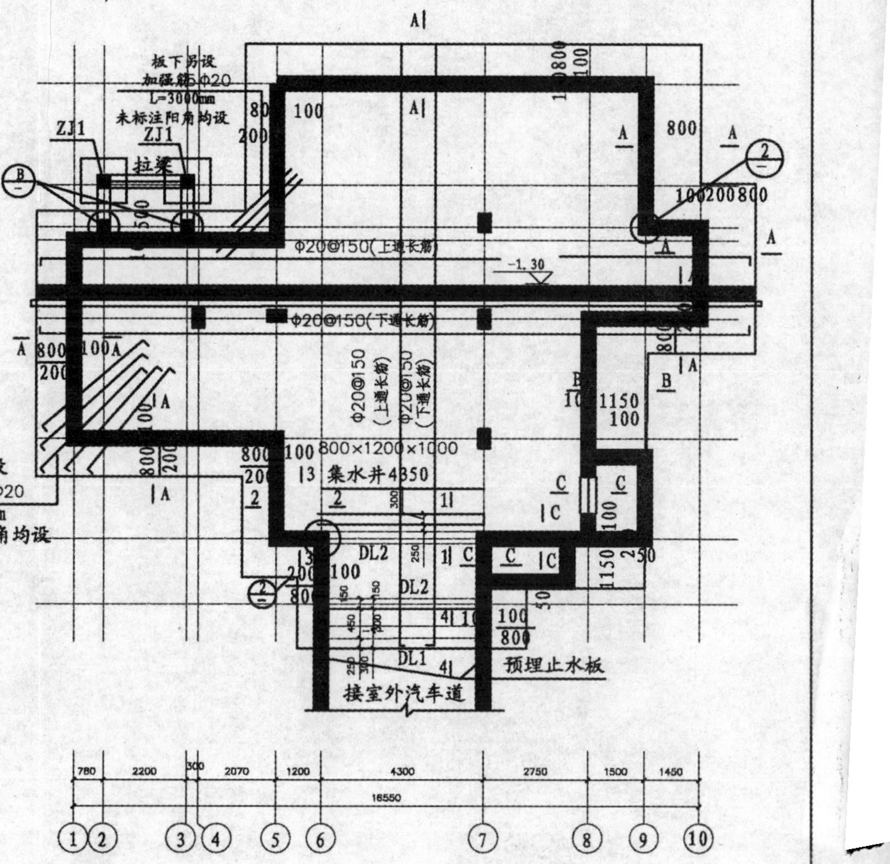

筏板基础结构图

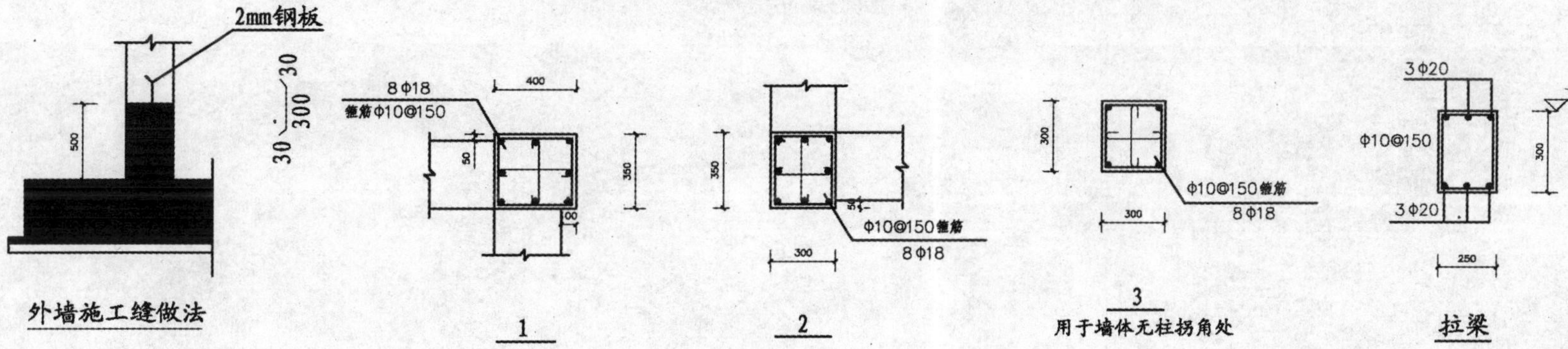

说明：

1. 室内建筑地面标高±0.00，相当于绝对标高32.5m，指北针参见建筑总图。
2. 片筏基础持力层为②层，地基承载力标准值Ⅰ区为100kPa，Ⅱ区为120kPa。
3. 混凝土强度等级：基础底板及地梁、外墙为C30防渗混凝土，设计抗渗等级为S6。柱为C30，外墙柱混凝土同外墙。
4. 基础底板上≥500mm处可预留水平施工缝一道，施工缝处预留埋钢板止水带做法见详图。
5. 1-1～4-4另见张号3。
6. 考虑雨季施工，基础开挖前应做好基坑排水及护坡工作，基坑开挖后应注意及时排除基坑内积水，严禁基础浸泡坑土。
7. 基坑开挖过程中如遇异常情况应及时通知勘察及设计单位。
8. 底板钢筋排列：垂直方向排列的钢筋元均放在下排；水平方向排列的钢筋均放在上排；
9. 基础底板下铁钢筋的混凝土保护层为40mm。上铁钢筋的保护层为20mm。
10. 基础底板外挑出墙面800mm。未标注墙定位均为内100，外200。
11. 柱定位见柱定位平面图。
12. 防雷做法见防雷专业图纸。

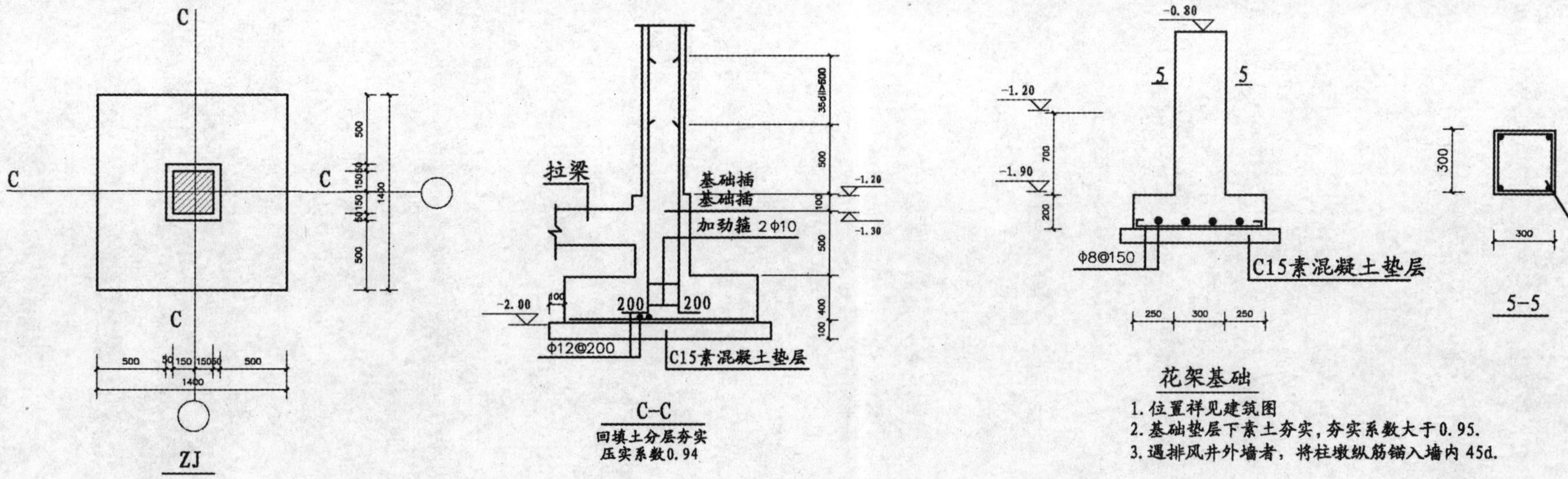

回填土分层夯实
压实系数0.94

花架基础

1. 位置祥见建筑图
2. 基础垫层下素土夯实，夯实系数大于0.95.
3. 遇排风井外墙者，将柱墩纵筋锚入墙内45d.

图8 筏板基础结构图

柱号	标高	bxh	角筋	b边一侧中部筋	h边一侧中部筋	箍筋型号	箍筋	备注
KZ1	-3.30～-0.10	500x300	4Φ25	1Φ22	1Φ22	3×3	Φ8@200	
	-0.10～8.20	500x300	4Φ25	1Φ22	1Φ22	3×3	Φ8@200	
KZ2	-3.30～-0.10	500x300	4Φ25	1Φ22	1Φ22	3×3	Φ8@200	
	-0.10～8.20	500x300	4Φ25	1Φ22	1Φ22	3×3	Φ8@100/200	
KZ3	-3.30～0.10	500x300	4Φ25	1Φ22	1Φ22	3×3	Φ8@200	
	-0.10～8.20	500x300	4Φ25	1Φ22	1Φ22	3×3	Φ8@100	
KZ4	-3.30～-0.10	500x300	4Φ25	1Φ22	1Φ22	3×3	Φ8@200	
	-1.10～8.63	500x300	4Φ25	1Φ22	1Φ22	3×3	Φ8@100	
KZ5	-3.30～0.10	500x300	4Φ25	1Φ22	1Φ22	3×3	Φ8@200	
	-0.10～4.00	500x300	4Φ25	1Φ22	1Φ22	3×3	Φ8@100/200	
	4.00～8.63	500x300	4Φ25	1Φ22	1Φ22	3×3	Φ8@100	
KZ6	-3.30～0.10	300x500	4Φ25	1Φ22	1Φ22	3×3	Φ8@200	
	-0.10～4.00	300x500	4Φ25	1Φ22	1Φ22	3×3	Φ8@100/200	
	4.00～8.20	300x500	4Φ25	1Φ22	1Φ22	3×3	Φ8@100	
KZ7	-3.30～0.10	300x500	4Φ25	1Φ22	2Φ22	3×3	Φ8@100/200	配筋方式
	-0.10～4.00	300x500	4Φ25	1Φ22	2Φ22	3×3	Φ8@100/200	见附图1
KZ8	-3.30～0.10	300x400	4Φ25	1Φ22	1Φ22	3×3	Φ8@200	
	-0.10～7.02	300x400	4Φ25	1Φ22	1Φ22	3×3	Φ8@100	
KZ9	-3.30～-0.10	300x500	4Φ25	1Φ22	1Φ22	3×3	Φ8@100/200	
	-0.10～8.63	300x500	4Φ25	1Φ22	1Φ22	3×3	Φ8@100	
KZ10	-3.30～-0.10	500x300	4Φ25	1Φ22	1Φ22	3×3	Φ8@100/200	
	-0.10～8.20	500x300	4Φ25	1Φ22	1Φ22	3×3	Φ8@100	
KZ11	-3.30～0.10	300x500	4Φ25	1Φ22	1Φ22	3×3	Φ8@100/200	
	-0.10～8.20	300x500	4Φ25	1Φ22	1Φ22	3×3	Φ8@100/200	
KZ12	-3.30～-0.10	300x400	4Φ25	1Φ22	1Φ22	3×3	Φ8@200	
	-0.10～8.20	300x400	4Φ25	1Φ22	1Φ22	3×3	Φ8@100/200	
KZ13	-3.30～-0.10	300x400	4Φ25	1Φ22	1Φ22	3×3	Φ8@200	
	-0.10～7.02	300x400	4Φ25	1Φ22	1Φ22	3×3	Φ8@100	
KZ14	-3.30～-0.10	500x300	4Φ25	1Φ22	1Φ22	3×3	Φ8@200	
	-0.10～8.63	500x300	4Φ25	1Φ22	1Φ22	3×3	Φ8@100	
KZ15	-3.30～-0.10	500x300	4Φ25	1Φ22	1Φ22	3×3	Φ8@200	
	-0.10～8.63	500x300	4Φ25	1Φ22	1Φ22	3×3	Φ8@100	
KZ16	-3.30～-0.10	300x500	4Φ25	1Φ22	1Φ22	3×3	Φ8@200	
	-0.10～7.99	300x500	4Φ25	1Φ22	1Φ22	3×3	Φ8@100/200	
KZ17	-3.30～-0.10	300x500	4Φ25	1Φ22	1Φ22	3×3	Φ8@100/200	
	-0.10～4.00	300x500	4Φ25	1Φ22	1Φ22	3×3	Φ8@100	
	4.00～7.99	300x500	4Φ25	1Φ22	1Φ22	3×3	Φ8@100/200	
KZ18	-3.30～0.10	500x300	4Φ25	1Φ22	1Φ22	3×3	Φ8@200	
	-0.10～7.99	500x300	4Φ25	1Φ22	1Φ22	3×3	Φ8@100	
KZ19	-3.30～0.10	500x300	4Φ25	1Φ22	1Φ22	3×3	Φ8@200	
	-0.10～7.99	500x300	4Φ25	1Φ22	1Φ22	3×3	Φ8@100	
KZ20	-3.30～-0.10	300x500	4Φ25	1Φ22	1Φ22	3×3	Φ8@200	
	-0.10～6.25	300x500	4Φ25	1Φ22	1Φ22	3×3	Φ8@100	
KZ21	-3.30～-0.10	300x400	4Φ25	1Φ22	1Φ22	3×3	Φ8@200	
	-0.10～3.67	300x400	4Φ25	1Φ22	1Φ22	3×3	Φ8@100	
KZ22	-3.30～-0.10	300x400	4Φ25	1Φ22	1Φ22	3×3	Φ8@200	
	-0.10～3.67	300x400	4Φ25	1Φ22	1Φ22	3×3	Φ8@100	
KZ23	-3.30～0.10	400x300	4Φ25	1Φ22	1Φ22	3×3	Φ8@200	
	-0.10～4.00	400x300	4Φ25	1Φ22	1Φ22	3×3	Φ8@100/200	
	4.00～8.20	400x300	4Φ25	1Φ22	1Φ22	3×3	Φ8@100	

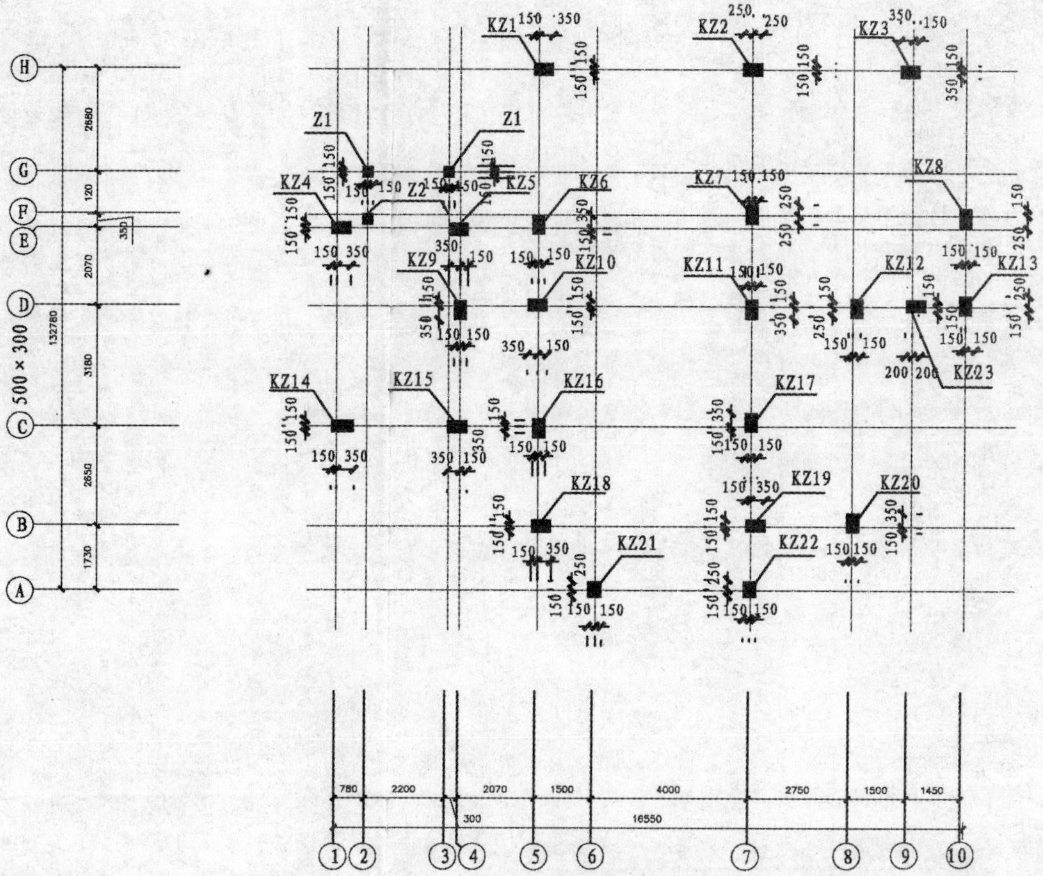

柱定位图

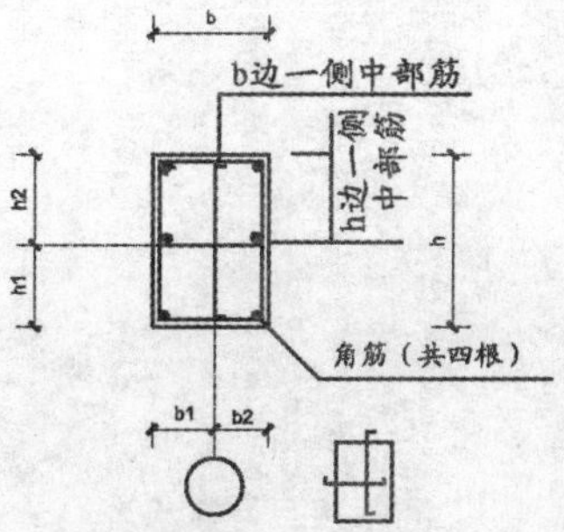

框架柱横剖面

箍筋（m×n）

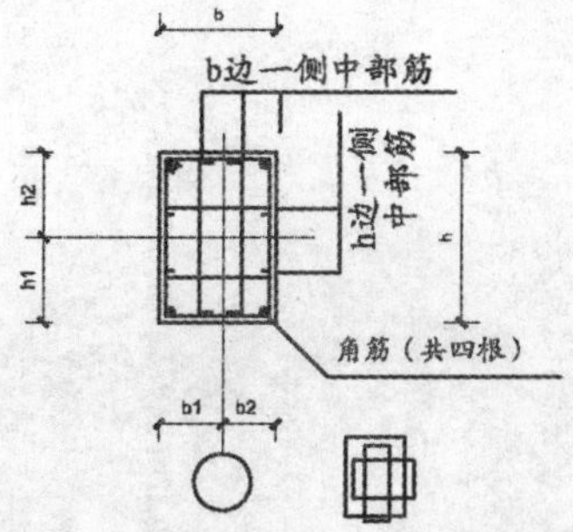

附图1

箍筋（m×n）

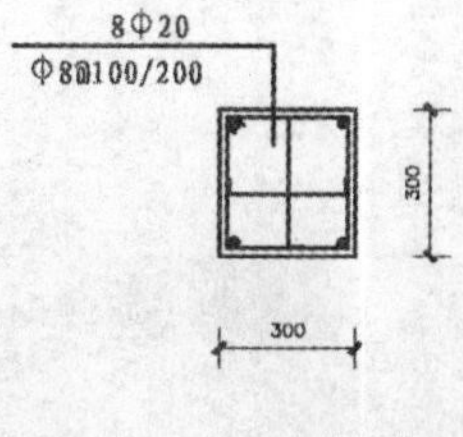

Z1

柱顶标高3.98m

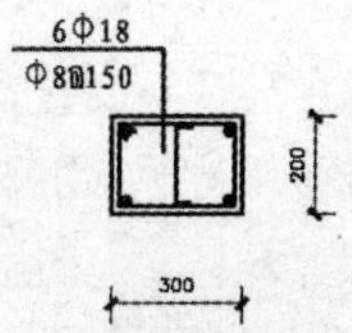

Z2

柱纵筋下伸入地下室外墙1000mm

柱顶标高3.98m

说明：

1. 柱凝混凝土标号：地下室C30，一层及一层以上均C25
2. 所有框架柱的钢筋的构造做法见图集03G101-1；
3. 柱顶标高均指斜屋面与柱外皮交线处的标高，如图示。

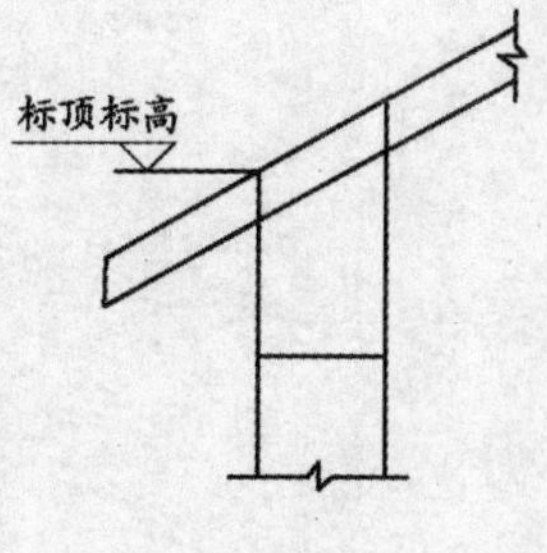

屋面	见屋面模板图	
2	4.00	
1	-0.10	4.10
-1	-3.30	3.20
层号	楼面结构标高	结构层高

结构层楼面标高

结构层高

注：标高、层高单位为m

图9　柱结构图

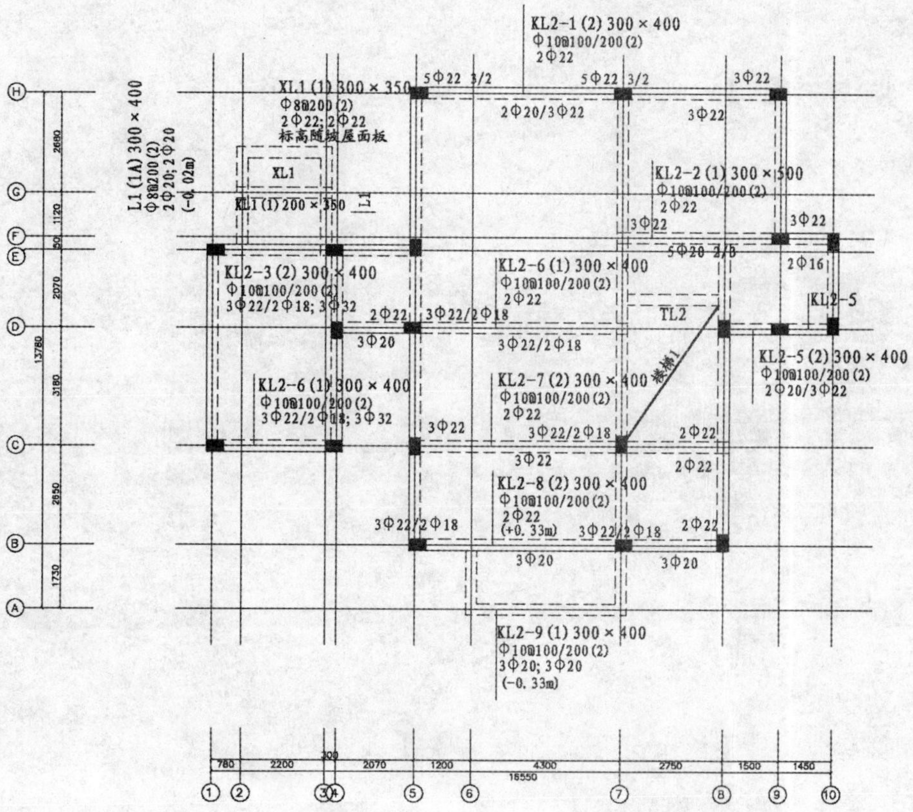

二层梁配筋图（一）

标高4.00m

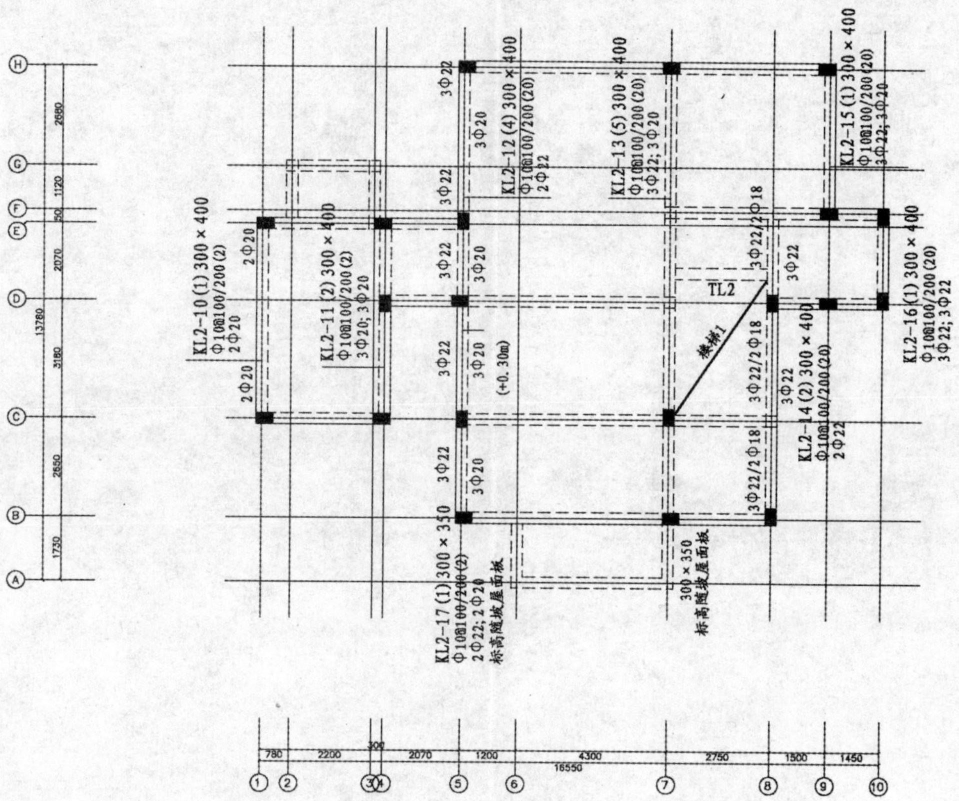

二层梁配筋图（二）

标高4.00m

说明：

1. 混凝土标号：一层C30，二、三层C25，构造见图集03G101-1；
2. 除标注者外，所有梁在集中力处每边设附加箍筋3ø10，其中箍筋间距50，肢数同主梁；
3. 除标注者外，其余所有梁腹板高度>450双侧设腰筋，
   其中：KL-*，设Gø14@200
   CL-*，设Gø@200
4. 凡梁号前标有“*”的均指两层梁中的下层梁，梁号前标有“×”的均指此梁为斜梁或折梁，施工时对照楼板模板图进行施工。
5. T1.2配筋大样见张号；
6. 凡与坡屋面板相交的起坡梁按如下图示配筋方式配筋。

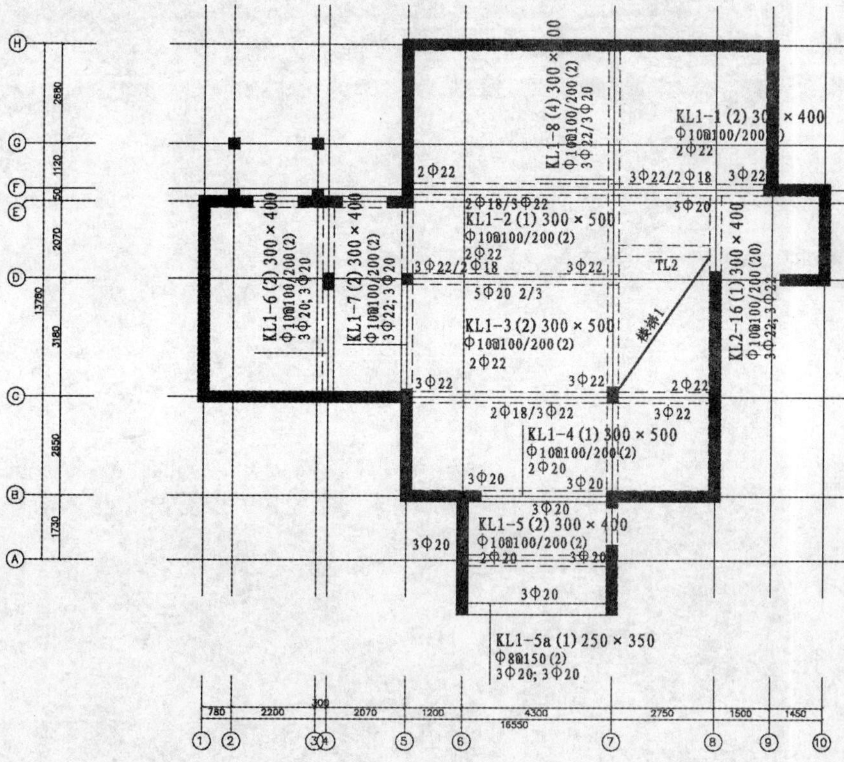

一层梁配筋图

标高-0.10m

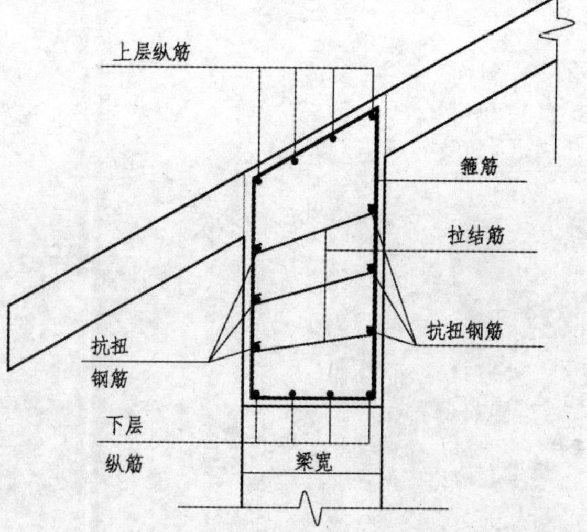

图10 一、二层楼板梁配筋图

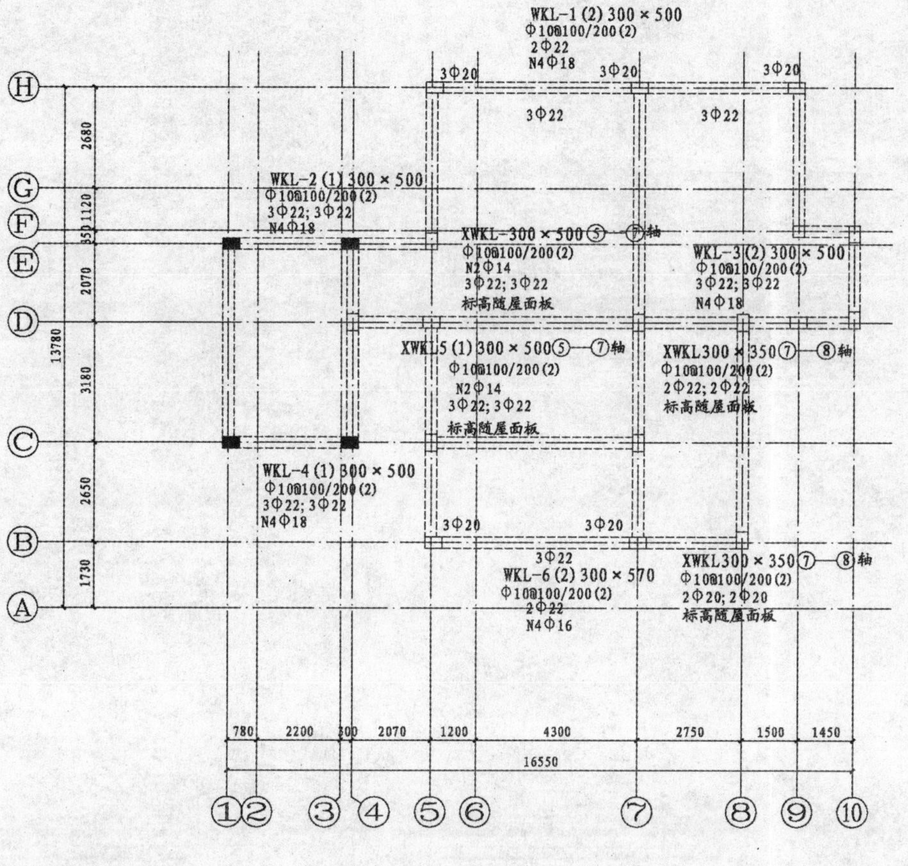

屋面板梁配筋图（一）

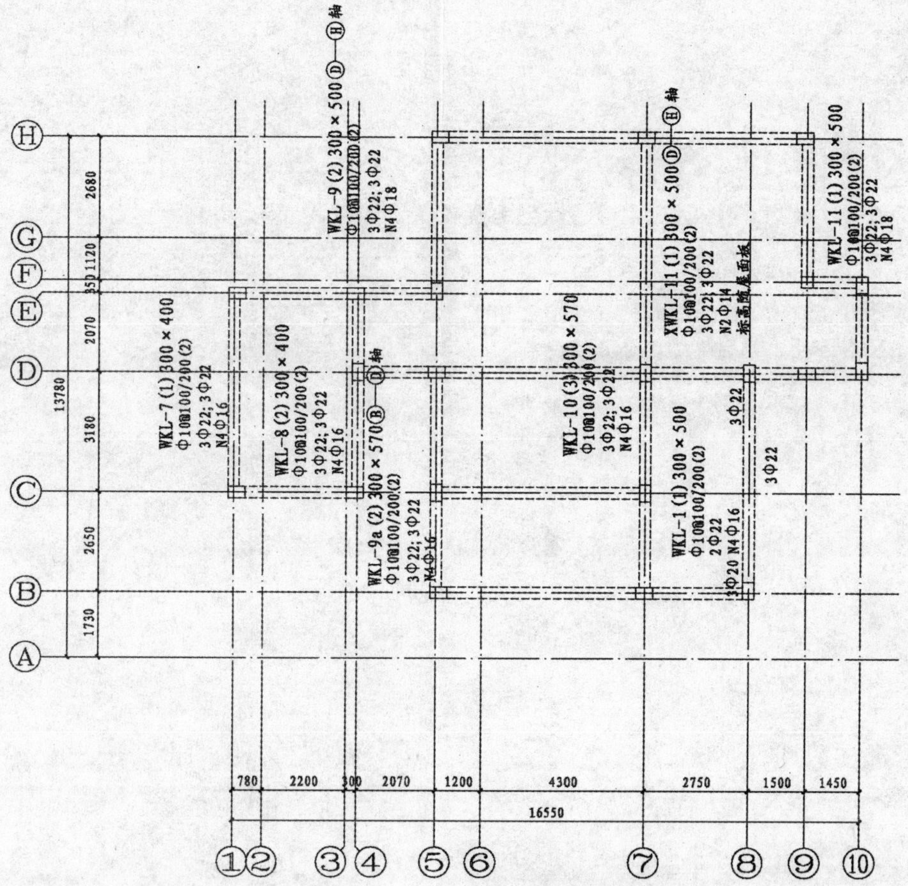

屋面板梁配筋图（二）

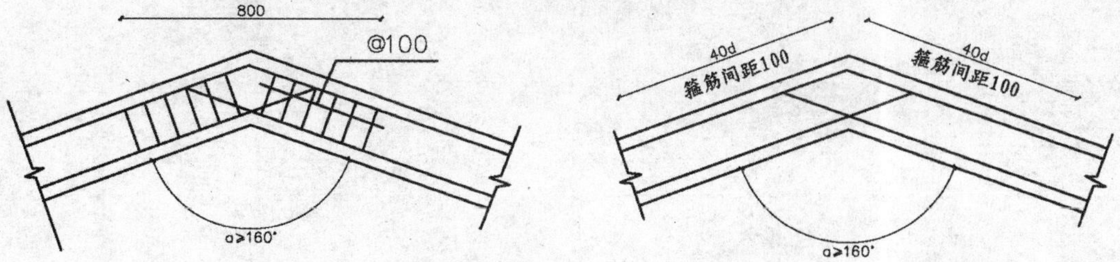

爬山梁折角处处理办法

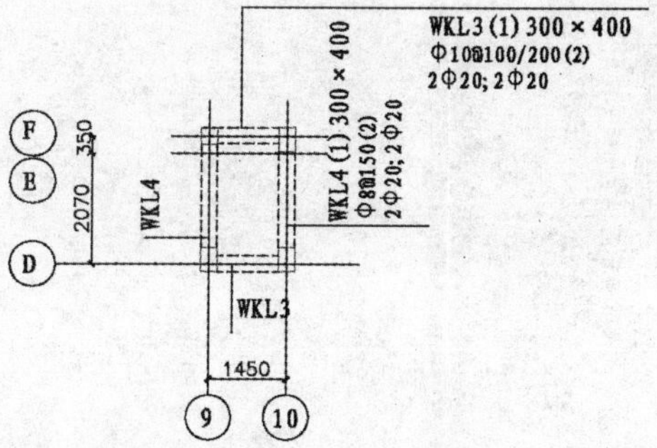

标高7.02m屋面梁配筋图

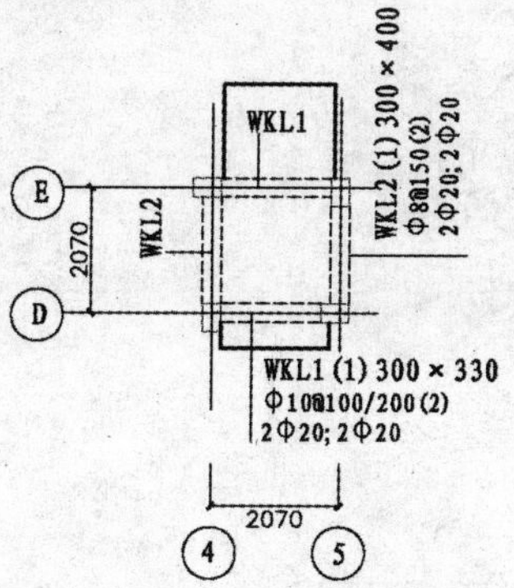

标高6.85m屋面梁配筋图

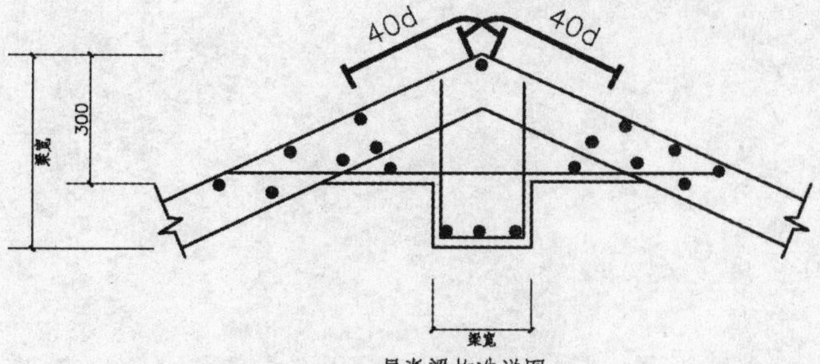

屋脊梁构造详图

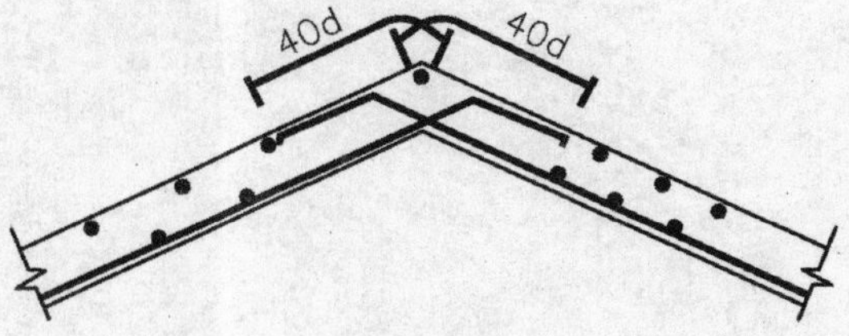

屋顶阳角钢筋搭接大样

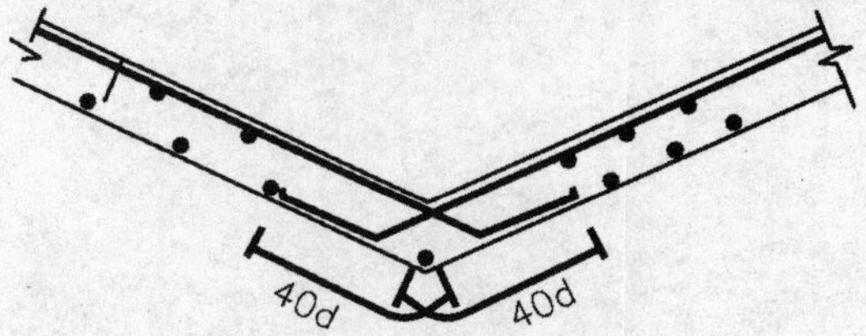

屋顶阳角钢筋搭接大样

注：

1. 说明同二层

图11 屋面梁配筋图

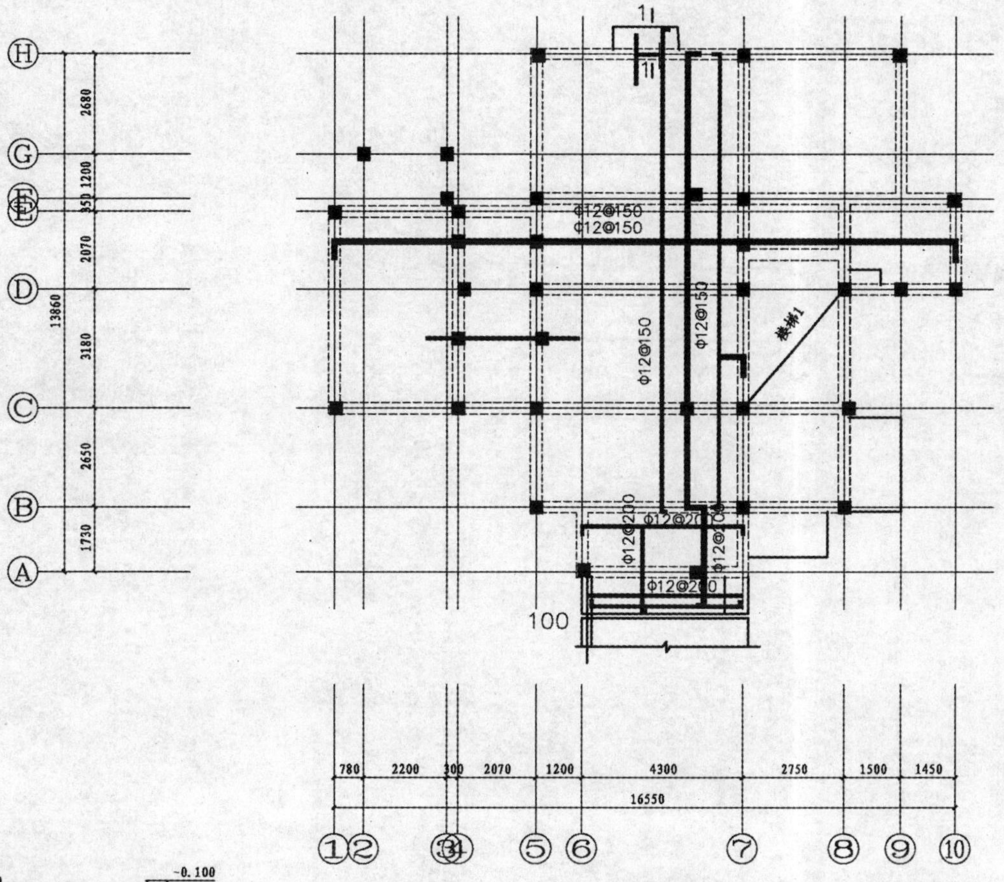

首层楼板配筋图

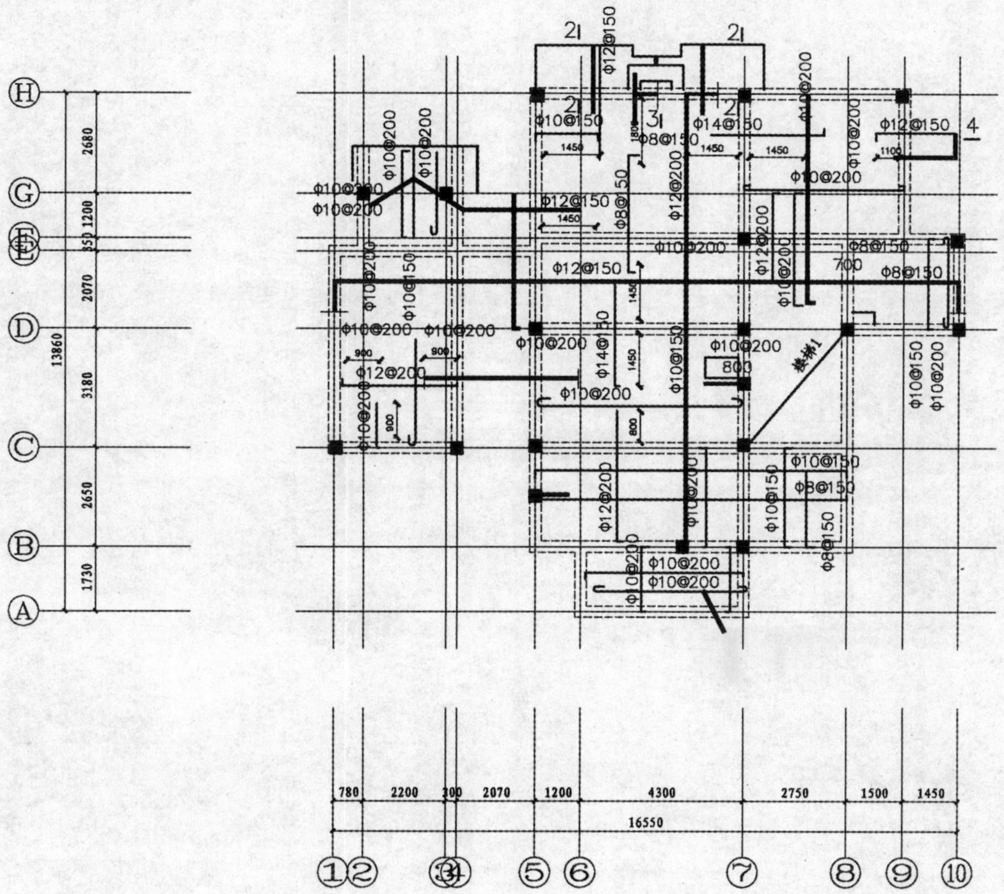

二层楼板配筋图

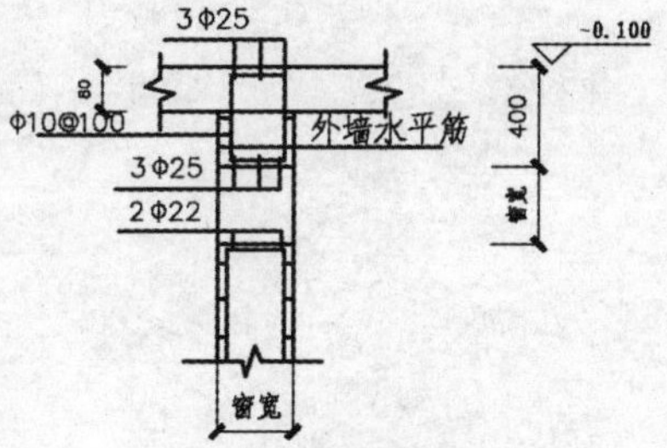

外墙窗洞加筋大样

1)上下主筋每边伸过洞边40d.
2)洞左在加筋祥见张3.
3)具体位置见建筑图.

说明:
1. 板混凝土标号: 一层C30, 二层C25;
2. 板分布筋为Φ8@200;
3. 所有管道间板钢筋遇洞处不截断, 待管道安装完后, 洞用C30膨胀混凝土浇实;
4. 板洞边加筋双向2 Φ14, 深入支座或伸过洞口40d, 短边方向钢筋放在下面;
5. 除注明者外, 楼板板底在隔墙位置下均设2 Φ16
6. 烟囱在标高2.00m, 4.00m, 7.25m及10.07m处设圈梁300×240mm, 内配6 Φ12, 箍筋Φ6@200.

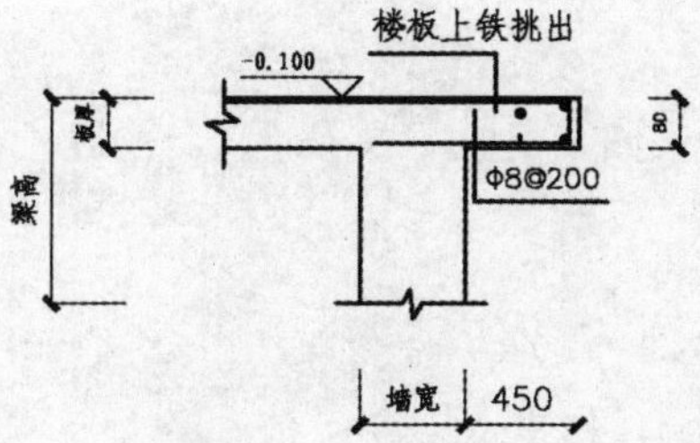

1-1

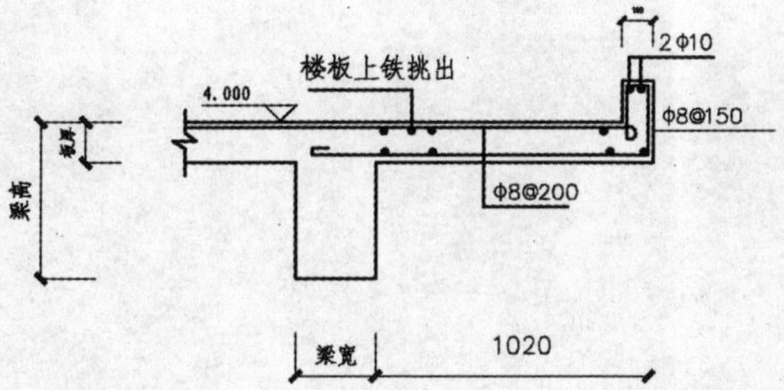

2-2

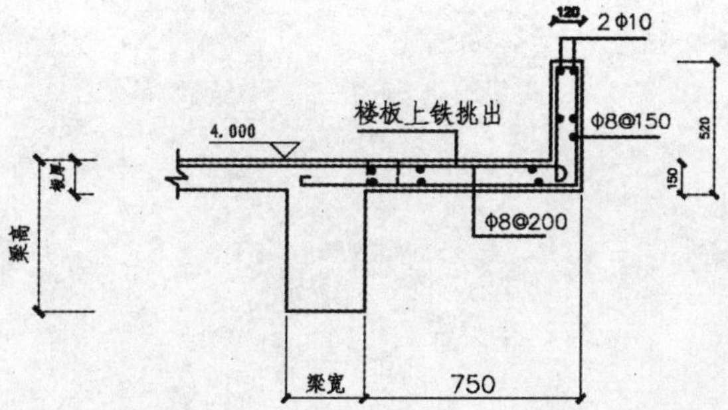

3-3

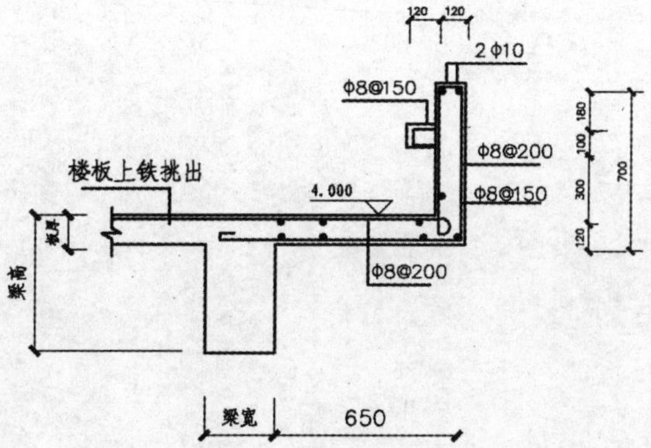

4-4

图12 一、二层楼板配筋图

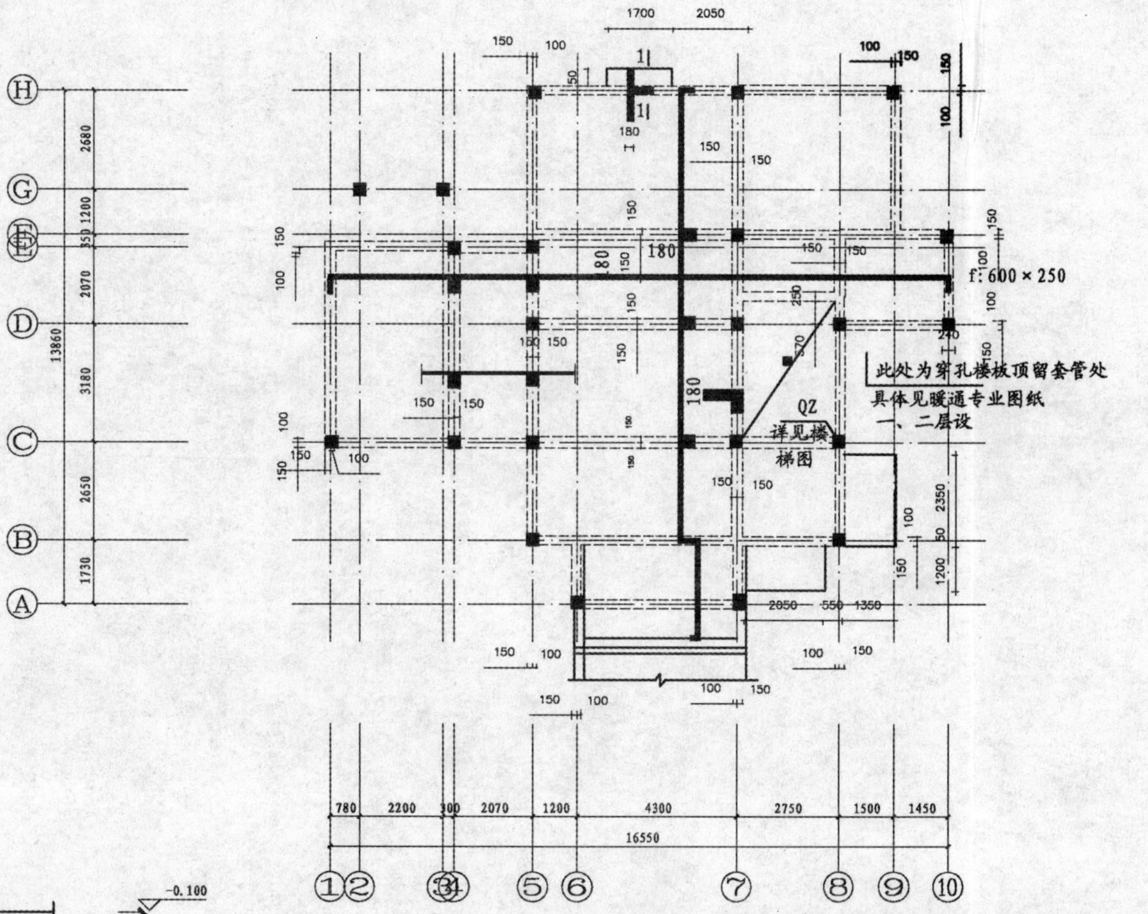

一层楼板模板图

除注明者外，其余板标高均为-0.10m

除注明者外，其余板厚均为180mm

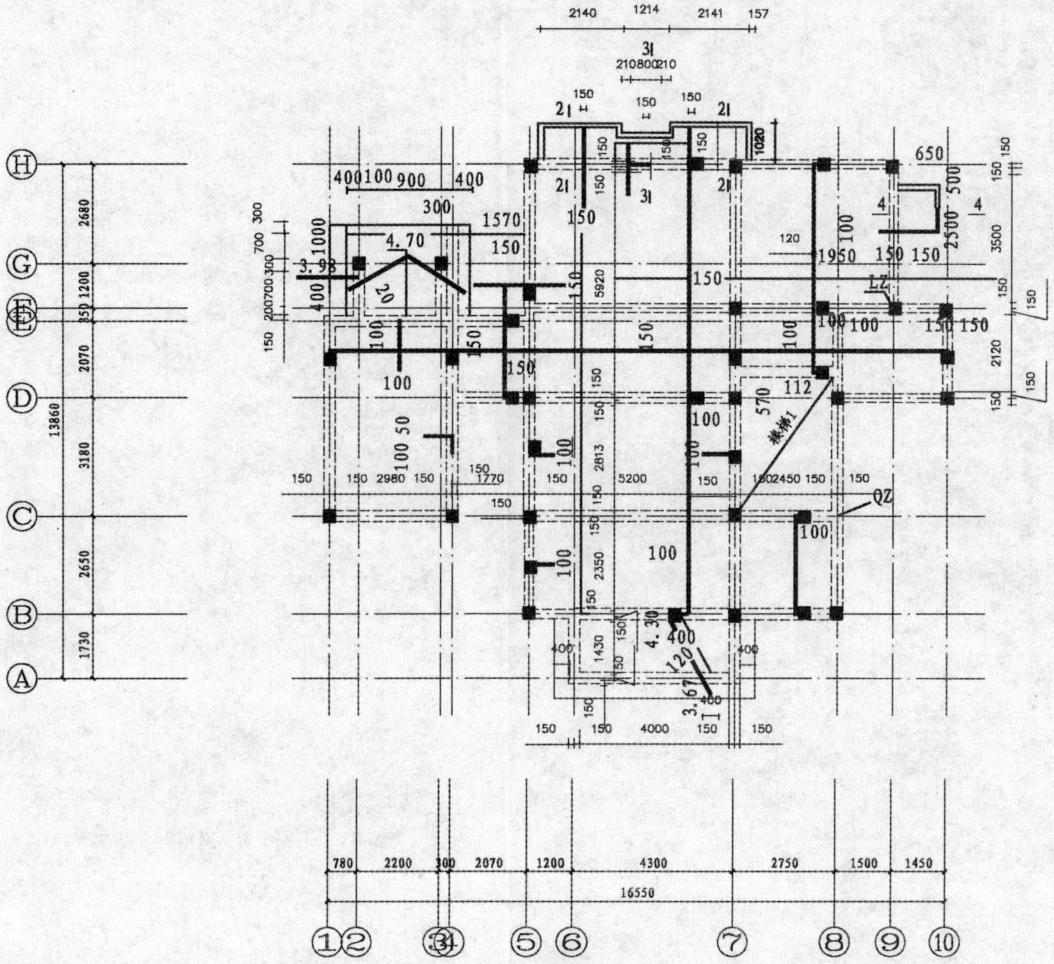

二层楼板模板图

除注明者外，其余板标高均为4.00m

除注明者外，其余板厚均为100mm

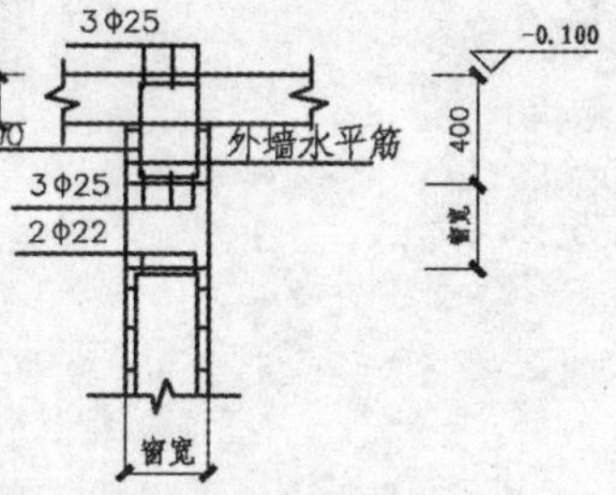

外墙窗洞加筋大样

1)上下主筋每边伸过洞边40d.

2)洞左在加筋祥见张3.

3)具体位置见建筑图.

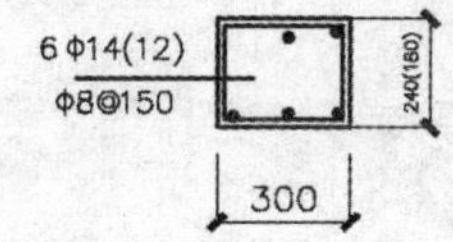

一层门楼（弧形窗）过梁截面配筋图

标高及定位见建筑图

遇框架梁的与框架梁整浇

纵筋伸入支座45d

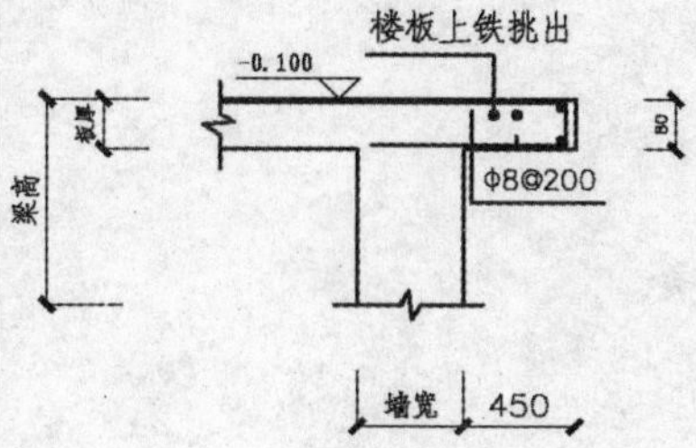

1-1

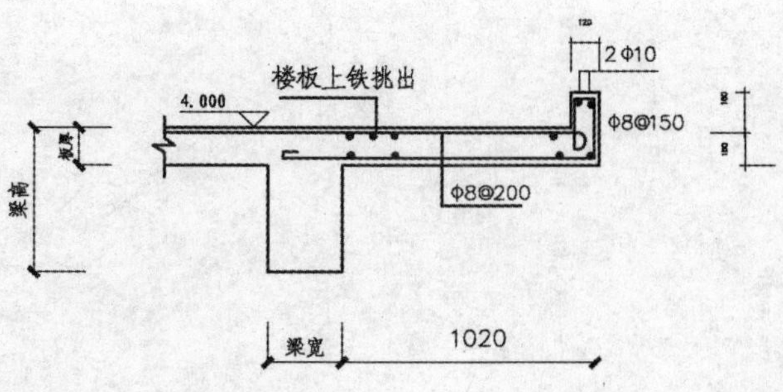

2-2

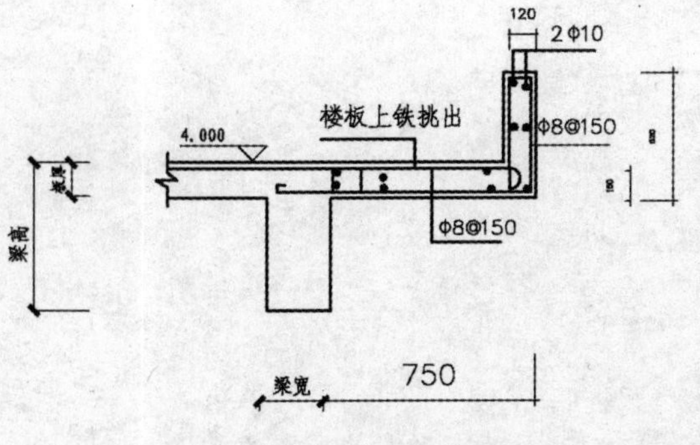

3-3

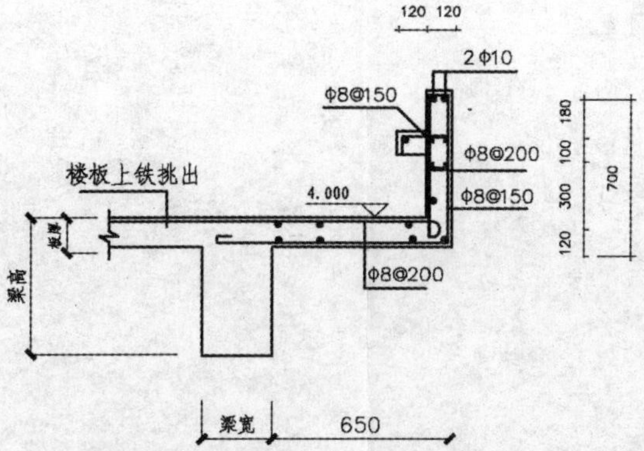

4-4

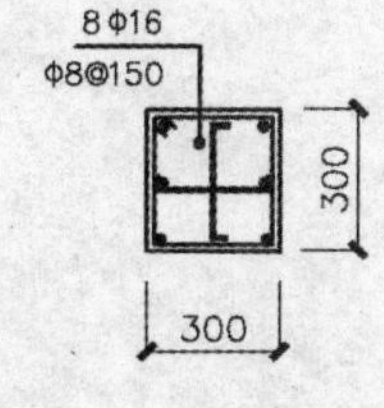

LZ

标高 4.0-7.02m

图13 一、二层楼板模板图

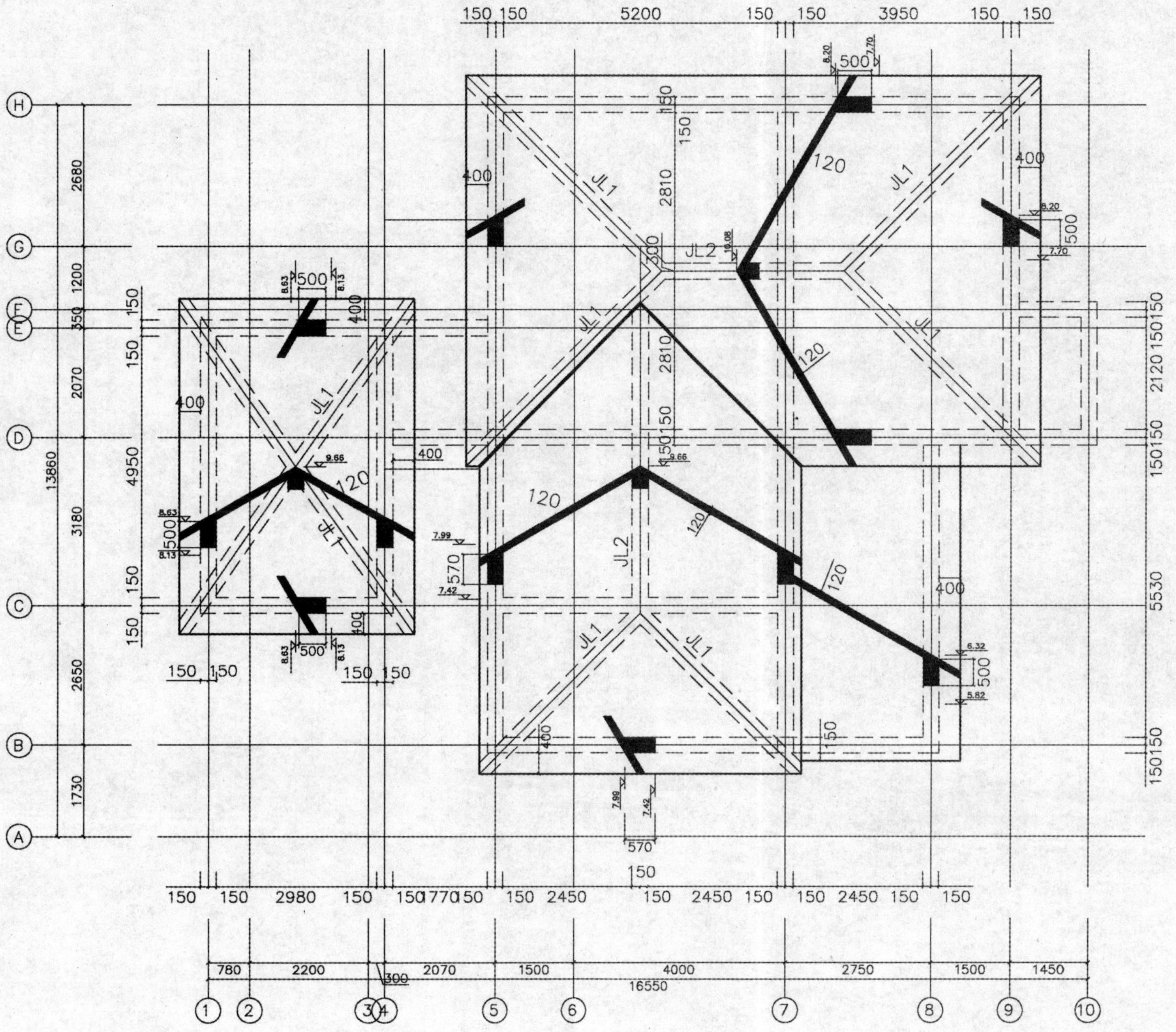

屋面板模板图

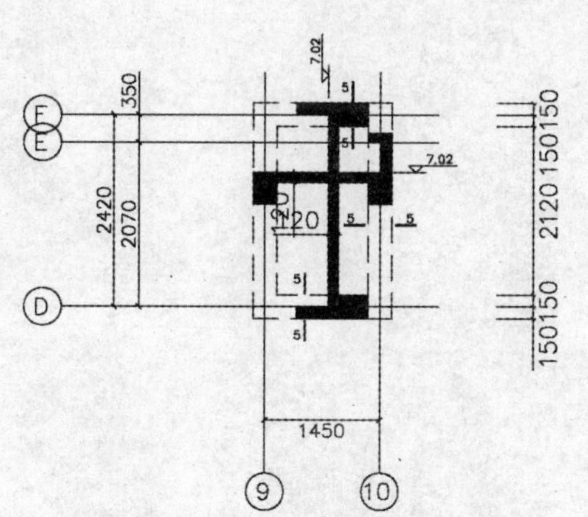

标高7.02m屋面梁配筋图

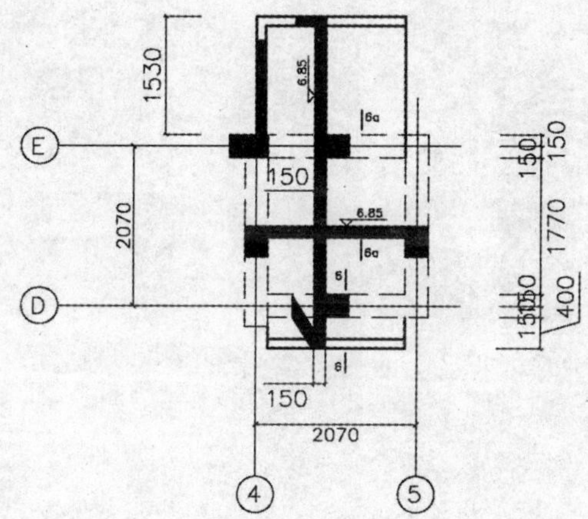

标高6.85m屋面梁配筋图

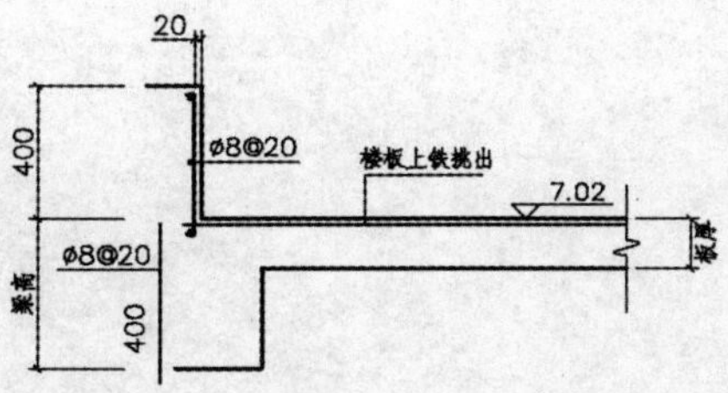

5-5

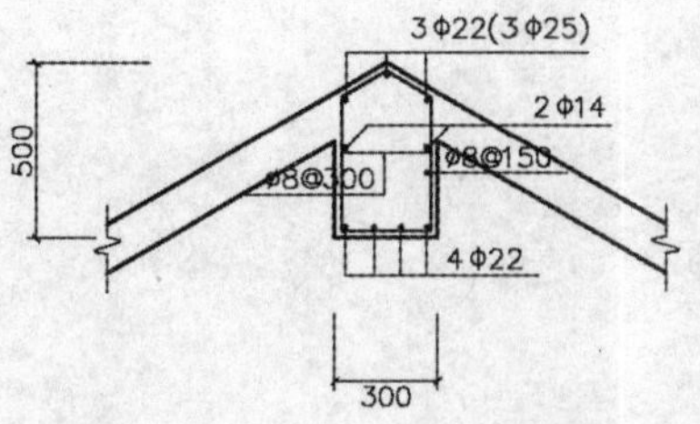

JL1(JL2)

脊线处梁配筋图

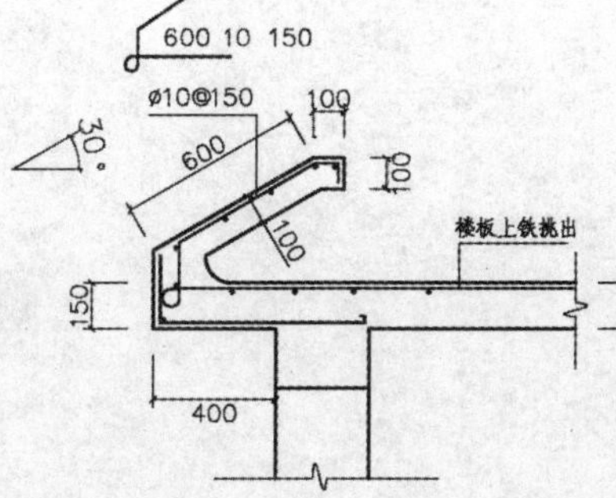

6-6

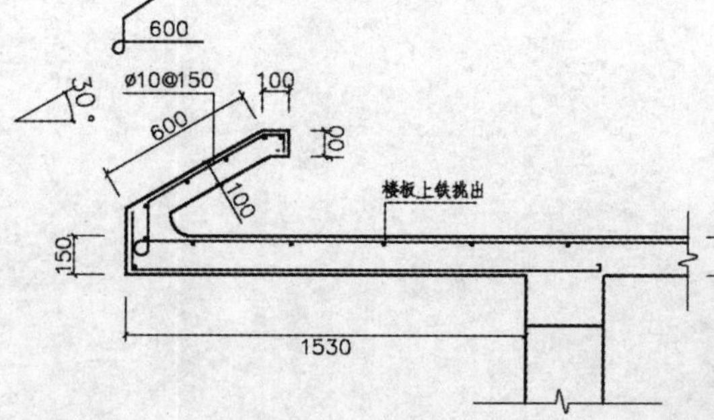

6a-6a

图14 屋面板模板图

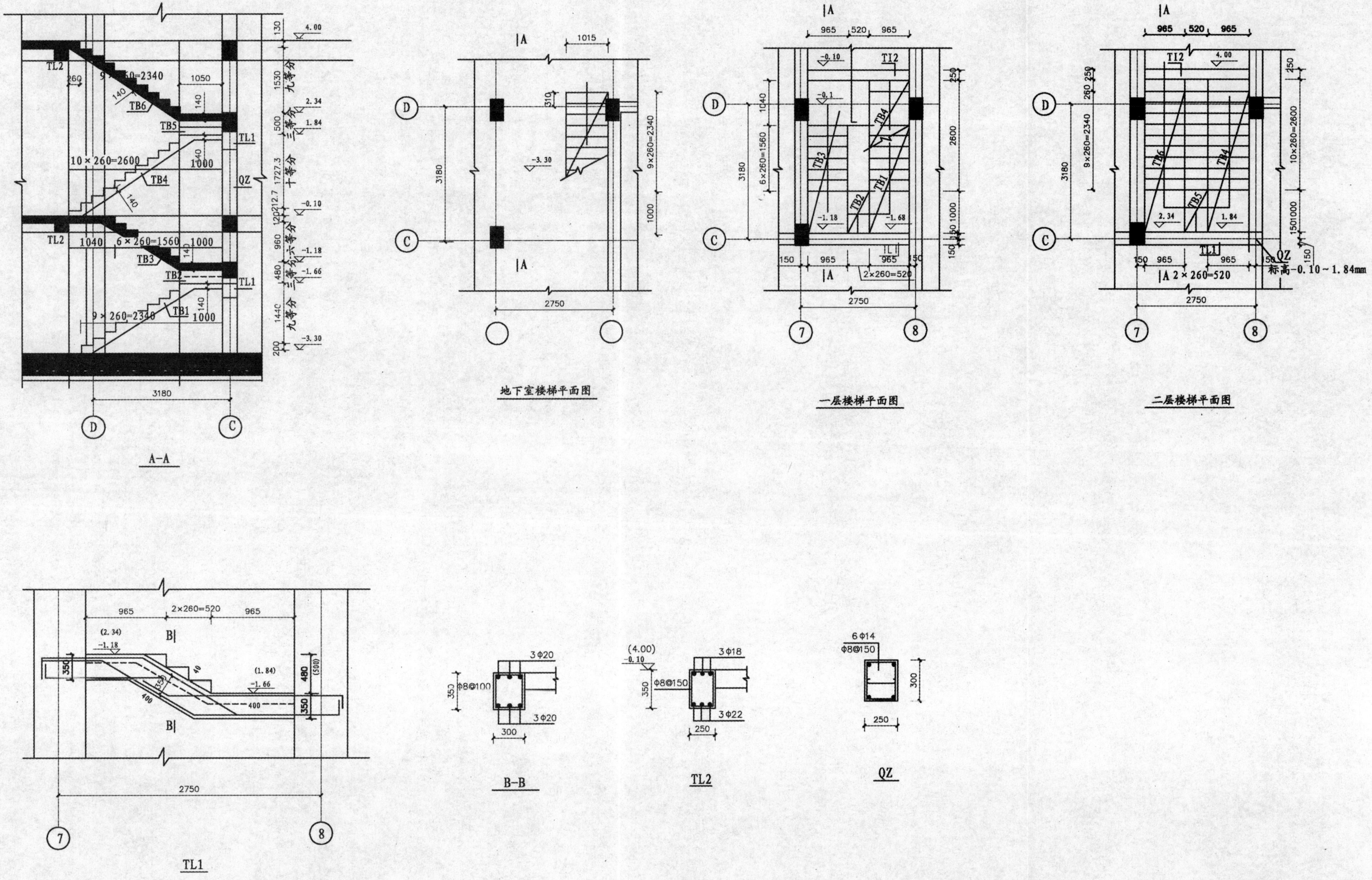

图 15 楼梯结构图

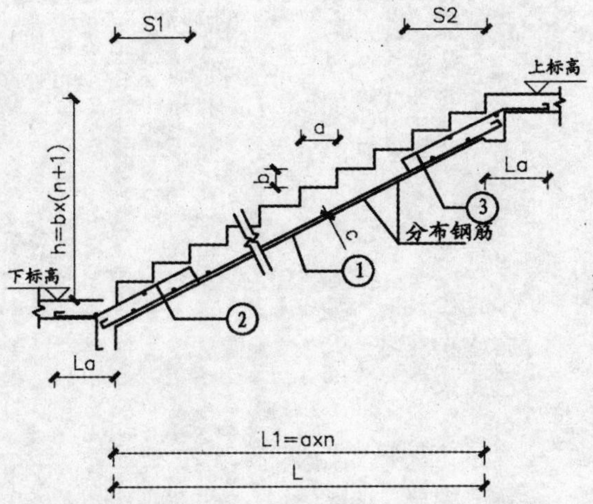

型号1

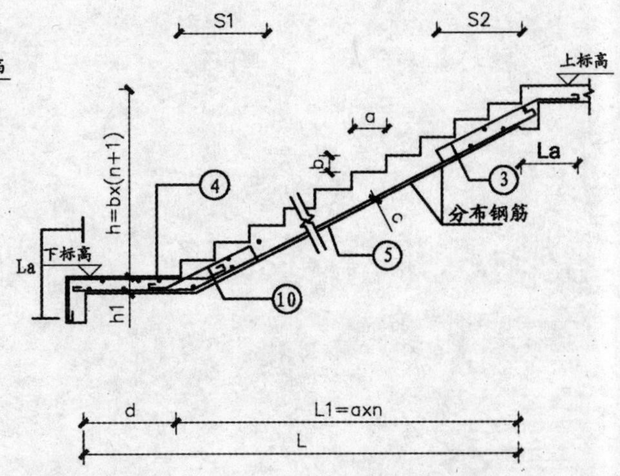

型号2

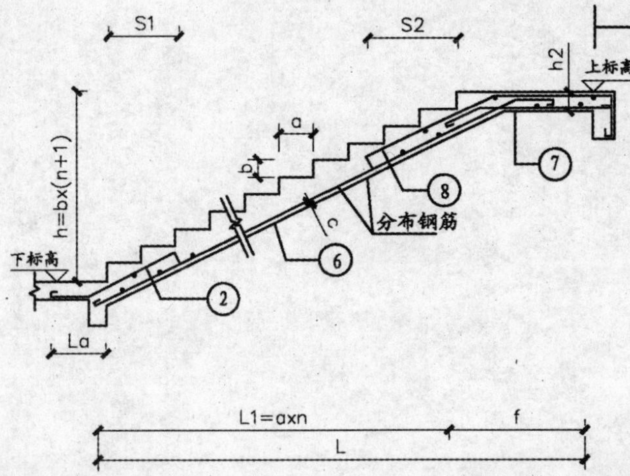

型号3

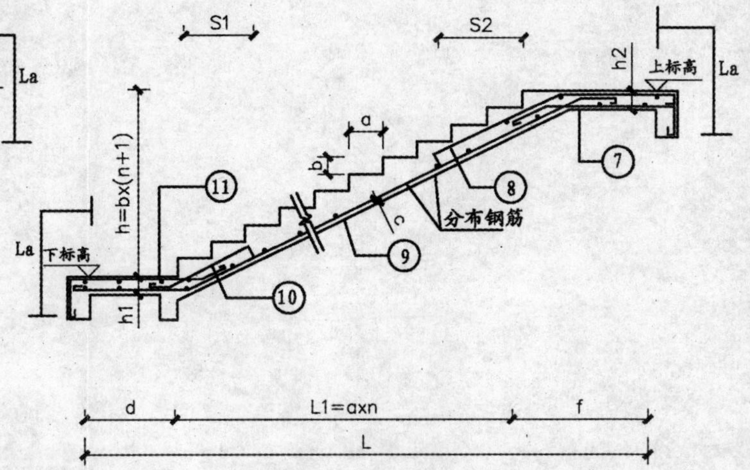

型号4

楼梯	踏步编号及数量	担号	L	L_1	d	f	a	踏步数量 n	h	h_1	h_2	c	b	下支座情况	上支座情况	S_1	S_2	配筋 ①	②	③	④	⑤	⑥	⑦	⑧	⑨	⑩	⑪	备注
	TB1 (1)	3	3340	2340		1000	260	9	1640		140	130	160	基础（A）	梁	900	500		Φ12@150				Φ12@150	Φ12@150	Φ12@150				
	TB2 (1)	1	520	520			260	2	480			140	160	板	板			Φ10@150	Φ10@150	Φ10@150									主筋伸至两侧支座板端头
楼梯	TB3 (1)	4	3600	1560	1000	1040	260	6	1080	140	140	140	160	梁	梁	500	500							Φ12@130	Φ12@130	Φ12@130	Φ12@130	Φ12@130	
	TB4 (1)	3	3600	2600		1000	260	10	1940		140	140	172.7	梁	梁	900	500		Φ12@130				Φ12@130	Φ12@130	Φ12@130				
	TB5 (1)	1	520	520			260	2	500			140	166.7	板	板			Φ10@150	Φ10@150	Φ10@150									主筋伸至两侧支座板端头
	TB6 (1)	4	3600	2340	1000	260	260	9	1660	140	140	140	170	梁	梁	500	900							Φ12@130	Φ12@130	Φ12@130	Φ12@130	Φ12@130	

注：1. 混凝土强度等级为C25，钢筋的混凝土保护层厚板为15mm。

2. Φ表示HR225级钢筋，Φ表示HR335级钢筋，当为Ⅱ级钢筋时，钢筋不加弯钩。

3. 板下部受力钢筋伸入梁中心线，且≥10d，上部受力钢筋伸入支座锚固长度：

L =30d（HR225钢筋），

L =40d（HR335螺纹钢筋）。

4. 板中颁钢筋为Φ8@20。

5. 当下支座为基础时②号钢筋做法为如图基础（A）所示。

6. 板弯折处的钢筋交错搭接，如图1所示。

7. 楼梯栏杆预埋件或留孔位置详见建筑图集。

8. 图中尺寸以毫米计。

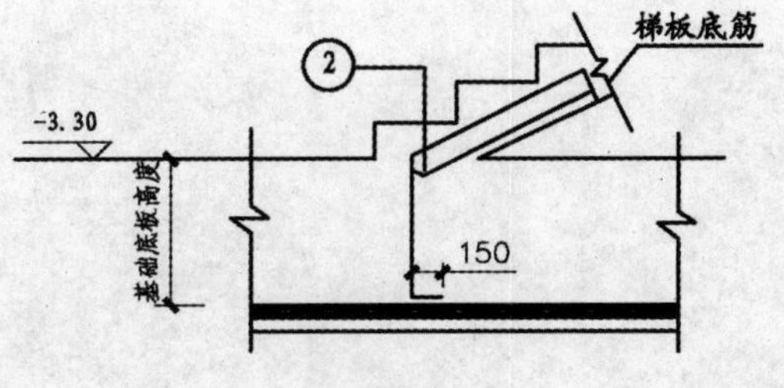

基础（A）

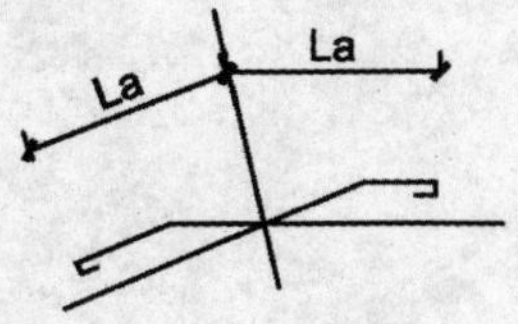

图1

图 16 楼梯配筋图